Die Methode

einer

wissenschaftlichen Rückfallsstatistik

als Grundlage einer Reform der Kriminalstatistik.

Von

Dr. O. Köbner,
Berlin.

Sonderabdruck aus der Zeitschrift für die gesamte Strafrechtswissenschaft.
Band XIII Heft 5.

Berlin.
J. Guttentag, Verlagsbuchhandlung.
1893.

Herrn Geheimrat Professor Dr. Böckh

in Dankbarkeit und Verehrung

zugeeignet.

Vorbemerkung.

Die Internationale Kriminalistische Vereinigung, welche bereits in ihrer Hauptversammlung zu Christiania die Wichtigkeit der vorliegenden Frage betont hatte, hat auf die Tagesordnung ihres bevorstehenden Kongresses das Thema gestellt: „Die Methode einer wissenschaftlichen und einheitlichen Kriminalstatistik“. Neben dem verdienstvollen Leiter der italienischen Statistik, Generaldirektor Bodio-Rom und Professor van Hamel-Amsterdam wurde dem Verfasser die Ehre des Auftrages zu einem kurzen Gutachten.

Bei der Ausarbeitung desselben überzeugte sich Verfasser jedoch alsbald von der Notwendigkeit, über den vorgezeichneten engen Rahmen erheblich hinauszugehen und insbesondere den eigenen positiven Organisationsvorschlägen zunächst eine kritische Erörterung des methodologischen Grundprinzips der bisherigen Rückfallsstatistik voranzuschicken. Denn nach dem grundsätzlichen Standpunkte, den Verfasser im Gegensatz zu den früheren Bearbeitungen der Frage einnimmt, handelt es sich nicht um Vervollständigungen oder Verbesserungen in einzelnen (sei es auch noch so zahlreichen) Punkten der heutigen Methode, sondern es muß deren fundamentales Prinzip als unrichtig erkannt und umgestellt werden.

Möge auch der juristische oder nationalökonomische Leser, dem die folgenden Ausführungen zu Gesichte kommen, nicht vor dem mit Unrecht gefürchteten Gebiete der statistischen Theorie zurückschrecken. Es handelt sich hier — wie im Grunde bei allen Fragen der statistischen Methodenlehre — nicht um fernliegende technische Erörterungen, sondern um einfache Überlegungen des logischen Denkens. Nur nach scharfer Durchdringung der Methodenfragen aber ist eine Würdigung der materiellen Ergebnisse der Statistik möglich. Je höher man über die Bedeutung und die Zukunft der Kriminalstatistik, dieses wichtigen Zweiges der Sozialstatistik, denkt, um so kritischer soll man ihren Methoden gegenüberstehen, um so schärfer diese auszugestalten suchen.

Auch in den Kriminalwissenschaften wird die gewissenhafte, empirische Forschung und vor allem die systematische Massenbeobachtung, den gebührenden Platz früher oder später erhalten, den sie in so vielen Zweigen der Geistes- wie der Naturwissenschaften bereits sich erobert hat. Die Anschauung, welche heute unter Juristen noch immer nachgesprochen wird, man könne mit der Statistik eben „alles beweisen", muß und wird in ihrer ganzen Gedankenlosigkeit erkannt werden. Doch sie wird so lange einen Schein von Berechtigung behalten, als die Kriminalstatistik durch inkorrekte Methoden zu unrichtigen Schlüssen veranlaßt. Das geschieht heute meines Erachtens allgemein in der Rückfallsstatistik.

Diese aber ist in jeder Richtung der wichtigste Teil der gesamten Kriminalstatistik. In materieller, inhaltlicher Beziehung ist dies offenbar: denn die Erforschung des Gewohnheitsverbrechertums bildet immer mehr den Schwerpunkt des strafrechtlichen Interesses. Aber auch in methodologischer Hinsicht ist die Frage der Rückfallsstatistik, im weitesten Sinne aufgefaßt als die Frage der richtigen Zählung mehrfach Bestrafter, d. h. der Betrachtung jeder Verbrecherkarriere als einer Einheit, das centrale Problem aller Kriminalstatistik. Durch die Lösung zur Frage kann die gesamte Kriminalstatistik auf eine wesentliche höhere methodologische Grundlage gestellt werden.

Verfasser hat dies durch einen Zusatz zum Titel dieser Arbeit angedeutet und hofft, daß die folgenden Ausführungen die Behauptung rechtfertigen, daß die hier vorgeschlagene Organisation in der That eine geeignete „Grundlage zu einer Reform der Kriminalstatistik" überhaupt darstellt.

In mehrjähriger Beschäftigung mit dem Plane, das Gewohnheitsverbrechertum in seinen sozialpathologischen Zusammenhängen zahlenmäßig zu erforschen, hat sich dem Verfasser mehr und mehr die Überzeugung aufgedrängt, daß die Schaffung einer korrekten Methode der Rückfallsstatistik die Vorbedingung aller weitern wissenschaftlichen Arbeit auf diesem Gebiete ist.

Berlin, im Mai 1893.

Köbner.

Inhalt.

I.

Kritik der bisherigen rückfallsstatistischen Methoden. Der logische Grundfehler.

Eine „Rückfallsstatistik“ im wissenschaftlichen Sinne ist bisher noch nirgends organisiert.

Wohl finden sich Angaben über die Vorstrafen der Delinquenten — in sehr verschiedenem Umfange und mit sehr verschiedener Detaillierung — in der amtlichen Kriminalstatistik einer ganzen Reihe von Staaten. Derartige Nachrichten liefern von europäischen Ländern beziehungsweise Landesteilen, soweit mir bekannt, die folgenden: Belgien, das Deutsche Reich, Frankreich, Italien, Niederlande (in sehr beschränktem Maße), Norwegen (nur beim Diebstahl usw.), Österreich, Portugal, Rußland, Russisch-Polen, Schottland, Schweden und Spanien.[1])

---

[1]) England-Wales und Irland haben Angaben über die Vorbestraften nur in ihrer Gefängnisstatistik. Diese liefert neben der Kriminalstatistik auch in den meisten der oben genannten Staaten derartige Nachweisungen. Die Methode dieses Zweiges der Statistik wird unten gesondert zu betrachten sein. Vorausgeschickt sei aber schon hier, daß sie zur Grundlage für eine wissenschaftliche Rückfallsstatistik m. E. nicht als geeignet anzusehen ist.

Aus den im Detail überaus verschiedenartigen Methoden der angeführten kriminalstatistischen Publikationen werden einzelne, besonders bemerkenswerte Punkte im Zusammenhange der folgenden Ausführungen kritisch zu würdigen sein. Eine ausführliches Verzeichnis des mannigfachen rückfallsstatistischen Inhaltes dieser verschiedenen Veröffentlichungen verbietet der mir zugemessene Raum. Es findet sich eine derartige genaue Inhaltsangabe (zum Teil allerdings veraltet) in dem Memoire: „De la récidive et du régime pénitentiaire en Europe“, welches Yvernès für den IX. Internationalen Statistischen Kongreß (Budapest 1876) ausgearbeitet hat. Siehe im „Programme“ des Congr., II section, Justice pg. 35ff. und 64ff. In neuerer Zeit hat eine eingehende und sehr übersichtliche Inhaltsangabe der kriminalstatistischen Publikationen Europas — mit Ausnahme der reichhaltigen Veröffentlichungen Portugals, Rußlands, und Russisch-Polens — zusammengestellt Würzburger in einem „Tableau synoptique du contenu des publications statistiques concernant la criminalité“. Dasselbe ist veröffentlicht als Anhang zu dem interessanten Berichte von Bodio: „Sur l'organisation de la Statistique pénale en Italie et sur les difficultés qui s'opposent aux comparaisons internationales dans cette branche de la statistique“ für die II. Session des „Institut international de statistique“ (Paris 1889). S. Bulletin de l'inst. t. IV, 2 livr. pg. 171a u. ff. Endlich sei verwiesen auf das soeben veröffentlichte, sehr exakt gearbeitete „Questionnaire pour la comparaison des statistiques criminelles“, welches von Bodio entworfen und auf Grund von Auskünften amt-

Aus diesen Veröffentlichungen vermag der kritische Leser sicherlich eine Fülle von interessanten Angaben über rückfällige Verbrecher teils direkt herauszulesen, teils durch eine Reihe von Umrechnungen zu gewinnen — wobei übrigens gleich an dieser Stelle vor der Gefahr internationaler Vergleichungen auf dieser Grundlage gewarnt sein mag. Aber von einer „Rückfallsstatistik", die diesen Namen von dem Standpunkte der wissenschaftlichen statistischen Methodik aus verdiente, sind jene Publikationen sämtlich weit entfernt.

Es handelt sich nicht nur darum, daß die Veröffentlichungen der meisten Länder noch sehr unvollständig sind, daß sie nicht genügend spezialisieren, daß sie den Rückfall in dasselbe Delikt oder dieselbe Deliktsgruppe zumeist nicht von den übrigen Rückfällen aussondern u. v. a. m. Alles dies sind Lücken in der heutigen Rückfallsstatistik, welche oft bemängelt worden sind. Doch diese Lücken sind nach der Meinung der Kritiker zwar ergänzungsbedürftig, aber auch ergänzungsfähig, ohne daß das methodische Grundprinzip der Statistik geändert würde.

M. E. hingegen handelt es sich eben um dieses Grundprinzip der jetzigen Methode. Dasselbe verstößt gegen die obersten Grundsätze der Methodenlehre, welche in allen andern Zweigen der Statistik und besonders der Kriminalstatistik seit langem anerkannt und praktisch angewandt sind.

Um die Berechtigung dieser scheinbar allzu scharfen Kritik zu erhärten, sei es mir gestattet, zunächst den methodologischen Fundamentalfehler, der meines Erachtens in Frage kommt, etwas ausführlicher von verschiedenen Seiten zu beleuchten. Um so kürzer werden dann die übrigen Mängel der heutigen Rückfallsstatistik erörtert werden können; sie lassen sich zumeist auf jenen einen Fehler zurückführen. Und ist dieser Grundfehler der heutigen Methode einmal richtig erkannt, aber auch nur dann, so ergeben sich von selbst auch die positiven Gesichtspunkte für eine künftige Organisation der Rückfallsstatistik.

---

licher Statistiker fast aller europäischen Staaten ausgefüllt ist. Es ist angehängt dem „Rapport sur la stat. judiciaire pénale", welchen B. für die III. Session des „Institut", Wien, 1891 erstattet hat. Die Publikation ist mir als „Extrait du Bulletin de l'inst., tome VI" (Rome 1892) unmittelbar vor der Drucklegung dieser Arbeit durch die Güte des Verf. noch zugänglich geworden; daher beziehen sich die betreffenden Citate im folgenden auf die Seitenzahlen des Sonderabdruckes, nicht auf diejenigen des „Bulletin".

Vorausbemerkt sei noch, daß das Wort „Rückfall", soweit nicht das Gegenteil ausdrücklich bemerkt ist, in den folgenden Ausführungen nicht in dem technischen Sprachgebrauche des R.St.G.B., sondern im weitesten Sinne gebraucht werden („récidive générale, rechute"). Ebenso wird das Wort „Verbrechen" nicht in dem engern Sinne des R.St.G. verwandt, außer wo dies besonders hervorgehoben ist. —

Nicht die absoluten Zahlen der Verbrecher und ihrer einzelnen Arten sind es, welche kriminalstatistischen Angaben Wert verleihen. Nur dem Dilettantismus imponiert die Zahl an sich, besonders die große Zahl, und Unglück genug hat er gerade auf dem Gebiete der Kriminalstatistik durch voreilige Schlußfolgerungen aus Zahlenreihen, die aus ihrem natürlichen Zusammenhange gerissen, die gänzlich inkommensurabel waren, angerichtet, hat hierdurch mehr als einmal diesen ganzen Zweig der Statistik in seinem Ansehen erschüttert. Die wissenschaftlichen Bearbeiter des Fachs hingegen haben stets auf die Gewinnung der richtigen Relativzahlen und Proportionen den Hauptwert gelegt. Nur durch den steten Vergleich mit den entsprechenden Angaben der allgemeinen Bevölkerungsstatistik erhalten die Ziffern der Verbrecher in ihrer Gruppierung nach Geschlecht, Alter, Beruf usw. Leben und Bedeutung. In allen Punkten, wo solche Vergleiche mit den Ergebnissen der Bevölkerungsaufnahmen unmöglich sind, bleiben die Erhebungen der Kriminalstatistik tote Zahlen. Kurz, die Ziffern der Kriminellen werden erst durch ihr Verhältnis zu den zugehörigen Zahlen der Krimnalfähigen für den Statistiker wertvoll.[1])

Dieser oberste Grundsatz jeder Kriminalstatistik nun wird auf dem Spezialgebiete der Rückfallsstatistik heute noch in arger Weise vernachlässigt.

Denn nach Analogie dieses Grundsatzes müßten offenbar die Rückfälligen in einer Bevölkerungsgruppe in ihrem Verhältnis zu denjenigen Personen der betreffenden Gruppe betrachtet werden, welche ich der Kürze des Ausdrucks halber als „Rückfallsfähige" bezeichnen möchte.

Rückfallsfähig sind in einer Bevölkerung offenbar alle, die

---

[1]) Unter den vielen diesbezüglichen Ausführungen vergl. z. B. diejenigen in den „Erläuterungen" der ersten Publikation der Deutschen Kriminalstatistik (für 1882) pg. 71 ff., sowie die treffenden Erörterungen des Schöpfers dieser Statistik, v. Scheel, in seinem Aufsatz „Zur Einführung in die Kriminalstatistik, insbes. diejenige des Deutschen Reichs" im Allg. Statist. Archiv I (1890) S. 200.

1.) bereits (einmal oder mehrmals) bestraft sind und die 2.) imstande sind, ein neues Delikt zu begehen, wozu vor allem gehört, daß sie noch am Leben sind. Die Erwähnung der letztern condicio sine qua non mag herzlich überflüssig erscheinen. Und doch ist dies keineswegs der Fall; denn gerade diese Vorbedingung ist, wie zu beweisen sein wird, von der Statistik bisher regelmäßig übersehen worden.

Der richtige Ansatz einer Rückfallsstatistik lautet nach dem Gesagten: Von so und so viel in einer Bevölkerungsgruppe in einem bestimmten Jahre vorhandenen Rückfallsfähigen sind so und so viel wirklich rückfällig geworden (und zwar im ersten Jahre nach Abbüßung der Vorstrafe so viel, im zweiten Jahre so viel usw.).

Welche Angaben liefern statt dessen die heutigen rückfallsstatistischen Veröffentlichungen?

Sie geben für ein bestimmtes Jahr (z. B. 1890) die Zahl der überhaupt Verurteilten (oder der Abgeurteilten, in manchen Ländern der Angeklagten), welche bereits vorbestraft waren, liefern also völlig korrekt die absolute Zahl der Rückfälligen. Diese Zahl setzen sie aber nicht in Verbindung mit den 1890 vorhandenen Rückfallsfähigen, sondern regelmäßig mit einer ganz andern Zahl: nämlich mit den im Jahre 1890 überhaupt Verurteilten (beziehungsweise Abgeurteilten, Angeklagten). Wir finden heute in der Rückfallsstatistik aller Länder diese beiden Angaben nebeneinander:

Im Jahre 1890 wurden überhaupt verurteilt x Menschen, sagen wir 100 000. Davon waren vorbestraft y, sagen wir 30 000. Aus diesen beiden Angaben wird von Statistikern wie Kriminalisten der Schluß gezogen: Die Rückfälligen verhalten sich zu den verurteilten Verbrechern überhaupt wie 30 000 zu 100 000 oder — was ja scheinbar nur eine andre Fassung desselben Satzes ist — die Rückfälligkeit beträgt 30 %, d. h. von den Verbrechern in diesem Lande werden 30 % rückfällig. Diese 30 %, welche aus den Ziffern des Jahres 1890 gewonnen sind, werden dann gemeinhin verglichen mit der entsprechenden Prozentzahl der vorangehenden oder der folgenden Jahre; es werden nach derselben Methode die Prozente der Rückfälligkeit für einzelne Delikte und Deliktsarten berechnet und miteinander verglichen; es werden die Prozentzahlen der zum ersten —, der zum zweiten —, der zum öftern Male Rückfälligen einander gegenübergestellt usw., usw.

Für alle derartigen Betrachtungen sowohl über den **Stand** als über die **Bewegung** der Rückfälligkeit aber sind jene Prozentzahlen unbrauchbar und geradezu irreführend. Denn die beiden Grundzahlen, aus denen sie gewonnen sind, die Ziffer der in einem bestimmten Jahre rückfällig Gewordenen und die Zahl der in demselben Jahre überhaupt Bestraften, sind zwei völlig inkommensurable Größen.[1]) Die letztere Zahl ist weit entfernt von der Anzahl der Rückfallsfähigen, mit der allein die Zahl der Rückfälligen statistisch korrekt in Beziehung gesetzt werden darf, d. h. den Verbrecher-Kontingenten derjenigen Jahre, in denen die Rückfälligen ihre erste Bestrafung erhielten, nach deren Verbüßung sie rückfallsfähig wurden.

Selbstverständlich ist nun nicht anzunehmen, daß jemals eine Kriminalstatistik bei der Begehung jenes Fehlers etwa von der undenkbaren Voraussetzung ausgegangen sei, daß die in einem bestimmten Jahre (z. B. 1890) rückfällig Gewordenen wirklich alle aus dem Kreise der in demselben Jahre 1890 Verurteilten stammten, d. h. alle in diesem selben Jahre erstmalig verurteilt seien. Vielmehr dürfte jener Fehler daher rühren, daß die Rückfallsstatistik heute den Begriff der in Beziehung zu einander zu setzenden **Jahreskontingente** überhaupt nicht scharf erfaßt.

Es ist dies ein Grundfehler, der in der Geschichte der wissenschaftlichen Statistik in den verschiedensten Zweigen derselben in ganz analoger Weise eine große Rolle gespielt hat, zum Teil auch noch spielt. Z. B. der oft citierte, heute allgemein als falsch anerkannte Schluß von einem höhern Durchschnittsalter einer Bevölkerung auf eine längere durchschnittliche Lebensdauer derselben beruhte ebenfalls auf einer Nichtberücksichtigung der in Frage kom-

---

[1]) Es liegt mir, wie ich ausdrücklich betonen möchte, sehr fern, zu behaupten, daß die Zusammenstellung dieser beiden Zahlen nicht auch ein gewisses Interesse für die Kriminalstatistik besitzt. Wenn wir in unserem Beispiel wissen, daß im Jahre 1890 unter 100 000 Verurteilten 30 000 Vorbestrafte waren, so ist dies von Wert besonders wegen der übrigen 70 000. Denn wir wissen dann, daß das Verbrechertum sich zu 70 pCt. aus den bis dahin unbescholtenen Kreisen der Bevölkerung rekrutiert, eine soziologisch wie kriminalistisch bedeutsame Konstatierung. Darum werden jene beiden Arten von Angaben und ihre Gegenüberstellung in der Kriminalstatistik stets beizubehalten sein, und dies kann auch bei der im folgenden vorgeschlagenen Neuorganisation unseres Zweiges derselben ohne jede Schwierigkeit geschehen. Aber als „**Rückfallsstatistik**“ ist jene Gegenüberstellung völlig unzulässig, wie alsbald zu beweisen sein wird.

menden korrekten Jahreskontingente usw. Dasselbe gilt für die bis in die neuere Zeit fehlerhaften Berechnungen der durchschnittlichen Ehedauer u. a. m. Es ist namentlich das Verdienst der höchst eindringlichen und scharfsinnigen methodologischen Untersuchungen Böckh's, diesen Fehler deutlich erkannt zu haben. Böckh zuerst hat auch das richtige, strenge Prinzip der Berechnung in zahlreiche, wichtige Gebiete der Statistik eingeführt, hat auf Grund desselben korrekte Tafeln der ehelichen Fruchtbarkeit, der Ehedauer u. a. m. aufgestellt.

In seiner Anwendung auf die Rückfallsstatistik nun führt dieses selbe Prinzip zu dem oben aufgestellten Satze, daß die Zahlen der Rückfälligen stets in ihrem Verhältnis zu den Verbrecher-Kontingenten derjenigen Jahre zu betrachten sind, in denen jene in ihre kriminelle Laufbahn eintraten, d. h. erstmalig bestraft wurden. Dieser Satz entspricht offenbar einer einfachen Forderung des logischen Denkens; er besagt lediglich, daß es auf eine korrekte Beantwortung der Frage ankommt: Ein wie großer Bruchteil der in jedem Jahre Bestraften wird rückfällig?

Indem die jetzige Methode aber die Zahlen der Rückfälligen eines Jahres zu den Zahlen aller Verurteilten desselben Jahres in Beziehung setzt, bringt sie ganz unzusammengehörige Jahreskontingente in Verbindung. Durch diesen einen methodologischen Grundirrtum schafft sie aber nicht nur eine —, sondern mit einem Schlage gleich eine ganze Reihe von statistischen Fehlerquellen. Von diesen ist jede einzelne nicht unerheblich, in ihrer Kumulation aber ergeben sie eine Fehlergröße, welche die heutige Rückfallsstatistik nahezu illusorisch macht. Diese Fehler der heutigen Methode scheinen mir folgende zu sein:

1. Indem die Statistik die Zahl der in einem bestimmten Jahre zum zweiten oder öftern Male Bestraften zu der Gesamtzahl der in demselben Jahre überhaupt Bestraften in Beziehung setzt, ignoriert sie zunächst die allgemeine Bevölkerungszunahme. Die 1890 Verurteilten setzen sich zusammen aus den in diesem Jahre zum ersten Male Verurteilten und aus den Rückfälligen. Letztere sind überwiegend schon in frühern Jahren, ein Teil z. B. 1885, 1886 usw. zum ersten Male verurteilt worden.

Von 1885—1890 hat in den meisten europäischen Ländern die Bevölkerungsziffer, also auch die Ziffer der Kriminalfähigen erheblich zugenommen. Damit zugleich ist — selbst wenn von einer

Zunahme des kriminellen Hanges der Bevölkerung nirgends die Rede sein könnte, derselbe vielmehr als konstant gesetzt wird — die Zahl der Kriminellen gewachsen Im Jahre 1890 werden mehr Menschen zum ersten Male verurteilt als 1885 usw.

Im Jahre 1890 sind daher auch mehr Rückfallsfähige vorhanden als 1885 usw. Wird nun, wie das jetzt geschieht, diese größere Zahl von Rückfallsfähigen in Beziehung gesetzt zu den im Jahre 1890 rückfällig Gewordenen, so muß sich offenbar ein zu kleiner Prozentsatz ergeben. Bleibt die Rückfälligkeit der Verbrecher auch nur konstant, so werden aus der größern Zahl der 1890 erstmalig Verurteilten in Wirklichkeit auch mehr Rückfällige in den spätern Jahren hervorgehen, als aus der kleineren Zahl der 1885 usw. erstmalig Verurteilten im Jahre 1890 usw. rückfällig geworden sind.

Durch diesen methodologischen Fehler erscheint ohne alle innere Berechtigung die Rückfälligen-Statistik in eben dem Maße zu Gunsten eines Landes beeinflußt, in welchem die Bevölkerung desselben steigt. Für Staaten mit annähernd konstanter Bevölkerungsziffer ist dieser Fehler unerheblich. Weshalb z. B. die Prozentverhältnisse der Rückfälligen in der französischen Kriminalstatistik (welche bekanntlich außerordentlich ungünstige sind), soweit wenigstens diese methodologische Fehlerquelle einwirkt, der Wirklichkeit am nächsten kommen. Doch erscheint dieser ganze Fehler in seiner Größe als untergeordnet gegenüber den nun folgenden.

2. Durch denselben logischen Irrtum der Zusammenstellung gar nicht zusammengehöriger Jahreskontingente von Rückfälligen und von Verurteilten überhaupt werden falsche Zahlen über die Stärke der Rückfälligkeit gewonnen in Zeiten steigender oder fallender Kriminalität eines Landes.

Wir haben hier die viel umstrittene Frage nicht aufzuwerfen, warum in den letzten Jahrzehnten in vielen europäischen Ländern die Zahl der Verbrecher in stärkerm, z. T. in viel stärkerm Maße gestiegen ist als die Bevölkerung. Wir wollen es hier durchaus unentschieden lassen, ob ein solches Steigen an sich immer eine Verschlechterung der Moralität eines Volkes bedeutet, oder ob es nicht, z. T. wenigstens, auf ganz andern Gründen, Verschärfung der staatlichen Repressiveinrichtungen u. a. m., beruht. Wir können hier einfach die statistische Thatsache konstatieren, daß die Kriminalität in vielen Ländern im letzten Vierteljahrhundert im Steigen begriffen ist. D. h. es werden in diesen Ländern — hier ganz abgesehen von der natürlichen Bevölkerungszunahme — in einem spätern Jahre durchschnittlich mehr Menschen erstmalig bestraft als in einem frühern; es werden in unserm Beispiele 1890 mehr Personen verurteilt, also rückfallsfähig als 1885 usw.

Es wird nach der heutigen Methode aber die Zahl der in dem spätern Jahre (1890) wirklich rückfällig Gewordenen nicht in Beziehung gesetzt zu den Kontingenten der Verurteilten derjenigen frühern Jahrgänge, in denen die Betreffenden ihre erste Strafe erhielten, sondern zu der größern Zahl derer, welche in eben dem spätern Jahre (1890) erstmalig verurteilt worden. Dadurch muß wieder der Bruchteil der Verurteilten, welcher rückfällig wird, nach der heutigen Statistik viel kleiner erscheinen als der Wirklichkeit entspricht.

In Zeiten, wo die allgemeine Kriminalität in einem Staate durch eine Reihe von Jahren annähernd auf gleicher Höhe bleibt, ist dieser Fehler unerheblich. Je stärker aber die Kriminalität (durch die größere Beteiligung bisher unbestrafter Elemente) steigt, um so größer wird der statistische Irrtum zu Gunsten der Abschwächung der Rückfälligkeit. Derselbe hat die Rückfallsstatistik bisweilen zu bedenklichen Fehlschlüssen geführt. Man muß daher, wenn in einer Rückfallsstatistik, die nach der jetzigen Methode entworfen ist, sich eine Abnahme des Prozentsatzes der Rückfälligen zeigt, nach andern statistischen Kriterien — soweit das bei der heutigen Bearbeitung eben möglich ist — stets sorgsam zu prüfen suchen, ob diese anscheinende Abnahme wirklich auf einer Verminderung der Rückfälligkeit, oder ob sie nicht vielmehr lediglich auf einer exorbitanten Steigerung der allgemeinen Kriminalität beruht. Umgekehrt braucht natürlich bei der heutigen Statistik selbst ein starkes Anwachsen des Prozentsatzes der Rückfälligen nicht immer eine Verschlimmerung der Rückfälligkeit zu bedeuten, sondern kann unter Umständen lediglich auf eine Verbesserung der allgemeinen Kriminalität (durch erhebliche Abnahme der Beteiligung bis dahin Unbestrafter) schließen lassen.

3. Aber selbst wenn wir die Fehler zu 1 und 2 ganz außer acht ließen, selbst wenn die Fiktion gelten könnte, daß die Bevölkerung sich nirgends vermehrt und die allgemeine Kriminalität nirgends steigt, selbst dann würde die heutige Rückfallsstatistik noch einen sehr erheblichen Irrtum enthalten. Denn selbst wenn auf

Grund jener beiden Fiktionen angenommen würde, daß die Zahl der erstmalig Verurteilten, d. h. der rückfallsfähig Gewordenen in jedem Jahre dieselbe bleibt, daß also die Gegenüberstellung nicht zusammengehöriger Jahreskontingente von Rückfallsfähigen und von Rückfälligen anstatt der Vergleichung der zu einander gehörigen Kontingente keinen Unterschied macht, selbst dann würde die jetzige Methode noch einen höchst bedeutenden Fehler begehen durch die völlige Außerachtlassung der Sterblichkeit.

Die 1889, 1890 usw. rückfällig Gewordenen sind, wie bereits mehrfach erwähnt, vorbestraft z. T. schon im Jahre 1884, 1885 usw., teilweise auch noch früher. Von den in diesen Jahren rückfallsfähig Gewordenen sind nun aber bis 1890 eine große Anzahl gestorben. Diese müßten logischerweise von der Zahl der Rückfallsfähigen in Abzug gebracht werden. Nur mit dem Rest, mit der Zahl der in einem bestimmten Jahre noch Lebenden, also wirklich Rückfallsfähigen darf man die Zahl der in dem betreffenden Jahre rückfällig Gewordenen zusammenhalten.

Heute aber werden die Zahlen der 1889, 1890 usw. rückfällig Gewordenen nicht mit den zugehörigen Kontingenten der 1889, 1890 usw. noch am Leben befindlichen Rückfallsfähigen aus denjenigen Jahren zusammengestellt, aus denen die Rückfallsfähigkeit der Betreffenden stammt. Sie werden statt dessen verglichen mit den Jahreskontingenten aller Verurteilten der Jahre des Rückfalls selbst. Diese im Jahre 1889, 1890 Verurteilten haben natürlich in diesen Jahren sämtlich gelebt, denn heute wird nach dem Tode niemand mehr abgeurteilt. Die 1889, 1890 usw. von frühern Jahren her noch vorhandenen Rückfallsfähigen hingegen waren durch den Tod dezimiert. Proportional der Rückfallsfähigen aber hat sich auch die Zahl der Rückfälligen vermindert. Es wird also bei der heutigen Berechnungsweise eine Anzahl Rückfälliger, welche durch Sterblichkeit gelichtet ist, in Vergleich gesetzt zu einer Anzahl Verurteilter, unter welchen der Tod im Augenblicke der Zählung noch nicht aufgetreten ist. Da somit die Rückfälligen mit einer viel zu großen Gesamtzahl Verurteilter verglichen werden, muß der Prozentsatz der rückfällig Werdenden, also die Stärke der Rückfälligkeit viel kleiner erscheinen, als sie in Wirklichkeit ist.

Wenn ein derartiger Fehler der statistischen Methodik bei einem praktischen Unternehmen, z. B. einer Versicherung gemacht würde, so würde dasselbe in wenigen Jahren unrettbar dem Bankerott verfallen. Gerade in unserm Zweige der Statistik aber muß der Fehler, der durch Nichtbeachtung der Absterbeordnung gemacht wird, ganz besonders schwer ins Gewicht fallen. Denn hier handelt es sich nicht nur um die Sterblichkeit nach den Tafeln, welche die Lebensversicherungsgesellschaften aus Erfahrungen der sozial bevorzugtesten Klassen gewonnen haben. Hier handelt es sich auch nicht nur um die Absterbeordnung, welche die Bevölkerungsstatistik für die Gesamtheit des Volkes ergibt. Nein, hier kommt eine Sterblichkeit in Betracht, deren Stärke diesen Durchschnitt weit hinter sich läßt. Wir haben ja heute keine statistischen Daten über die Lebensdauer in dem Gewohnheitsverbrechertume, (um dieses handelt es sich bei den Rückfälligen doch ganz überwiegend, wenn auch nicht ausschließlich). Eine Absterbeordnung dieser Bevölkerungsschicht wird uns — neben ihren andern Ergebnissen — erst die neue Organisation der Rückfallsstatistik bringen, wie unten zu zeigen sein wird. Aber wir haben schon heute eine Fülle verstreuter statistischer Angaben über die außerordentliche lebenverkürzende Wirkung einer ganzen Reihe von physischen und sozialen Faktoren, unter deren Einfluß das Gewohnheitsverbrechertum steht. So besitzen wir die trefflichen statistischen Arbeiten von Engel u. a. über die enorme Steigerung der Sterblichkeit durch die Gefangenschaft — und wir haben es doch gerade im Gewohnheitsverbrechertum vielfach mit Leuten zu thun, die einen recht erheblichen Bruchteil ihres Lebens im Gefängnisse zubringen. Wir wissen ferner, daß Trunk, Prostitution und andre Ausschweifungen, welche gerade im Gewohnheitsverbrechertum eine so große Rolle spielen, das menschliche Leben ernstlich verkürzen. Wir wissen, daß wir es gerade in den Kreisen der Rückfälligen vielfach mit hereditär Belasteten, mit körperlich und geistig degenerierten Individuen zu thun haben. Wir wissen, daß diese Individuen, auch wenn sie in Freiheit sind, völlig deklassiert und ohne jeden sozialen Halt, physisch und psychisch unter den allerungünstigsten und aufreibendsten Existenzbedingungen leben. Wir müssen, wenn alle diese verheerenden Einflüsse sich vereinigen — vielleicht wäre es richtiger zu sagen: sich potenzieren — die Überzeugung gewinnen: In dieser Bevölkerungsschicht herrscht eine Sterblichkeit, wie wir sie uns kaum kraß genug vorstellen können.

Und diese enorme Sterblichkeit wird von der heutigen Rückfallsstatistik ignoriert! Es erhellt hieraus, daß die vorliegenden Ziffern über die Stärke der Rückfälligkeit die Wirklichkeit entfernt nicht erreichen.

4. Mit dem zuletzt erörterten Fehler sind methodologisch noch einige andre nahe verwandt, die hinter demselben am materiellen Einflusse auf die Resultate der Statistik freilich weit zurückbleiben.

Um nämlich aus der Zahl der Vorbestraften diejenige der zu einem spätern Zeitpunkte vorhandenen Rückfallsfähigen zu gewinnen, müßten nicht nur die Verstorbenen abgerechnet werden, sondern auch diejenigen, die zwar noch am Leben, aber aus rechtlichen oder faktischen Gründen nicht imstande sind, eine neue Strafthat, einen „Rückfall“, zu begehen. Hierzu gehören diejenigen, welche in *Geisteskrankheit verfallen*, die, welche *auswandern*, endlich diejenigen, welche nach der frühern Strafthat *mit lebenslänglicher Einsperrung bestraft* werden. Zu allen diesen Gruppen stellen gerade die Gewohnheitsverbrecher ein verhältnismäßig sehr starkes Kontingent. Diese Gruppen scheiden aber — mit ganz wenigen Einschränkungen — aus der Zahl der Rückfallsfähigen ein für allemal aus.

Nicht für immer, sondern *vorübergehend* scheiden ferner aus dieser Ziffer alle diejenigen aus, welche zu einer *zeitigen Freiheitsstrafe* verurteilt sind, also die große Masse aller Verbrecher. Denn die Möglichkeit der Begehung eines neuen Deliktes, also die Rückfallsfähigkeit, cessiert — wenige Deliktsarten ausgenommen — während der Gefangenschaft.[1]) Sollen also behufs korrekter Berechnung der Rückfälligkeit für bestimmte Perioden die Zahlen der vorhandenen Rückfallsfähigen gewonnen werden, so dürfen die Vorbestraften nicht schon vom Zeitpunkte der Verurteilungen, sondern — abgesehen von den Fällen der Begnadigung, der vorläufigen Entlassung usw. — erst von dem der Verbüßung der Strafe mitgezählt werden.

Bei der heutigen Berechnungsweise des Prozentsatzes der Rückfälligkeit wird auch dies außer acht gelassen. Dieser Fehler bezieht sich — wenn wir beispielsweise wieder die Statistik des Jahres 1890 betrachten — nicht nur auf diejenigen, deren Vorbestrafung in

---

[1]) Sie cessiert überall wegen thatsächlicher Unmöglichkeit der Begehung der meisten Arten von Delikten. Verschieden hiervon ist die positivrechtliche Bestimmung des deutschen und der meisten andern europäischen Strafgesetzbücher, daß „Rückfall“ erst nach (ganzer oder teilweiser) Verbüßung der Vorstrafe bezw. der Vorstrafen möglich ist.

einem frühern Jahre liegt und mehrere Jahre währt, die Betreffenden also für die Dauer des Jahres 1890 noch ganz oder teilweise von der Rückfallsfähigkeit ausschließt. Vielmehr wird ein Irrtum heute auch bei dem großen Kontingente derer begangen, welche noch im Jahre ihrer Vorbestrafung rückfallsfähig und zum Teil wirklich rückfällig werden, d. h. bei den 1890 zu kurzzeitigen Freiheitsstrafen Verurteilten. Dieselben werden bei der jetzigen Art der Berechnung der während des Jahres 1890 vorhandenen Rückfallsfähigen auch während der Tage, Wochen oder Monate mitgezählt, während welcher sie im Gefängnis oder in Haft saßen, also gar nicht rückfallsfähig waren [1]).

Bei der großen Rolle, welche die kurzzeitigen Freiheitsstrafen leider heute im Strafensystem aller Kulturländer spielen, ist auch die hier in Frage kommende Fehlergröße keineswegs unbedeutend.

In derselben Weise wie die eigentlichen Freiheits-„Strafen" müßte natürlich auch die Dauer der Überweisung an ein Arbeitshaus usw. in den Staaten, welche derartige Einrichtungen haben, bei der Berechnung der Rückfallsfähigkeit berücksichtigt werden.

Alle die angeführten Fehler wirken heute zusammen, um ein unrichtiges, und zwar in fast allen Fällen ein zu günstiges statistisches Bild von der Rückfälligkeit zu geben. Es ist bei dem gegenwärtigen Stande der Statistik nicht möglich, ziffermäßig für die einzelnen Länder und Jahrgänge anzugeben, wie groß der Gesamtfehler ist. Das aber kann nach all dem Angeführten mit Bestimmtheit behauptet werden, daß der heute gemachte Fehler jedenfalls ein ganz enormer ist, und daß die vorliegenden Zahlenreihen für eine korrekte Rückfallsstatistik nahezu illusorisch sind. —

Nun könnte eingewandt werden: Zugegeben, daß heute in der Rückfallsstatistik ein bedeutender Fehler gemacht wird, so bleibt dieser Fehler doch in jedem Jahre derselbe, wird also ohne weiteres

---

[1]) An andern Stellen berücksichtigt die heutige Statistik ganz richtig, daß die Rückfallsfähigkeit erst mit der Verbüßung der Vorstrafe beginnt; vgl. z. B. die Berechnung der Frist zwischen der letzten Strafverbüßung und dem neuen Delikte in Tab. I der jährl. Deutschen Krim.-Sat., Sp. 24—28 (aufgestellt auf Grund der betr. Angaben in Ziffer 10 der in der Anlage 2 unter Nr. Ib abgedruckten Zählkarte). Bei der Berechnung des Prozentsatzes der Rückfälligen aus der Gesamtzahl der in dem betr. Jahre überhaupt Bestraften aber wird der obige Fehler begangen.

eliminiert bei der Vergleichung der Angaben über die Rückfälligkeit verschiedener Jahrgänge. Auf eine solche Vergleichung aber auf die Erforschung der Bewegungserscheinungen, des Steigens oder Fallens der Rückfälligkeit im Laufe der Jahre kommt es für den Kriminalisten in erster Linie an.

Hierauf ist zu erwidern: Die Vermehrung der Bevölkerung, die Absterbeordnung der Verbrecher usw. bleiben — außerordentliche Vorkommnisse abgerechnet — in dem Zeitraum einiger Jahre, selbst Jahrzehnte allerdings nahezu konstant; daher bleiben die Fehlerquellen, die zu 1, 3 und 4 aufgezählt sind im wesentlichen in jedem Jahre dieselben. Sie beeinflussen zwar die Angaben über den Stand, die Höhe der Rückfälligkeit, nicht aber die Schlüsse über die Bewegung derselben. Der zu 2. erwähnte Fehler hingegen, die Nichtberücksichtigung der Bewegung der allgemeinen Kriminalität, wechselt mit der Stärke und Tendenz dieser Bewegung selbst jährlich seine Größe und Richtung. Daher werden durch ihn gerade die Schlüsse über die Bewegung der Rückfälligkeit in unberechtigter Weise beeinflußt.

Wie die zeitliche, so gibt auch die örtliche Vergleichung der Rückfälligkeit bei der heutigen Methode zu falschen Schlüssen Veranlassung. Ich sehe dabei ganz ab von der mit Unrecht immer wieder versuchten Zusammenstellung der Rückfälligkeitszahlen verschiedener Staaten; denn eine solche ist noch aus andern Gründen, welche außerhalb der statistischen Methodik liegen, unmöglich, wie in dem letzten Abschnitt (über die internationale Vergleichbarkeit) zu erörtern sein wird. Aber auch der Vergleich zwischen den Rückfälligkeitsziffern der Teile desselben Staates muß heute zu falschen Ergebnissen führen.

Das hohe Interesse an solchen Vergleichen ist begreiflich und berechtigt; wie man neuerdings die „Kriminalgeographie" überhaupt mehr und mehr würdigt, so beginnt man den Zweig derselben zu pflegen, den man als „Rückfälligkeitsgeographie" bezeichnen könnte. So bringt die kürzlich erschienene Deutsche Kriminalstatistik für 1890 eine kartographische Darstellung, indem sie nach der Zahl der Vorbestraften, welche im Durchschnitt der drei Jahre 1888 bis 1890 auf tausend Verurteilte kommen, jedem Regierungsbezirk usw. des Reiches eine hellere oder dunklere Färbung gibt [1]. Dabei haben

---

[1]) Stat. d. D. R., N. F. Bd. 58, Karte Nr. 2 (vor S. II. 39). — Die Karte

sich nun ganz überraschende Farbenabtönungen gezeigt. Z. B. der preußische Osten, der sonst auf allen Kriminalitätskarten des Reiches die dunkelsten Tinten hat, zeigt eine wahrhaft leuchtende Helle. Auch viele andre Bezirke zeigen höchst überraschende Färbungen.

Beweist nun aber auf einer Karte, die nach der heutigen Methode berechnet und gezeichnet ist, die hellere oder dunklere Farbe eines Landesteils notwendigerweise etwas zu Gunsten oder Ungunsten der Rückfälligkeit in demselben? Erhält nicht vielmehr ein Bezirk auch dann eine günstigere Prozentziffer der Rückfälligen und eine hellere Farbe, wenn die Rückfälligkeit genau so groß ist wie in andern Bezirken, hingegen die allgemeine Kriminalität in ihm (durch die größere Beteiligung bis dahin Unbestrafter) in den letzten Jahren stärker gestiegen ist, als in andern Landesteilen? Kann also jene scheinbar so günstige Farbe nicht lediglich oder wenigstens zum Teil von einer besondern Verschlimmerung des kriminellen Zustandes des betreffenden Landesteils herrühren?

In manchen Bezirken wiederum färbt ein andrer Umstand ohne alle innere Berechtigung die Rückfälligkeitskarte günstiger, nämlich eine besonders starke Bevölkerungszunahme. Da diese, wie bekannt, keineswegs für alle Teile des Reiches die nämliche ist, hebt sich der oben gekennzeichnete, durch ihre Nichtberücksichtigung begangene Fehler bei Vergleichen der Rückfälligkeit verschiedener Bezirke nicht auf; für einige derselben (z. B. Großstädte!) spielt er eine unvergleichlich stärkere Rolle als in andern, wo die Bevölkerung nur wenig zunimmt; ja, wenn in einzelnen (ländlichen) Bezirken die Einwohnerzahl in derselben Zeit zurückgeht, so muß er hier geradezu in entgegengesetzter Richtung wirken.

Wie demnach eine **lokale** Detaillierung der Rückfälligkeitsstatistik heute leicht irreführt, so **veranlaßt diese Statistik auch bei jeder andern Art von Spezialisierung ihrer Ergebnisse**

Nr. 1 (vor S. II. 11), welche für dieselben Bezirke die Kriminalität der Bevölkerung überhaupt darstellt, bezieht sich auf den Durchschnitt der fünf Jahre 1886 bis 1890.

Eine ähnliche Karte der Rückfälligkeit hat schon früher die französische Kriminalstatistik nach dem Prozentsatze der Rückfälligen unter den „accusés et prévenus“ für den Durchschnitt der dreißig Jahre von 1850—1879 entworfen. Auch hier haben sich in manchen Departements ganz auffallende Färbungen ergeben. V. Pl. 7 des Annexe zu dem „Rapport relatif aux années 1826 à 1880“, welcher dem „Compte général de l'admin. de la just crim. en France pendant l'année 1880“ (Paris 1882) vorgedruckt ist.

unrichtige Schlüsse, die um so unzuverlässiger werden, je mehr man die Zahlen ins einzelne verfolgt und zerlegt. Nun sind aber spezialisierte Angaben über die Rückfälligkeit nach mannigfacher Richtung sowohl für die theoretische Erkenntnis des Problems als für die praktische Kriminalpolitik Bedürfnis.

Sobald es sich z. B. um die Stärke der Rückfälligkeit in den verschiedenen Altersklassen, besonders um die Beteiligung Jugendlicher handelt, werden die heute vorliegenden Prozentziffern unbrauchbar, weil die Absterbeordnung nach den Altersstufen eine ganz verschiedene ist, also der oben zu 3. erörterte Fehler hier jeden Vergleich stört.

Vor allem aber eliminiert sich der Gesamtfehler nicht, sondern tritt in ganz verschiedener Stärke auf, macht also jede Schlußfolgerung illusorisch, sobald es sich nicht nur um die Extensität, sondern auch um die Intensität der Rückfälligkeit handelt. Ich verstehe unter „Extensität" des Rückfalls die Zahl der in einem bestimmten Bezirke in einem bestimmten Zeitraume überhaupt vorgekommenen kriminellen Rückfälle, unter „Intensität" die Zahl von Rückfällen, welche (durchschnittlich) von dem einzelnen Rückfälligen begangen werden. Es ist bisher, um die Darlegung nicht allzusehr zu komplizieren, lediglich von der erstern, d. h. von der Ausdehnung der Rückfälligkeit überhaupt die Rede gewesen; es sind die Rückfälligen als Gesamtheit behandelt worden ohne Unterschied, ob sie nun zum ersten, zweiten oder öftern Male rückfällig waren. Nun ist aber diese Unterscheidung unbedingt notwendig für den Kriminalisten, der mit den Zahlen der Rückfallsstatistik etwas anfangen, der durch sie Aufschlüsse über das Gewohnheitsverbrechertum erhalten will. Er muß die sich zeigende Intensität der Rückfälligkeit beachten, d. h. von denjenigen, die nach ihrer ersten Bestrafung nur einmal oder wenigstens bisher nur einmal ein neues Delikt begangen haben, diejenigen sondern, die auch, nachdem sie rückfällig geworden und abermals bestraft sind, von neuem sich ein Delikt zu schulden kommen lassen, usw. Ich brauche im folgenden der Kürze halber für diese verschiedenen Klassen die Bezeichnungen „rückfällig im ersten —", „im zweiten —", „im dritten usw. Grade" und für die verschiedene Stärke des kriminellen Hanges, der sich hier zeigt, die Ausdrücke „Rückfälligkeit ersten —", „zweiten —", „dritten usw. Grades". Es bedeutet also beispielsweise der Satz, daß in einer Bevölkerung die Rückfälligkeit ersten Grades 40 pCt., die Rückfälligkeit zweiten Grades 9 pCt. beträgt, weiter nichts als: unter 100 einmal Vorbestraften werden 40 rückfällig, davon 9 zum zweiten Male rückfällig.

Bei der heutigen Methode wird diese wichtige Unterscheidung vernachlässigt. Wohl werden die absoluten Zahlen der zum ersten —, zum zweiten usw. Male Rückfälligen in der Kriminalstatistik vieler Staaten gesondert publiziert. Aber die Stärke der Rückfälligkeit in den einzelnen Graden, der Prozentsatz, welcher unter den einmal, zweimal usw. Vorbestraften rückfällig wird, wird gar nicht, oder, wo dies doch zu geschehen scheint, in ganz falscher Weise berechnet. Wie die Gesamtheit der Rückfälligen heute mit einem ganz unrichtigen Kontingente von Rückfallsfähigen überhaupt, so werden jetzt auch die Rückfälligen der einzelnen Grade mit ganz inkommensurablen Kontingenten von Rückfallsfähigen andrer Grade zusammengestellt und verglichen.

Gemäß dem im Eingange dieser Ausführungen erwähnten obersten statistischen Prinzipe dürfen aber die Rückfälligen ersten Grades nur mit den Rückfallsfähigen ersten Grades —, die Rückfälligen zweiten Grades nur mit den Rückfallsfähigen zweiten Grades, welche in demselben Jahre in der betreffenden Bevölkerung vorhanden waren, verglichen werden usw. „Rückfallsfähige im ersten Grade" sind in einer Bevölkerung offenbar die einmal Vorbestraften, soweit sie noch am Leben —, in Freiheit usw. sind; „rückfallsfähig im zweiten Grade" sind nur diejenigen Individuen, welche schon zweimal bestraft, also bereits einmal rückfällig geworden sind, demnach jetzt fähig sind, einen zweiten Rückfall zu begehen, wobei wieder diejenigen in Abzug zu bringen sind, welche bereits verstorben oder eingesperrt usw. sind. Die Zahl der in einem bestimmten Jahre z. B. 1890 vorhandenen im zweiten Grade Rückfallsfähigen ist also aus der Zahl der bereits einmal rückfällig Gewordenen nach genau denselben, oben entwickelten Grundsätzen zu berechnen, wie die Zahl der 1890 vorhandenen Rückfallsfähigen überhaupt aus der Zahl aller Vorbestraften.

Dieser Grundsatz wird heute vernachlässigt, und alle die Fehler, welche oben unter Nr. 1—4 aufgeführt sind, werden hier zum zweiten Mal gemacht. Die heutige Statistik sagt z. B.: im Jahre 1890 wurden 100 000 Verbrecher verurteilt, davon waren 30 000 rückfällig und von diesen wieder 6000 zum zweiten Male rückfällig. Wird nun hieraus der Schluß gezogen: unter 100 000

Verbrechern werden 30 000, also 30 pCt. rückfällig, so werden die oben einzeln angeführten 4 Fehler gemacht; wird der Schluß gezogen: unter 30 000 Rückfälligen werden 6000 oder 20 pCt. zum zweiten Male rückfällig, so werden die sämtlichen 4 Fehler hierbei gleichfalls gemacht; wird aber, wie das heute vielfach geschieht, direkt der Schluß gezogen: von 100 000 Verbrechern werden 6000 also 6 pCt. zum zweiten Male rückfällig, so liegen in dieser Schlußfolgerung die sämtlichen 4 Fehler zweimal verborgen und potenzieren sich.

Entsprechend werden bei der Berechnung der im dritten Grade Rückfallsfähigen und der Rückfälligkeit dritten Grades jene Fehler wiederum potenziert. Kurz, mit den höhern Graden der Rückfälligkeit werden die begangenen Fehler immer größer, und zwar fast immer zu Gunsten einer Abschwächung der richtigen Ziffern. Die Rückfälligkeit in den höchsten Graden, also bei den eigentlichen „Unverbesserlichen" übertrifft demnach am stärksten die Angaben, welche nach der heutigen statistischen Methode gewonnen sind.

Das Ergebnis der vorstehenden Kritik muß daher lauten: Die jetzige Methode der Statistik gibt sowohl über den Stand als über die Bewegung, sowohl über die Extensität als über die Intensität der Rückfälligkeits-Angaben, welche nicht nur an sich unrichtig, sondern auch in ihrem Verhältnis zu einander irreführend sind, und zwar zumeist irreführend in dem Sinne, daß sie die Ausdehnung und ganz besonders die Stärke der Rückfälligkeit weit weniger ungünstig erscheinen lassen als es der Wirklichkeit entspricht. Die gegenwärtige Rückfallsstatistik darf daher einen wissenschaftlichen Wert nicht beanspruchen. —

Alle die angeführten Fehler gehen auf den einen logischen Grundirrtum der Kombination inkommensurabler Jahreskontingente zurück. Auch von den sonstigen Bedenken, welche gegen methodologische Details der heutigen rückfallsstatistischen Publikationen der einzelnen Staaten laut geworden sind, und deren Aufzählung für alle diese einzelnen Publikationen hier zu weit führen würde, lassen sich meines Erachtens eine ganze Reihe in letzter Linie auf diesen selben Grundfehler zurückführen.

Eine andre Gruppe von Bemängelungen und Reformvorschlägen, die in der Versammlung der J. K. V. zu Christiania[1]) und schon früher hervortraten, beschäftigt sich nicht mit der Unrichtigkeit, sondern mit der Unvollständigkeit der heutigen rückfallsstatistischen Angaben in den meisten Staaten, besonders mit der mangelnden Spezialisierung der nach einander von den Rückfälligen begangenen Delikte. Die Forderung nach einer durchsichtigen Scheidung derer, welche bei ihrem Rückfalle oder ihren öftern Rückfällen immer wieder dasselbe oder ein verwandtes Delikt begehen, der „Spezialisten" unter den Verbrechern, von denen, deren spätere Delikte mit den frühern gar keine Verwandtschaft zeigen, ist eine sehr berechtigte und notwendige. Erst durch eine solche Scheidung und durch möglichste Spezialisierung der Angaben über den Rückfall der erstgenannten Art, den „Rückfall" im engern Sinne kann die Statistik eine praktische Bedeutung für die Gesetzgebung und Strafrechtspflege gewinnen.

Heute wird in den meisten Staaten eine Konstatierung des speziellen Rückfalls von der Statistik nur insoweit geboten, als das positive Strafrecht des betreffenden Landes einen solchen Rückfall kennt[2]). Die Rückfallsstatistik zeigt hier noch den Ursprung, der ihr

---

[1]) Vgl. die Vorträge von van Hamel und Uppström in den „Mitteilungen der Internationalen kriminalistischen Vereinigung," III. Jahrgang, Seit 287 ff.

[2]) Mit Recht hob in Christiania van Hamel (siehe a. O. Seite 302) die Überlegenheit der Italienischen Kriminalstatistik in der Konstatierung des Rückfalls hervor. Dieselbe berücksichtigt bei den Rückfälligen stets die Art des letzt vorhergehenden Deliktes und unterscheidet Vorstrafen „per lo stesso reato — per reato preveduto dallo stesso capo o titulo del Codice penale o dalla stessa legge speciale — per reato preveduto da altro capo o titulo del Codice penale o da una diversa legge speciale" (vgl. Statistica giudiziaria penale per l'anno 1889, Roma 1891 pag. CXXVI ff.). Noch reichhaltigere Angaben über die Rückfälligen sind von der Neuorganisation der italienischen Kriminalstatistik zu erhoffen, welche unter Bodios unermüdlicher Leitung zuerst für das Jahr 1890 ins Leben getreten ist, und deren erste Veröffentlichung noch aussteht. Diese Neuordnung lehnt sich in ihren Grundlagen, in der Benutzung einer Individualzählkarte („scheda individuale") und zum Teil auch in der Einrichtung der letztern, an das bewährte Muster der Deutschen Kriminalstatistik an, geht aber über diese gerade in der genauen Berücksichtigung des Rückfalls hinaus. (Vgl. üb. d. ital. Stat. Bodios schon cit. Abhandlung für das Inst. int. de Stat. 1889, sowie die daselbst angeführten Quellen, namentlich die „Atti Della Commissione per la statistica giudiziaria. Sess. ord. e straord. del 1889," Roma 1891. Ferner von Scheel, „Zur Technik der Krim.-Stat. in Deutschland und Italien", Allg. Stat. Arch. I, 1890, Seite 468 ff.) Die kürzlich erschienene „Statistica giudiziaria penale per l'anno 1890", Roma 1892 bringt

mit der ganzen Kriminalstatistik gemeinsam ist: den einer **Geschäftsstatistik der Kriminalgerichte.**

Aber wie die übrige Kriminalstatistik längst diesen untergeordneten ursprünglichen Charakter abgestreift hat und danach strebt, sich mehr und mehr zu einem **Zweige der Sozialstatistik** auszuwachsen, so muß auch die Rückfallsstatistik im besondern jene bescheidene Rolle aufgeben. Sie darf nicht länger nur Dienerin —, sie muß zugleich Führerin des Gesetzes sein. Sie darf nicht nur „Rückfälle" de lege lata verzeichnen, sondern sie muß auch de lege ferenda nachweisen, bei welchen Deliktsarten die Rückfälligkeit nach Ausdehnung und Intensität am bedrohlichsten ist und ein Einschreiten der Gesetzgebung erfordert. Sie muß — soweit der-

---

über die Vorstrafen und überhaupt über die Personalien der Delinquenten noch keine Nachrichten; sie enthält nur die Aufstellungen, welche auf Grund der, in Italien **neben** den Individialzählkarten von der Statistik auch weiterhin benutzten „registri giornalieri" gewonnen sind; die Personalnachrichten werden durch die neuen Zählkarten erhoben, für deren Ergebnisse eine besondere Publikation angekündigt ist.

Es ist dem Verfasser eine überaus angenehme Pflicht, an dieser Stelle seinen Dank Herrn **Bodio** auszusprechen, der ihm auf das liebenswürdigste die sämtlichen Formulare dieser neuen Statistik zugänglich gemacht und ihn über die Organisation derselben aufgeklärt hat. Die „scheda individuale" ist, soweit sie sich auf die Personal- und Rückfälligkeitsverhältnisse der Delinquenten betrifft, unten in der Anlage 2 unter Nr. IIIb. abgedruckt. —

Die große Sorgfalt, welche die italienische Krim.-Stat. auf die Messung der Rückfälligkeit verwendet, hängt eben mit der großen Rolle zusammen, welche der Rückfall in dem italienischen St. G. B. (Art. 80 ff.) spielt, für welches und mit welchem zugleich (am 1. 1. 90) die Neuorganisation der Kriminal-Statistik ins Leben trat.

In derselben Weise steht in den meisten andern Staaten der Grad von Mühe, welchen die Krim.-Stat. auf eine spezialisierte Feststellung der Rückfälligkeit innerhalb der einzelnen Delikte beziehungsweise Deliktsarten verwendet, in direktem Verhältnis zu dem Werte, den das materielle Strafrecht des betreffenden Landes auf den Rückfall bei dem einzelnen Delikte legt. Z. B. die deutsche Publikation liefert die genauen Zahlen für solche „Rückfälle" (im engern Sinne), soweit das R.St.G.B. auf Grund derselben den Thatbestand eines besondern, qualifizierten Deliktes konstruiert: also für den zweiten und öftern Rückfall bei Diebstahl, Raub, Hehlerei, Betrug (§§ 244, 250[5], 261, 264 R.St.GB.); vgl. die Nr. 69, 71, 74, 79 und 81 des „ausführlichen Verzeichnisses" der Delikte in der jährl. Publik. d. D. Krim. Stat. Ähnlich liefert die Statistik andrer Staaten eingehende Nachweisungen über den Rückfall nur bei einzelnen Delikten, z. B. diejenige Schwedens und Norwegens, welche im übrigen **Uppström** in Christiania mit Recht bemängelte (a. D. S. 289 ff.).

artige komplizierte sozialpathologische Verhältnisse überhaupt ziffermäßig meßbar sind — nach der gewissenhaften Konstatierung der vorliegenden Thatsachen und Symptome zur empirischen Untersuchung der Ursachen schreiten, muß so exakt als möglich nachzuweisen suchen, inwieweit soziale Momente, und namentlich in wieweit ungünstig wirkende Maßregeln der Strafgesetzgebung die heutige erschreckende Ausdehnung der Rückfälligkeit mitbedingen.

Eine innige Wechselwirkung zwischen der materiellen Rückfalls-Gesetzgebung und der statistischen Erforschung der Rückfälligkeit muß herrschen. Jeder Fortschritt der erstern wird auch die Statistik fördern, indem er neues und reicheres Material ihr schafft; aber anderseits soll auch die Statistik vorangehen und mit der Leuchte der exakten, zahlenmäßigen Forschung die Pfade aufhellen, auf denen die Gesetzgebung ihr dann folgen kann — durch weite Gebiete, die heute für Wissenschaft wie Gesetzgebung gleich unwegsam erscheinen.

Aber bei allem Nachdruck, der auf eine größere Spezialisierung in der Rückfallsstatistik zu legen ist, muß der Satz stets als oberste Richtschnur der statistischen Methode auch auf diesem Gebiete festgehalten werden: Eine noch so sorgfältige Detaillierung, eine noch so mühevolle und spezialisierte Gruppierung der Rückfälligen nach Delikten und Deliktsarten wird eine verlorene Mühe sein, solange der oben dargethane Grundfehler der heutigen Rückfallsstatistik nicht vermieden wird. Denn alle Feinheit der statistischen Methodik im einzelnen kann den Fundamentalfehler nicht eliminieren, der bei der grundlegenden Anordnung der Zahlenmassen gemacht wird.

Anderseits wird bei einer rationellen Neuorganisation der Rückfallsstatistik, wenn in jenem Grundgedanken der Anordnung nach der richtigen Methode verfahren wird, auch jede gewünschte Art von Spezialisierung, insbesondere die Nachweisung des Rückfalls innerhalb einzelner Delikte und Deliktsarten, ohne jede Schwierigkeit sich ermöglichen lassen, ja sie wird gleichsam als ein Nebengewinn ohne Aufwendung besonderer Arbeit in irgend erheblichem Maße der künftigen Rückfallsstatistik in den Schoß fallen, wie dies im nächsten Abschnitt bei unsern positiven Reformvorschlägen zu zeigen sein wird. —

Bevor ich aber diese Kritik der gegenwärtigen Rückfallsstatistik abschließe, will ich nicht unterlassen, noch auf eine statistische Aufnahme hinzuweisen, die meines Erachtens methodologisch sehr bemerkenswert ist. Es ist ihr diese Bedeutung deshalb beizumessen, weil in ihr einmal wirklich Zahlen von Rückfälligen mit den zugehörigen Zahlen von **Rückfallsfähigen** in Verbindung gebracht werden.

Die französische Kriminalstatistik jeden Jahres bringt nämlich ein „Rapprochement entre le nombre des condamnés liberés et celui des récidives criminelles et correctionelles“.[1]) Es werden für das Rechnungsjahr und die beiden vorangehenden Jahre die Zahlen der aus den einzelnen „maisons centrales“ **entlassenen** Sträflinge, welche eine Freiheitsstrafe von mindestens einem Jahre und einem Tag verbüßt haben, und ferner die Ziffern derjenigen unter diesen Entlassenen, welche innerhalb dieser drei Jahre **von neuem verurteilt** worden sind, ausgezählt und veröffentlicht.

[1]) Als § III des III. Teils („Des Récidives“) des jährlichen Compte général de l'administration de la justice criminelle en France. Angaben über die Organisation dieser Statistik, welche auf einem Zusammenwirken des Ministeriums des Innern und des Justizministeriums beruht, enthält der citierte „Rapport relatif aux années 1826 à 1880“ pg. XC. — Eine derartige statistische Aufstellung ist nicht etwa der **Gefängnisstatistik**, sondern der **Kriminalstatistik** zuzuzählen. Denn obwohl die Strafanstaltsbehörden an ihrer Bearbeitung beteiligt sind, so beruht die Konstatierung der entscheidenden Thatsache, nämlich des neuen Rückfalls, doch auf einem Urmaterial, welches von den Gerichtsbehörden auf dem Wege über die Strafregister beschafft wird. Vgl. die Bemerkungen des Chefs der französischen Kriminalstatistik, **Yvernès** über den Charakter der von ihm vorgeschlagenen, auf demselben Prinzipe beruhenden Organisation der Rückfallsstatistik in seinem „Rapport sur la récidive etc.“ für den IX. Internat. Kongr. (im „Programme“ des Kongresses, II section, Justice S. 77 f.). Äußerlich findet dieser Charakter der obigen statistischen Aufstellung dadurch seinen Ausdruck, daß dieselbe jährlich in der citierten kriminalstatistischen Publikation, nicht aber in der daneben in Frankreich erscheinenden „Stat. des prisons et établissements pénitentiaires de France“ ihre Stelle findet.

Ich glaube, auf diese scheinbar formalistische Unterscheidung deshalb Nachdruck legen zu sollen, weil neuerdings wieder von sehr beachtenswerten Seiten die Ansicht ausgesprochen worden ist, daß die geeignete methodologische Grundlage für eine korrekte Rückfallsstatistik in der Strafanstaltsstatistik liege, eine Ansicht, die ich schon an dieser Stelle ablehnen will, und die sich jedenfalls nicht auf die relativen Vorzüge der oben erwähnten französischen Statistik berufen darf. Eine prinzipielle Auseinandersetzung über die Grenzen der Brauchbarkeit der Gefängnisstatistik für unsre Zwecke bleibt dem nächsten Abschnitte vorbehalten.

Daselbst wird auch der interessante Organisationsentwurf einer Rückfallsstatistik, den der IX. Internat. Stat. Kongreß nach den Vorschlägen **Yvernès**' im Anschlusse an die obige französische Methode beschlossen hat, kritisch zu würdigen sein.

Aus diesen beiden Angaben werden dann die Prozentzahlen der Rückfälligen gewonnen. Ganz ähnlich werden die Zahlen für die jugendlichen aus den „divers établissements pénitentiaires publics et privés“ Entlassenen, beziehungsweise für die Rückfälligen unter diesen berechnet.[1])

Hier wird also in der That das oben Erörterte, allein korrekte statistische Prinzip angewendet, die Rückfälligen im Zusammenhange mit denjenigen Rückfallsfähigen zu betrachten, aus deren Kreise sie hervorgegangen sind.

Diese schon seit Jahrzehnten jährlich veröffentlichte Aufstellung verdankt freilich ihre Entstehung, wie es scheint, durchaus nur dem praktischen Bedürfnis zu erfahren, „si les récidives se produisent immédiatement après la libération de la peine précédente“,[2]) und ursprünglich wohl vor allem dem Wunsche, über die Wirksamkeit der einzelnen Strafanstalten zahlenmäßige Kenntnis zu erhalten,[3]) keineswegs aber jener theoretischen Überlegung der statistischen Methodenlehre. Daher wird in derselben kriminalstatistischen Publikation, welche jene nach einer im Prinzip richtigen Methode gearbeitete Nachweisung bringt, alljährlich neben dieser eine umfangreiche Rückfälligen-Statistik geliefert, welche in dem Grundgedanken ihrer Methode mit der Statistik der andern europäischen Staaten übereinstimmt und demgemäß alle die erörterten Fehler aufweist. Ja, es werden in amtlichen Bearbeitungen geradezu die aus jener richtigen Statistik gewonnenen Prozentsätze neben die aus der letztern, fehlerhaften berechneten gestellt und als gleichwertig behandelt![4])

Indes, mag nun diese französische Rückfälligenstatistik den richtigen methodischen Grundsatz bewußt oder unbewußt angewandt haben, wir würden in jedem Falle sie gern als Erfüllung unsrer

---

[1]) a. O. § IV.

[2]) S. S. LXXXIX des citierten „Rapport“ für die Jahre 1826—1880.

[3]) Dieser Gesichtspunkt spielte auch in den Anträgen Yvernès' und den Beratungen des IX. Stat. Kongr. die entscheidende Rolle. — Doch hat der angeführte offizielle „Rapport“ für 1826—1880 in sehr beachtenswerter Weise ausgeführt, daß die außerordentlich verschiedenen Prozentsätze der Rückfälligen unter den Entlassenen der einzelnen Strafanstalten keinen unmittelbaren Schluß auf die Wirksamkeit der letztern zulassen, vielmehr durch die gesamten territorialen Verhältnisse der verschiedenen Departements bedingt werden; s. a. O. S. XCI. Vgl. hierzu unten die Ausführungen in Abschnitt IV.

[4]) Z. B. S. XCII des angeführten „Rapport“.

Wünsche begrüßen, wenn nicht doch noch auch in ihrer Methode wesentliche Mängel bestehen blieben. Es dürften dies die folgenden sein:

a) Jene Statistik vermeidet zwar die oben unter 1, 2 und im wesentlichen auch die unter 4 dargethanen Fehler, nicht aber den unter 3 behandelten. Sie läßt unberücksichtigt, daß von den entlassenen Sträflingen während dreier Jahre doch ein erheblicher Bruchteil verstirbt, also von den Rückfallsfähigen in Abzug zu bringen ist. Demnach ist auch ihr Prozentsatz für die Rückfälligkeit noch ein zu günstiger.

b) Sie verfolgt den Rückfall der einzelnen Individuen nur durch wenige (durchschnittlich 2½) Jahre[1]). Wenn nun auch angenommen wird, daß diese kurze Frist im allgemeinen diejenige ist, innerhalb welcher ein Rückfall besonderes kriminalistisches Interesse hat, so gilt dies doch eben nur für den nächsten Rückfall. Es ist aber ein Mangel dieser französischen Statistik, daß sie eben nur bis zum nächsten Rückfall, nicht bis zu den spätern reicht, und daß sie ebenso von den frühern Bestrafungen immer nur die letzte (die vor der registrierten Entlassung) angibt. Dies ist aber irreführend; denn nicht selten begeht z. B. ein Gewohnheitsdieb zwischendurch auch einen Widerstand gegen die Staatsgewalt oder ein andres Delikt. Wird

[1]) Früher durch 5, seit Einführung der Strafregister, wie angegeben, durch 3 Jahrgänge, also für den Durchschnitt der Entlassenen durch 2½ Jahre (vgl. a. O. S. XC). Mit derselben Beschränkung befürwortete der IX. internat. stat. Kongr. diese Statistik (Nr. 4 u. 5 der von der II. Sektion und darauf vom gesamten Kongreß zur Rückfallsfrage gefaßten Beschlüsse. S. i. d. Bde. Rapports et résolutions S. 56). Der leitende Gedanke dabei war wieder der schon erwähnte, den Einfluß des Gefängnissystems auf die Rückfälligkeit feststellen zu wollen, „car s'il s'est écoulé plus de trois ans entre la libération et la nouvelle condamnation, on ne saurait établir entre le régime subi et le méfait ultérieur la moindre corrélation“ (Yvernès in s. angef. „Rapport“ S. 81). In derselben Erwägung schränkte der Kongreß auch, ganz wie die obige französische Statistik, die Nachweisungen auf diejenigen entlassenen Sträflinge ein, welche eine Freiheitsstrafe von mehr als einem Jahre hinter sich haben; man war der Meinung, daß eine kürzere Strafe keinen sichtbaren Einfluß auf das spätere Verhalten der Delinquenten ausüben könne.

Dabei wurde aber m. E. übersehen, welch' außerordentliches Interesse Theorie und Praxis gerade an der Feststellung der Wirkungen (oder aber der Unwirksamkeit!) der kurzzeitigen Freiheitsstrafen haben müssen, und welche Wichtigkeit eine zahlenmäßige Konstatierung der Erfolge der übrigen Strafarten, der Ersatzmittel der Freiheitsstrafe, besitzt.

nun nur dieser eine Rückfall betrachtet, so gelangt man zu einem ganz falschen Schlusse über den kriminellen Charakter dieses Delinquenten. Eine wissenschaftliche Rückfallsstatistik muß die Verbrecherkarriere als ein Ganzes aufhellen. Hierzu ist aber jene französische Methode ihrem ganzen Wesen nach nicht geeignet.

c) Jene Statistik liefert heute nur Angaben über den Rückfall nach längern Freiheitsstrafen. Sie könnte allenfalls — m. E. auch nur in der Theorie, denn die praktischen Schwierigkeiten wären wohl kaum überwindlich — noch Daten für die wichtige Messung der Rückfälligkeit nach sämtlichen kurzzeitigen Freiheitsstrafen liefern. Sie muß aber natürlich schweigen über den Rückfall nach allen Strafmitteln außer der Freiheitsstrafe. Und gerade über die Wirkungen dieser andren Strafen zuverlässige Angaben zu sammeln, liegt im Interesse der J.K.V.

Diese Einwände zu b und c richten sich aber prinzipiell gegen die Zuhilfenahme gefängnisstatistischer Materialien für den methodologischen Aufbau einer Rückfälligenstatistik und führen uns zu der grundsätzlichen Frage, welches Fundament für eine solche Statistik zu wählen sei.

II.

Die Neuorganisation der Rückfallsstatistik auf Grundlage der Strafregister.

Die Rückfallsstatistik nimmt ihrem innersten Wesen nach eine ganz eigenartige Stellung innerhalb der Kriminalstatistik ein.

Die letztere liefert über jedes begangene Delikt und jeden Delinquenten Angaben für einen ganz bestimmten Zeitpunkt (in den meisten Ländern für den der Aburteilung, in einigen auch für den der Anklage). Hingegen, wie es schon der Begriff „Rückfall“ sagt, hat unser statistischer Spezialzweig es immer mit mindestens zwei Zeitpunkten im Leben des Delinquenten zu thun, oft mit noch viel mehr. Es müssen alle die verschiedenen Delikte des Rückfälligen aufgehellt werden. Durch genaue Fixierung dieser einzelnen Punkte seines Lebens soll dann auch die Linie nach ihrer Länge und Richtung erkannt werden, welche jene Punkte verbindet. Denn wie aus all dem im vorigen Abschnitt Ausgeführten hervorgeht, liegt das eigentümliche Problem der Rückfallsstatistik darin, den Weg, den der Delinquent genommen, und der ihn von

Strafthat zu Strafthat führte, kurz die Verbrecherlaufbahn als ein Ganzes aufzuhellen.

Für jenen Zweck der allgemeinen Kriminalstatistik, für die Erfassung eines einzelnen Zeitpunktes, eignet sich naturgemäß eine Statistik, welche von dem einen Momente der gerichtlichen Aburteilung bezw. Anklage ausgeht, und deren Material von den Gerichten beschafft wird. Auf dieser Grundlage beruhen heute völlig zweckmäßig die kriminalstatistischen Publikationen sämtlicher Kulturstaaten. Für die Erfassung der Laufbahn des Gewohnheitsverbrechers hingegen ist dieses statistische Material nicht geeignet.

Diese Thatsache wird auch von der amtlichen Kriminalstatistik selbst nicht bestritten. Vielmehr haben offizielle statistische Publikationen die Unvollkommenheit der heutigen Rückfallsstatistik freimütig zugegeben, ohne freilich auf die wichtigste Ursache dieser Unvollkommenheit, nämlich auf den im vorigen Abschnitt gekennzeichneten methodolodischen Grundfehler, hinzuweisen. So hat bereits die erste Veröffentlichung der Deutschen Krim.-Stat. sich dahin geäußert [1]:

„Für Spezialuntersuchungen über Gewohnheitsverbrecher eignet sich wohl überhaupt eine Statistik nicht, die durch von den Gerichten nach jeder Aburteilung aufgestellte Zählkarten gewonnen wird, und in welcher event. innerhalb eines Jahres dieselben Personen mehrmals als Abgeurteilte bezw. Verurteilte eingetragen sind. . . . . . Dazu kommt, daß die Ansprüche an die Gerichte bezüglich dieser Arbeiten sich auf eine Wiedergabe des unmittelbar aus den Akten zu entnehmenden Materials beschränken müssen. Für eine Statistik der Gewohnheitsverbrecher würde die Hilfe der Strafanstalts-Behörden mit viel mehr Erfolg in Anspruch zu nehmen sein."

So dankenswert diese Ausführungen in ihrer Stellungnahme gegen die gerichtliche Statistik als Grundlage der Erforschung des Gewohnheitsverbrechertums sind, so ist ihr positiver Vorschlag, der Hinweis auf die Strafanstaltsstatistik, doch meines Erachtens nicht geeignet, unser Problem in befriedigender Weise zu lösen.

Der Gedanke ist ja naheliegend, daß die Gefängnisbehörde, die am ehesten die Möglichkeit hat, die persönlichen Verhältnisse des Verbrechers eingehend zu erforschen, auch über die kriminelle Laufbahn des Rückfälligen am besten Auskunft erteilen kann. Es liegt mir auch durchaus fern, zu bestreiten, daß diese Behörden und

---

[1]) Krim. Stat. für 1882 (Berlin 1884). S. 72.

in manchen Punkten sicherlich nur diese Behörden über die Persönlichkeit des Rückfälligen wertvolle Angaben zu machen in der Lage sind. Solche Mitteilungen der Gefangenenanstalten werden als Beiträge zum kriminalstatistischen Urmaterial stets eine wesentliche Bereicherung des letztern darstellen; es wird weiter unten erörtert werden, wie sie in die Organisation der Rückfallsstatistik zweckmäßig hineinzuverarbeiten sind.

Aber als methodologische Grundlage der Organisation einer korrekten Rückfälligkeitsstatistik darf meines Erachtens die Strafanstaltsstatistik nicht dienen. Der Grund ist in letzter Linie derselbe, welcher gegen die Verwendung der gerichtlichen Statistik sprach; er beruht auf der erörterten grundsätzlichen Eigenart jenes statistischen Spezialgebietes.

Wie nämlich ein Gericht den Verbrecher im allgemeinen nur zu einem bestimmten Zeitpunkte kennen lernt, so hat auch eine Strafanstaltsbehörde in der Regel nur in einem bestimmten Zeitraume seines Lebens Gelegenheit hierzu. Nun kann allerdings erwidert werden, daß dieser Zeitraum namentlich bei längern Freiheitsstrafen ein so ausgedehnter ist, daß die Behörde Gelegenheit hat, das ganze Vorleben des Delinquenten, auch die vorhergehenden Strafthaten, genau zu erforschen. Aber, wie es das Wort „Vorleben" schon sagt, würde es sich hierbei um eine nachträgliche Konstatierung rückwärts liegender facta bezw. Delikte handeln. Eine solche ist ja nun unzweifelhaft für die mannigfachsten Zwecke nützlich, ja notwendig; für eine Rückfallsstatistik aber ist sie unbrauchbar.

Denn mag man die frühern Delikte und Strafen der einzelnen inhaftierten Rückfälligen noch so sorgfältig erforschen, man kann hiermit nie eine korrekte Statistik der Rückfälligkeit d. h. eine Gegenüberstellung der einzelnen Gruppen der Rückfälligen mit den zugehörigen Gruppen Rückfallsfähiger erreichen.

Der statistische Ansatz kann doch — wie dies in der Strafanstaltsstatistik einer ganzen Reihe europäischer Staaten [1]) heute auch thatsächlich der Fall ist — immer nur so lauten:

---

[1]) Eine Gefängnisstatistik besteht, soweit mir bekannt, gegenwärtig für folgende europäische Länder: Von den deutschen Staaten haben für die Verwaltung der Gefängnisse besondere regelmäßige Publikationen Preußen (bezüglich der zum Ressort des Ministeriums des Innern gehörenden Straf- und Gefangenen-Anstalten) und Hessen. Für Baden steht eine Veröffentlichung bevor. Die

Es sind zu einem bestimmten Zeitpunkte x Verbrecher inhaftiert, hierunter sind y Rückfällige. Wird aus diesen beiden Zahlen der Schluß gezogen: Die „Rückfälligkeit beträgt y : x" oder „von x mit Freiheitsstrafe Belegten werden y rückfällig", so werden hier offenbar wieder die gesamten Fehler eingeführt, welche im ersten Abschnitt für die auf gerichtlichem Urmaterial beruhende Kriminalstatistik nachgewiesen sind. Denn x und y sind, ganz wie dies dort gezeigt wurde, durchaus inkommensurable Größen, gar nicht zusammengehörige Jahreskontingente.

Wird in einer solchen Statistik gar im einzelnen gesagt, daß sich unter den x Inhaftierten y_1 zum erstenmal Rückfällige, y_2 zum zweitenmal Rückfällige usw. befinden und wird hieraus gefolgert, daß z. B. die Rückfälligkeit zweiten Grades y_2 zu x beträgt, so werden, ganz wie oben von der Kriminalstatistik, die sämtlichen Fehler zweimal gemacht, und für die Rückfälligen der noch höheren Grade wird entsprechend die Fehlergröße immer erheblicher.

Der Grundfehler ist bei der Gefängnisstatistik wie bei der Kriminalstatistik eben der, daß beide von der letzten bisherigen Bestrafung aus rückwärts gehen. Eine richtige Rückfallsstatistik aber läßt sich, wie schließlich auch schon in dem Worte selbst liegt, eben nur konstruieren, wenn man von der ersten Bestrafung ausgeht und, unter steter Berücksichtigung der andern im Jahre dieser ersten Bestrafung Verurteilten, also rückfallsfähig Gewordenen, nach vorwärts schreitet.

Nun ist es allerdings auch denkbar, daß man unter Mitbenutzung der Gefängnisstatistik dies letztere thut; daß man von dem einen Zeitraume der Inhaftierung in der Strafanstalt aus vorwärts geht und unter Zuhilfenahme statistischen Materials,

---

meisten andern Bundesstaaten geben zusammen mit andern justizstatistischen Nachweisungen eine Statistik ihrer Gefängnisse heraus. Ohne eine solche sind m. W. Anhalt, Braunschweig, Lippe, Lübeck, Mecklenburg, Oldenburg, Reuß. Eine Gefängnisstatistik existiert ferner für Belgien, England-Wales, Frankreich, Irland, Italien, Niederlande, Norwegen, Österreich, Rumänien, Schweden, Schottland und Ungarn. Die Mehrzahl dieser Publikationen gibt, zum Teil freilich recht dürftige, Nachweisungen über die Vorbestraften unter den Inhaftierten. — Auf Grund der tüchtigen Gefängnisstatistik Ungarns hat Béla Földes eine sehr interessante, allerdings methodologisch in einigen Punkten anfechtbare Studie über „Die Statistik der Rezidivität in Ungarn" in der letzten Session des Inst. int. de stat. vorgetragen. (S. Bulletin de l'Inst. t. VI, 1 livr., p. 91.)

welches von den Gerichten gesammelt ist, die Rückfälle der Verbrecher nach der Entlassung konstatiert. D. h., daß man sagt: in einem bestimmten Jahre werden a Personen aus den Gefangenen-Anstalten entlassen, hiervon werden b rückfällig, und zwar b_1 im ersten Jahre, b_2 im zweiten Jahre usw.

Wir lernten eine derartige Aufstellung bereits in der französischen Statistik kennen. Eine reiche Ausgestaltung hat diese Methode in dem Entwurf einer rückfallsstatistischen Organisation erfahren, welchen der Leiter der französischen Kriminalstatistik Yvernès dem IX. Internationalen Statistischen Kongreß zu Budapest im Jahre 1876 vorgelegt hat, und den dieser ohne wesentliche Änderungen erst in seiner II. Sektion („Justice") und dann im Plenum seinen Beschlüssen zu Grunde gelegt hat[1]).

Dieser Entwurf enthält in seinen Einzelheiten eine große Zahl von geistreichen Neuerungen und sehr beachtenswerten Vorschlägen. Sein methodologisches Grundprinzip aber ist das soeben gekennzeichnete, und darum unterliegt er — einen so großen Fortschritt der Methode er unzweifelhaft auch gegenüber der heutigen Rückfallsstatistik der meisten Staaten darstellt — gleichfalls den grundsätzlichen Bedenken, welche sich gegen jenes methodologische Prinzip überhaupt richten, und welche oben bei der Kritik der französischen Rückfallsstatistik bereits angedeutet worden sind:

Zunächst hat auch jener Entwurf übersehen, daß zur Gewinnung der richtigen Rückfälligkeitsziffern die Sterblichkeit berücksichtigt werden muß. Es darf nicht heißen: von a in einem bestimmten Jahre entlassenen Personen werden b_1 im ersten Jahre rückfällig, b_2 im zweiten usw., also beträgt die Rückfälligkeit im ersten Jahre $b_1 : a$, im zweiten $b_2 : a$ usw. Sondern der Ansatz muß lauten: von a in einem bestimmten Jahre Entlassenen leben im ersten Jahre nach der Entlassung noch a_1, hiervon werden rückfällig b_1, also beträgt die Rückfälligkeit in diesem Jahre $b_1 : a_1$; im zweiten Jahre leben nur noch a_2, rückfällig werden b_2, es beträgt also die Rückfälligkeit $b_2 : a_2$ usw.

Indes, dieser Fehler ließe sich einigermaßen korrigieren. Es

[1]) S. namentlich die interessanten rückfallsstatistischen Formulare in Yvernès „Rapport" (a. O. S. 85—87). Aus den Verhandlungen der Sektion „Justice" vergleiche in dem Bande „Travaux du Congrès" S. 258—278; vergeiche auch die Beschlüsse des Plenums, besonders Ziffer 2—5 zu dieser Frage (im Bande „Rapports et résolutions" S. 56).

würden sich — wenn auch der Tod der einzelnen entlassenen Verbrecher nicht zu kontrollieren, und somit die genaue Zahl der Überlebenden unter ihnen nicht festzustellen ist — bei geeigneter Berücksichtigung der allgemeinen Absterbeordnung der Bevölkerung wenigstens richtige Grenzwerte gewinnen lassen.

Einige andre Mängel hingegen werden meines Erachtens jeder, wie auch immer im einzelnen vervollkommneten Rückfallsstatistik anhaften müssen, welche sich auf das französische Prinzip stützt: Insbesondere ist eine methodisch korrekte Statistik bei dieser Art von Bearbeitung immer nur möglich für den Zeitraum von der letzten Vorbestrafung (derjenigen vor der Entlassung) bis zum nächsten Rückfall. Die vor jener letztvorhergegangenen Bestrafung nach rückwärts liegende kriminelle Vergangenheit kann wohl für den einzelnen rückfälligen Verbrecher aufgehellt werden, für sie fehlt es aber, ganz wie dies soeben für die Gefängnisstatistik gezeigt wurde, an dem statistischen Maßstab der Vergleichung mit den zugehörigen Rückfallsfähigen[1]). Wenn aber nur jene Zeit von der letzten Bestrafung bis zum nächsten Rückfall statistisch untersucht wird, so kann dies, wie schon oben an einem Beispiele gezeigt, leicht zu schiefen Schlußfolgerungen führen.

Außerdem eignet sich aber jene höchst mühevolle amtliche Verfolgung und Registrierung jeder einzelnen Verbrecherlaufbahn nach der Entlassung ihrer Natur nach nur für die verhältnismäßig beschränkte Zahl derjenigen Delinquenten, welche eine lange Freiheitsstrafe verbüßt haben.

Wenn in einem größern Staate diese Methode auf jeden Einzelnen aus der riesigen Zahl derjenigen angewandt werden sollte, die eine kurze Freiheitsstrafe hinter sich haben, so würde eine außerordentlich komplizierte und kostspielige staatliche Organisation erforderlich werden und selbst diese müßte oft versagen[2]).

---

[1]) Dieser Einwand bleibt meines Erachtens auch gegenüber Yvernès' Entwurfe bestehen. Derselbe wollte zwar durch „états de récidive", welche auf den Strafregistern beruhen sollten, die sämtlichen Vorstrafen jedes Rückfälligen feststellen. Aber dem Vergleichungsmaßstab der zugehörigen Zahl von Rückfallsfähigen hat er nach seinem Projekte nur in den Listen der aus den Gefängnissen Entlassenen, und diese geben jene Zahl eben nur für die Zeit der letzten Vorbestrafung an.

[2]) Selbst bei den schon erwähnten, überaus engen Grenzen, in denen Yvernès nach dem Vorbilde der französischen Publikationen jenes System vor-

Nun ist es für die Bestrebungen der J.K.V. aber gerade von hohem Werte, über die Rückfälligkeit nach kurzzeitigen Freiheitsstrafen Nachrichten zu sammeln.

Der grundsätzliche kriminalistische Standpunkt der Vereinigung führt weiter aber zu einer Forderung, welcher jene französische Methode vollständig hilflos gegenübersteht.

Die bisherige Geschichte der J. K. V. ist ausgefüllt von dem Kampfe für Strafmittel außerhalb der Freiheitsstrafe: für die bedingte Verurteilung, für die Umgestaltung und erweiterte Anwendung der Geldstrafe, für Zwangsarbeit ohne Einsperrung u. a. m. Der große Einwand der Gegner allen diesen Maßregeln gegenüber lautet: sie sind wirkungslos. In das Kriminalstatistische übersetzt heißt dies: nach diesen Maßregeln tritt die Rückfälligkeit in besonders hohem Grade auf. Diese Behauptung, für welche die Gegner bisher beweisfällig geblieben sind, muß geprüft werden — ohne Vorurteil, ohne Leidenschaft, mit der nüchternen Logik der Ziffern. Das

schlug (Beschränkung auf das Jahr der Entlassung und nur zwei folgende Jahre sowie auf die mit länger als einem Jahre Freiheitsstrafe Vorbestraften) erhoben sich auf dem IX. Internat. Stat. Kongr. gewichtige Bedenken gegen die praktische Durchführbarkeit desselben, insbesondere der von Yvernès befürworteten Kombination der Listen der Entlassenen mit den „états de récidive". Yvernès gab auf die diesbezüglichen Anfragen Foinitzkis und Faiders zu, daß die Arbeit dieser Kombination eine sehr erhebliche sei, wenn er dieselbe auch nach den Erfahrungen der französischen Statistik innerhalb jener engen Grenzen für durchführbar erklärte. Er selbst aber sprach sich gegen eine Erweiterung jener Statistik z. B. von 3 auf 10 Jahrgänge aus, weil die dadurch entstehende Arbeitslast zu groß würde. (S. Verhandlungen der II. Sektion a. O. S. 267 und 271 ff.).

Aber selbst wenn eine Durchführung dieser statistischen Methode für 10 und noch mehr Jahrgänge und für alle nach einer Freiheitsstrafe Rückfälligen in der Praxis möglich wäre, würde ich dieselbe für eine unnötige Aufwendung doppelter Arbeit und Geldmittel erachten. Denn nach den Vorschlägen Yvernès' und des IX. Kongresses würde die Rückfallsstatistik auf einer Benutzung der Strafregister (Ziffer 2 der Beschlüsse) und auf Führung der obigen Listen der Entlassenen, (Ziffer 3 a. O.) beruhen, indem beide Arten statistischer Erhebungen miteinander kombiniert werden müßten (Ziffer 4 a. O.). Ich halte dies darum für überflüssig, weil auch bei alleiniger Benutzung der Strafregister sich eine Rückfallsstatistik aufbauen läßt, welche an methodischer Korrektheit wie an Reichhaltigkeit des Inhalts derjenigen des IX. Kongresses nicht nur gleichkommt, sondern, wie ich zu beweisen hoffe, dieselbe in beiden Richtungen sogar übertrifft. Es kommt eben alles auf die statistische Methode an, nach welcher das in den Strafregistern angesammelte Urmaterial verarbeitet wird.

Material zu dieser Prüfung kann nur eine methodologisch korrekte Rückfallsstatistik liefern.

Wir brauchen also eine Statistik, welche nicht nur über die Erfolge der Freiheitsstrafen jeder Art und Dauer, sondern gerade auch über die Wirkungen der andern Strafmittel Auskunft gibt.

Aus diesen wie aus den andern angeführten Gründen erscheinen die Beschlüsse des IX. Internationalen Statistischen Kongresses nicht als geeignet, der notwendigen Neuorganisation der Rückfallsstatistik zur Grundlage zu dienen. Dasselbe gilt prinzipiell von jeder Art von Rückfallsstatistik, welche Angaben der Strafanstalten, sei es allein, sei es in Kombination mit anderm statistischen Material zur Basis ihrer Methode wählt. —

Wenn aber weder die Gerichte noch die Strafanstalten zulängliches Urmaterial für die Rückfallsstatistik liefern können, gibt es dann in der Justizorganisation überhaupt eine Institution, an welche jene anknüpfen kann? Gibt es insbesondere, wird man uns einwenden, in der Wirklichkeit eine Einrichtung, welche jene scheinbare Utopie verwirklichen, welche jeden einzelnen Rückfälligen in seiner ganzen individuellen Verbrecherkarriere verfolgen kann, welche ferner im stande ist, zu jeder Gruppe von Rückfälligen den entsprechenden Kreis von Rückfallsfähigen anzugeben?

Es gibt in der Wirklichkeit, so darf geantwortet werden, eine solche Einrichtung schon heute in zahlreichen Kulturländern, und sie wird über kurz oder lang auch in den übrigen Staaten gewißlich geschaffen werden. Denn nicht das Streben nach theoretischer Erkenntnis, dem vielfach äußere Macht und Mittel fehlen, sondern das allerdringendste praktische Bedürfnis der Strafrechtspflege ist überall der Schöpfer und zuverlässige Erhalter dieser Institution: der Strafregister.

Nach anderweiten unbefriedigenden Versuchen einer Strafkontrolle (am Wohnorte, am Orte der jedesmal erkennenden Gerichte u. a. m.) hat sich das System der sogenannten casiers judiciaires immer allgemeinere Anerkennung verschafft[1]). Das Prinzip ist

---

[1]) Dasselbe stammt aus Frankreich, wo es als ein wesentlicher Fortschritt gegenüber den ältern „sommiers judiciaires“ auf Anregung von Bonneville de Marsagny eingeführt wurde. Es geschah dies durch ein Cirkular des Justizministers Rouher vom 6. 11. 1850; seither ist eine sehr große Anzahl von Verordnungen ergangen, ohne daß bis jetzt eine gesetzliche Regelung

ebenso naheliegend als fruchtbar: An dem einzigen geographisch feststehenden Punkte, welcher das unruhige, vielfach geradezu vagierende

---

erfolgt ist. Doch steht eine solche bevor: am 22. 10. 1891 hat der Justizminister Fallières dem Senat einen Gesetzentwurf vorgelegt, den eine außerparlamentarische Kommission 1890—91 ausgearbeitet hat, und der in der wissenschaftlichen wie politischen Presse bereits zu sehr lebhaften Debatten Anlaß gegeben hat.

Im Deutschen Reiche ist die Einrichtung, schon 1876 angeregt durch den Metzer Staatsprokurator Hamm, eingeführt worden durch die Verordnung des Bundesrates vom 16. 6. 1882, betreffend die Einrichtung von Strafregistern und die wechselseitige Mitteilung der Strafurteile (Centr.-Bl. f. d. Deutsche Reich 1882, S. 309 ff.; dazu die Preuß. Ausführ.-Verfüg. v. 12. 7. 1882, Justizmin.-Bl. 1882, S. 200 ff.).

Das Institut haben ferner angenommen: Italien, wo Ambrosoli die erste Anregung gab und hierauf das Regio Decreto sulla instituzione di un Casellario giudiziale per l' accertamento degli antecedenti penali degli imputati e della recidiva vom 6. 12. 1865 erging. Regolamento von demselben Tage, ergänzt durch ein Circolare vom 26. 12. 1865 und eine Reihe späterer Cirkulare. Die Einrichtung wurde mit den Vorschriften des neuen St.G.B. in Übereinstimmung gebracht durch Art. 33—35 der Disposizioni per l' attuazione del nuovo Codice penale (Königl. Dekret vom 1. 12. 89). Portugal, welches die Einrichtung (registro-criminal) für seine Kolonieen schon durch Dekret vom 24. 8. 1863, für das Mutterland aber zugleich mit dem neuen Strafgesetzbuch am 16. 9. 1886 einführte; außerdem Luxemburg und einige Schweizer Kantone. In Belgien hat das Brüsseler Gericht sein eignes casier judiciaire, für die übrigen Gerichte besteht ein centralisiertes Register im Justizministerium (Cirkular des Justizmin. vom 31. 12. 1888). Trotz des Namens fehlt also dort dem cas. jud. ein wesentliches Kriterium, nämlich die Führung am Geburtsorte der Delinquenten. Finnland hat Strafregister am Wohnorte der Verbrecher. Die Einführung der Strafregister ist endlich geplant in den Niederlanden. — Seit 1868 sind zwischen zahlreichen europäischen Staaten über die gegenseitige Mitteilung der Strafurteile Verträge abgeschlossen worden, deren Ausdehnung im Interesse der Vollständigkeit der Strafregister bei dem immer mehr fluktuierenden, an keine politischen Grenzen gebundenen Charakter des modernen Verbrechertums wünschenswert erscheint. (Vgl. Actes du Congrès pénitent. internat. de Rome [1885], Bd. II, S. 549 ff.)

Außerhalb der genannten Staaten finden sich in Europa überaus mannigfache Einrichtungen von Registern usw. für eine Kontrolle der Vorstrafen. Ein Teil dieser Organisationen ließe sich meines Erachtens sehr wohl ebenfalls für die Zwecke der Rückfallsstatistik verwerten. Doch bleiben dieselben in statistischer Hinsicht ebenso wie für die Zwecke der kriminalistischen Praxis sämtlich hinter dem System der casiers judiciaires zurück. Unter den im Prinzipe abweichenden Systemen dürfte das bemerkenswerteste dasjenige sein, welches Rußland am 15. 1. 1870 eingeführt hat; dasselbe beruht im Gegensatz zu der Decentralisation der casiers judiciaires auf dem Grundsatze einer strengen Centralisation: ein Centralbureau, welches unter dem Justizministerium steht, sammelt für das ganze

Leben des Verbrechers aufweist, an seinem Geburtsorte[1]) wird ein Zentrum geschaffen, an welchem während des ganzen Lebens des Delinqenten, wo auch immer er seine Verbrechen begehen, seine Strafen erhalten möge, die Nachrichten über seine kriminelle Laufbahn von allen Seiten zusammenkommen. Die Einrichtung wird durch das Wort „Strafregister" weniger korrekt bezeichnet als durch die fremdsprachlichen Ausdrücke „casier judiciaire" beziehungsweise „casellario giudiziale". Es handelt sich wirklich

---

Reich die Nachrichten über die kriminellen Antecedenzien und veröffentlicht dieselben in periodischen Nachweisungen, welche allen Gerichten, Staatsanwälten und Untersuchungsrichtern zugesandt werden; jede solche Publikation enthält ein alphabetisches Register der Namen der in den frühern Nachweisungen aufgeführten Delinquenten. (Vgl. über dieses System Outine in dem „Programme" des IX. Internat. Kongr., a. O. S. 163 ff., sowie in den Verhandlungen des Kongr. S. 259, 264.) Den Strafregistern nahekommende Systeme haben Österreich und Spanien.

Ganz ohne eine Organisation für die Registrierung der Vorstrafen sind in Europa nur Griechenland, die Niederlande (wo aber, wie erwähnt, eine Reform bevorsteht), Norwegen und Ungarn.

Über die Registerorganisation in den oben angeführten Staaten vergleiche die sorgfältige, jetzt aber mehrfach veraltete Zusammenstellung Yvernès' im Kap. II „Des moyens de recherche et de constatation de la récidive" in seinem citierten „Mémoire" a. O. S. 29 ff.; für die ältere Zeit vorzüglich Despatys, Traité théorique et pratique des casiers judiciaires en France et a l'Étranger etc. Paris 1870; von neuern Nachweisungen vergleiche die reichhaltigen, aber nicht durchweg korrekten Angaben in Appleton, La réforme des casiers judiciaires, Paris 1893, S. 5 ff. und 26 ff. Vgl. ferner den Artikel „Casellario giudiziale" von G. de Nava in „Il Digesto Italiano", Vol. II (Torino 1891) S. 241 ff. und die „Bibliographia" daselbst S. 242, sowie desselben Verfassers neuern Aufsatz „Le nuove disposizioni sul casellario giudiziale" in der „Rivista penale", t. XXXI, S. 231 ff. In der deutschen Litteratur ist diese so wichtige Einrichtung bisher auffallend selten behandelt worden. Ein vortrefflicher Artikel „Strafregister", erschöpfend bezüglich der gegenwärtigen deutschen Organisation und sehr beachtenswert in seinen Reformvorschlägen, befindet sich in Stengels Wörterbuch des Deutschen Verwaltungsrechts Bd. II (Freiburg 1890), S. 565 ff., verfaßt von Seuffert. Daselbst siehe auch die wenigen ältern deutschen Bearbeitungen des Themas.

[1]) Nur für die Personen, deren Geburtsort außerhalb des Deutschen Reiches gelegen oder nicht zu ermitteln ist, wird nach § 1 [2] der Verordnung vom 16. 6. 1882 ein Register bei dem Reichs-Justizamt geführt. Ebenso besteht in Frankreich ein casier central im Justizministerium für die im Ausland oder in den Kolonien Geborenen, sowie für diejenigen Verbrecher, deren Geburtsort unbekannt ist, seit dem Cirkular vom 30. 8. 1855, welches durch einige neuere Cirkulare ergänzt ist. Eine analoge Einrichtung hat Italien kraft Art. 2 des Kgl. Dekrets v. 6. 12. 1865.

um einen „Fachkasten", in dessen einzelnen Fächern die Strafnachrichten, die nach jeder wichtigen Verurteilung von dem erkennenden Gericht eingehen, im Original aufbewahrt und alle auf denselben Delinquenten bezüglichen zusammengelegt werden. Mit Recht hat Yvernès gesagt, daß das Strafregister „une biographie judiciaire"[1]) enthalte: eine Kriminalbiographie der Verbrecher. Und G. de Nava hat die Institution als eine Art „Kriminalstandsregister" den Zivilstandsregistern an Bedeutung zur Seite gestellt mit den Worten: „A fianco della grande istituzione dello stato civile e sorta cosi un' altra che potrebbe benissimo dirsi lo stato penale."[2])

Es hieße Eulen nach Athen tragen, wollte ich für Leser, welche inmitten der kriminalistischen Rechtsprechung oder Verwaltung stehen, ein Wort über die Bedeutung verlieren, welche schon heute diese Einrichtung für die Praxis hat, über die Lücke, welche schon heute empfunden wird, sobald diese Einrichtung einmal versagt[3]).

---

[1]) Verhandlungen des IX. Int. Stat. Kongr., a. O. S. 258.

[2]) S. den Artikel „Casellario giudiziale" a. O. S. 242.

[3]) Ist die Wichtigkeit der Strafregister schon bei uns wegen ihrer eigentlich kriminalistischen Bedeutung eine sehr große, so spielen dieselben eine noch viel erheblichere Rolle, deren Nutzen freilich recht diskutabel ist, in Frankreich, Italien, Portugal und einigen andern Ländern. In diesen werden nämlich Auszüge aus den cas. jud. nicht nur wie bei uns an Behörden (§ 17 der Verordnung vom 16. 6. 1882), sondern auch — mit gewissen, in den einzelnen genannten Ländern verschiedenen Einschränkungen — an Private auf deren Ansuchen mitgeteilt. Es ist in jenen Ländern, besonders in Frankreich, in weiten Volksschichten längst üblich, daß man sich vor Eingehung einer geschäftlichen Beziehung, eines Dienstvertrages, ja einer Familienverbindung durch einen Auszug aus dem Strafregister über die Unbescholtenheit beziehungsweise die Art der Vorstrafen des andern Teiles vergewissert. Es liegt — bei allen Vorzügen einer zuverlässigen amtlichen Auskunft über diesen wichtigen Punkt — auf der Hand, daß diese Einrichtung auch ernste Nachteile mit sich bringen kann: dem einmal Bestraften wird die Wiedererlangung einer wirtschaftlichen und gesellschaftlichen Stellung überaus erschwert. Wohin er sich auch um Arbeit wendet, man erkundigt sich bei seinem Strafregister, erfährt seinen frühern Fehltritt und weist ihn ab. So bleibt es sein Lebenlang; nach keinem Zeitablauf verschwindet eine Vorstrafe aus dem Registerauszuge, keine Verjährung greift Platz bei dieser gesellschaftlichen Ächtung. Die also Ausgestoßenen werden nur allzu leicht dem Verbrechen wiederum in die Arme getrieben. Es herrscht in Frankreich in weiten und beachtenswerten Kreisen die Ansicht, daß gerade jene Einrichtung es ist, welche die Rückfälligkeitsziffern in so erschreckender Weise anwachsen läßt.

Daher besteht daselbst seit einer Reihe von Jahren eine starke Bewegung zu Gunsten einer Reform der Strafregister, welche sich einmal gegen die „publicité",

Die ganze Einrichtung ist gerade wegen der Rückfälligen geschaffen worden; sie ist auch für die Statistik dieser die gegebene Grundlage.

---

dann aber gegen die „perpétuité" der Eintragungen wendet. Mit dieser Strömung hing auch die Einsetzung der erwähnten außerparlamentarischen Kommission zusammen, deren Gesetzentwurf in beiden Richtungen die Registerauszüge sehr beschränkt, damit aber nunmehr umgekehrt bei den Freunden des bestehenden Zustandes der Register heftigen Widerspruch hervorgerufen hat. Zur Geschichte der interessanten Bewegung vergleiche die einschlägigen Verhandlungen der Soc. gén. des prisons in den Jahren 1886, 1887, 1891 und der Académie des sciences morales et polit. 1892; von den Internationalen Kongressen für Gefängniswesen haben sich der Stockholmer (1878) und der Petersburger (1890) mit der Frage beschäftigt. Sie kam auch wiederholt in der Kammer und dem Senat zur Sprache, so wurde sie besonders lebhaft diskutiert anläßlich der Beratung der sogenannten „loi Bérenger" (loi sur l'atténuation et l'aggravation des peines v. 26. 3. 1891); vgl. Felisch in der Zeitschr. f. die ges. Strafrechtswissenschaft XII. 357 ff. Von Freunden wie Gegnern der Reform ist in Frankreich in den letzten Jahren eine ganze Litteratur geschaffen worden, bezüglich deren auf die Bibliographie in Appeltons bereits angeführter Schrift verwiesen sei; über die Geschichte der Reformbestrebungen vergl. daselbst S. 17 ff.

Für die Frage der statistischen Verwertung der Strafregister kann zwar das Problem der Publizität derselben unerörtert bleiben. Hingegen ist es für unsre Zwecke sehr wesentlich, daß die andre Seite jener Reformbestrebungen, nämlich die Aufhebung der Eintragung gewisser Arten von Strafen bzw. die Einschränkung der Dauer der Eintragungen in richtiger Weise ihre Erledigung finde. Denn eine ausgedehnte Rückfallsstatistik würde unmöglich gemacht werden, wenn etwa im Register die Verurteilungen oder einige Arten derselben nach einer gewissen Anzahl von Jahren gelöscht, d. h. wenn die betreffenden Strafnachrichten körperlich vernichtet würden.

Eine solche Vernichtung (im Zusammenhange mit einer Art Verjährung der Strafen) schlug zu dem Zwecke, die Register nicht allzusehr anschwellen zu lassen und die Benutzung derselben für die kriminalistische Praxis dadurch nicht zu erschweren, Dutine dem IX. Stat. Kongr. für das russische System vor (s. „Programme" II. Sekt. S. 165 f.); er behauptete, daß auch bei allen andern Systemen dieselbe Gefahr der zu großen Ausdehnung und damit der Unhandlichkeit der Register mit den Jahren entstehen müßte. Doch ist, wie Yvernès in den Verhandlungen jenes Kongresses ganz richtig entgegnete, diese Befürchtung bei der Organisation der casiers judiciaires nicht zu hegen, da hier, eben um Überfüllung zu vermeiden, die Strafnachrichten für den einzelnen Verbrecher bei einer bestimmten Altersgrenze oder noch richtiger, wo dies möglich ist, beim Tode des Betreffenden zu entfernen sind. Dieser Zeitpunkt der Löschung der Strafnachrichten bildet meines Erachtens auch für die statistische Verwertung der Strafregister die zweckmäßige Grundlage (s. hierüber unten den Anhang 1, Ziff. 3).

Was aber den Gesichtspunkt der Schonung und gesellschaftlichen Rehabilitierung des Verbrechers angeht, so wird demselben vollständig genügt, wenn auf

Materiell, inhaltlich ist sie seit dem Augenblicke ihres Entstehens von jeder Rückfälligenstatistik — bewußt oder unbewußt — benützt worden. Denn ob nun die Gerichte oder ob die Strafanstalten das statistische Urmaterial liefern, beide können eine zuverlässige Kenntnis der Vorstrafen der Delinquenten nur aus den zu den Akten gelangten Auszügen aus dem Strafregister besitzen. Darüber hat ein Zweifel unter den Statistikern schon lange nicht mehr bestanden, und in diesem Sinne haben Schriftsteller der verschiedensten Nationen, haben wiederholt Internat. Statistische- wie Gefängnis-Kongresse allen europäischen Regierungen die Einführung der Strafregister empfohlen, hat insbesondere, nach dem Vorgange des Petersburger Statist. Kongr. v. 1872, der Kongr. von Budapest 1876 den großen Wert dieser Einrichtung für die Rückfallsstatistik betont.

Aber alle diese einzelnen Schriftsteller wie Kongresse beachteten eben nur, daß der materielle Inhalt der Register eine Fundgrube für die Statistik ist[1]). Sie übersahen, so viel mir bekannt, durch-

die Strafnachrichten ein bezüglicher Vermerk gesetzt wird und wenn ihr Inhalt nach einer bestimmten Anzahl von Jahren in die Registerauszüge (sei es nun in alle Auszüge, sei es nur in die für Privatleute bestimmten) nicht mehr aufgenommen wird. Dabei kann das statistische Urmaterial in den Registern völlig intakt bleiben.

Zum Glück für die statistische Verwertung der Strafregister hat die französische Gesetzgebung bisher den letztern Weg gewählt. Das Gesetz vom 14. 8. 1885 schreibt bezüglich der „réhabilitation“ nur vor, daß „mention en est faite au casier judiciaire“, nicht aber daß die betr. Strafnachricht vernichtet werde; Art. 4 der loi Bérenger bestimmt bezüglich der bedingten Verurteilung nur, daß eine solche in den „extraits délivrés aux parties“ nach 5 Jahren nicht mehr figurieren soll; auch der Gesetzentwurf vom 22. 10. 1891 schreibt nur vor, daß in den verschiedenen Arten von Registerauszügen gewisse Verurteilungen teils überhaupt nicht, teils nach einer Reihe von Jahren nicht mehr vermerkt werden sollen (Art. 5 u. bes. 8 ff.), nur bei Amnestie sollen die Strafnachrichten aus den Registern selbst verschwinden (Art. 2), wie dies schon heute geschieht.

Mag bei den Auszügen aus dem Register das persönliche Interesse des einzelnen Delinquenten vorwiegen; die Register selbst und die auf ihnen aufgebaute Rückfallsstatistik sollen nach objektiver Wahrheit streben, sollen alle vorgekommenen Verurteilungen umfassen; in der Statistik ist der Einzelne eine namenlose Größe, ihm geschieht kein Schade, wenn er auch für vergangene Fehltritte noch unter den Delinquenten mitgezählt wird.

[1]) Unter diesem Gesichtspunkte hat erschöpfend und übersichtlich die statistische Bedeutung der Strafregister Yvernès in seinem citierten „Memoire“ und „Rapport“ behandelt. Auch der Vorschlag der Aufstellung jährlicher „Etats des

weg, daß auch gerade die Methode dieser Registrierung für die Rückfallsstatistik nutzbar gemacht werden kann und daß sie nutzbar gemacht werden muß, weil sämtliche andern, heute in den verschiedenen Staaten üblichen Methoden der statistischen Verwertung des Registermaterials, trotz der Vorzüglichkeit dieses Materials an sich, zu ganz falschen statistischen Schlüssen führen.

Daß dem so ist, daß die heutige Rückfallsstatistik als wissenschaftlich brauchbar nicht gelten kann, hofft der vorige Abschnitt dargethan zu haben. Bei allen kritischen Ausführungen daselbst aber war die schweigende Voraussetzung, daß die Angaben über Anzahl und Art der Vorbestrafungen jedes einzelnen Verurteilten, welche der heutigen Statistik zu Grunde liegen, völlig zuverlässige seien. Wenn dies nicht zutrifft, wenn die Nachrichten über den einzelnen Fall, das statistische Urmaterial, nicht verlässig sind, so kann von einer wissenschaftlichen Statistik natürlich überhaupt nie die Rede sein, und ist jede Frage über die Methode der Verarbeitung jenes Materials eine müßige.

Völlig verlässige Angaben über die Vorstrafen sind aber nur durch die Einrichtung von Strafregistern möglich, und es beruht das Urmaterial der oben kritisierten Rückfallsstatistik in vielen Staaten in der That auf dieser Institution. Trotzdem mußte ge-

---

récidives" auf Grund der Strafregister jedes Gerichtsbezirkes und der Verarbeitung derselben in der statistischen Centralstelle findet sich bereits bei ihm. Er hat in dem „Rapport" (S. 85 f.) ein sehr interessantes Formular für solche „états" entworfen. Aber in seinem sehr beachtenswerten Projekte fehlt die richtige Methode der statistischen Verwertung. Dasselbe läuft, wie oben schon erwähnt, darauf hinaus, daß er diese „états" mit den gleichfalls von ihm entworfenen Formularen zu Listen der aus den Strafanstalten Entlassenen kombinieren will, ganz in der Methode der gekennzeichneten französischen Statistik, wenn auch inhaltlich weit reichhaltiger.

Sein Vorschlag stellt sich, genau betrachtet, als Vermischung des richtigen — mit einem falschen methodologischen Prinzipe dar: Während er in der Kombination der „états" mit jenen Listen ganz korrekt zeitlich vorwärts geht, (aber, wie schon erwähnt, nur von der letzten Vorstrafe an), verfällt er in seiner Methode der Auszählung der Strafregister selbst, in eben jenen „états des récidives", in den Fehler aber übrigen Statistiker und geht von der letzten Bestrafung aus rückwärts. Denn er will für alle Personen, welche im letzten Jahre rückfällig geworden sind, die Vorstrafen nach dem Strafregister feststellen. Auf diese Weise kann er aber nie die zugehörigen Zahlen der Rückfallsfähigen gewinnen — aus all den Gründen, die im Vorhergehenden bei der Kritik der heutigen Aufstellungen der Kriminalstatistik wie der Gefängnisstatistik erörtert worden siind.

sagt werden, daß dieses Urmaterial heute zu ganz falschen statistischen Aufstellungen Anlaß gibt. Die Methode seiner Verwertung ist daran schuld: es werden in fast allen Staaten nicht die Register selbst ausgezählt, sondern die Registerauszüge, welche zu den Gerichtsakten gelangen, indirekt benutzt. Das korrekte Urmaterial der Register wird eingepreßt in den Rahmen einer gerichtlichen Statistik, welche ihrer innersten Natur nach auf ganz anders gearteten methodologischen Prinzipien beruht, welche andre Jahreskontingente zur Grundlage nimmt, usw. Ganz dasselbe gilt, wie gezeigt, von der Zugrundelegung der Strafanstaltsstatistik, und auch die kombinierte französische Methode, ja selbst die vervollkommnete des IX. Intern. Stat. Kongr., welche direkte Auszählung der Register kennt, beraubt diese ihres eigenartigen methodologischen Vorzuges, indem sie die Angaben derselben der ihrer innersten Natur nach fremdartigen Methode der Gefängnisstatistik künstlich anpaßt.

Die Methode hingegen, welche den Strafregistern selbst zu Grunde liegt, und welche doch recht eigentlich für die Verfolgung der Verbrecherlaufbahn der Rückfälligen geschaffen ist, bietet auch der Organisation der Rückfallsstatistik eine vortreffliche Grundlage. Denn in dem Stande, wie die Strafregister selbst das Urmaterial bieten, erfüllt dasselbe die Forderungen, welche als die wesentlichsten einer jeden Rückfallsstatistik gekennzeichnet wurden. Hier sehen wir eine jede Verbrecherkarriere als ein Ganzes vor uns aufgerollt, wir können sie von ihren Anfängen an nach vorwärts verfolgen. Hier können wir sie aber auch mit der Laufbahn derjenigen Verbrecher in Verbindung setzen, welche aus demselben Jahrgange oder demselben sonstwie begrenzten Kreise von Delinquenten hervorgegangen sind. Kurz, wir können hier neben jede Gruppe von Rückfälligen eine kommensurable Zahl von Rückfallsfähigen setzen, wie es Logik und Statistik verlangen. Dazu kommt, daß auch die Form, in der sich uns die Nachweisungen in den Strafregistern bieten, eine für die statistische Technik überaus bequeme ist: die im Original aufbewahrten Strafnachrichten stellen ebenso viele Individualzählkarten dar, und bekanntlich bietet Karten-Material erhebliche Vorteile für die statistische Bearbeitung im Vergleich zu Listen-Material [1]).

---

[1]) S. hierüber noch unten Abschnitt III C.

Die Strafregister bieten uns schon heute die wertvollsten kriminalistischen Biographieen und bieten uns dieselben in einer Anzahl und Anordnung, welche eine fruchtbare statistische Verwertung ermöglichen. Für die Zukunft aber steht eine reiche Ausgestaltung den Strafregistern in eben dem Maße bevor, in welchem die entscheidende Wichtigkeit der Rückfälligen-Frage erkannt und überall von den Strafgesetzgebungen gewürdigt werden wird. Denn, wenn wirklich, wie es wieder die J.K.V. in Christiania angestrebt hat, Bestimmungen über „Unverbesserliche" in die Gesetzgebung eingeführt werden sollen, so darf dieser höchst gefährliche Begriff sicherlich nur in einer streng individualisierenden Anwendung gehandhabt werden. Diese Individualisierung aber setzt hinsichlich der Persönlichkeit des Delinquenten genaue Nachrichten voraus, für welche das Strafregister die gegebene Sammelstelle ist. Hier ist der Brennpunkt, wo sich die Strahlen sammeln, welche von der Aufhellung der einzelnen kriminellen Punkte im Leben des Gewohnheitsverbrechers ausgehen, und von wo diese Strahlen zurückgeworfen werden, Licht verbreitend über die Gesamtpersönlichkeit des Delinquenten.

Die Verbrecherbiographieen, die hier amtlich registriert werden, werden nicht nur alle eigentlich kriminalistischen Daten enthalten müssen, sondern sie werden, über diese hinausgehend, danach streben müssen, in immer größerer Vervollkommnung und Verfeinerung der Methoden, Angaben über die gesamten persönlichen Verhältnisse, insbesondere über die soziale Existenz des Delinquenten zu bieten. Wie eine solche Ausgestaltung der Strafregister und die statistische Verwertung derselben in praxi zu gestalten ist, wird im nächsten Abschnitt zu erörtern sein, wo über die Stellung der Rückfallsstatistik in der allgemeinen Kriminalstatistik und weiter innerhalb der Sozialstatistik die Rede sein muß. Es wird daselbst zu zeigen sein, wie schon jetzt, freilich zerstreut und unsystematisch, Ansätze zu einer solchen Statistik, auch der nicht direkt kriminellen, aber sicherlich sozial-pathologischen Verhältnisse des Verbrechertums in mehreren Staaten sich vorfinden. Es wird wenigstens andeutungsweise zu entwickeln sein, wie systematische Erhebungen über diese Verhältnisse durch ein Zusammenwirken der Gerichts- und Strafanstaltsbehörden zu gewinnen und im Strafregister zu sammeln sind.

Für jetzt aber wollen wir alle weiter blickenden Ideen einer

Reform der Strafregister beiseite lassen und uns ganz nüchtern vergegenwärtigen, in welcher Art und in welchem Umfange bei dem heutigen konkreten Stande der Register eine Verwertung derselben für die Rückfallsstatistik zu verwirklichen ist.

Die Register enthalten in allen Staaten, wo sie überhaupt eingeführt sind, ihrer Bestimmung nach folgende zwei Gruppen von Angaben:

1. die Personalien der Delinquenten, und zwar nicht nur Namen und Vornamen, sondern genaue Angaben über Ort und Zeit der Geburt, Familienstand und Beruf, Wohnort, sowie Vor- und Zunamen der Eltern[1]). Diese detaillierten Angaben sind augenscheinlich erforderlich zur Feststellung der Identität mehrfach Bestrafter, welche aus naheliegenden Gründen nicht selten alle Anstrengungen machen, dieselbe in Abrede zu stellen.

2. die sämtlichen gegen den Delinquenten ergangenen Strafurteile einigermaßen erheblichen Charakters[2]) mit Datum, Angabe der That und der Strafe.

---

[1]) S. das in Anlage 2 abgedruckte deutsche, französische, italienische und belgische Formular der Strafnachrichten, welche, wie schon erwähnt, im Register im Original aufbewahrt werden.

[2]) In Deutschland werden gegenwärtig nach § 2 der angeführten Bundesrats-Verordnung alle Verurteilungen wegen Verbrechen und Vergehen im Sinne des R.St.G.B. mit einigen im § 2, Ziff. 1—4 a. O. aufgeführten Ausnahmen, ferner die Übertretungen nach § 361 Ziff. 1—8 R. St. G. B., d. h. im wesentlichen diejenigen der Bettler, Vagabunden, Arbeitsscheuen, Prostituierten und der unter Polizeiaufsicht stehenden Personen, aufgenommen. Es liegt auf der Hand, daß gerade diese Delikte ein hohes Interesse sowohl für die Sozialstatistik als auch gerade für eine Rückfallsstatistik zu speziellen kriminalistischen Zwecken haben. Auch aus diesem Gesichtspunkte bieten die Strafregister als statistisches Urmaterial einen Vorteil im Vergleiche zu den Zählkarten der Reichskriminalstatistik, welche jene Übertretungen nicht berücksichtigen.

Weiter enthalten die deutschen Strafregister, über die Kriminalstatistik hinausgehend, die Strafurteile der Militärgerichte (mit den a. O. § 2 Ziff. 4 verzeichneten Ausnahmen). Ebenso werden in Frankreich in der jetzigen Kriminalstatistik nicht die Urteile der Militär- und Marinegerichte registriert, für letztere besteht vielmehr eine besondere Stat. de la justice militaire. Hingegen werden auch diese Urteile neben denen der ordentlichen Gerichte im Strafregister verzeichnet. Baut sich also die Rückfallsstatistik auf die Strafregister auf, so wäre damit die Möglichkeit der Erfüllung einer Forderung gegeben, welche der IX. Int. Stat. Kongr. für die Rückfallsstatistik aufgestellt hat, daß nämlich die Statistik der Militärgerichte derjenigen der ordentlichen Gerichte beigefügt werde. (S. Ziff. 10 d. Beschl. a. O.). Doch ist meines Erachtens diese Forderung sehr bedenklich.

Es können demnach in sämtlichen Registerländern ohne weiteres eine ganze Reihe von rückfallsstatistischen Aufstellungen gemacht werden.

Es ist bei diesen natürlich immer eine örtlich und zeitlich begrenzte Gruppe von Rückfälligen bezw. Rückfallsfähigen zu betrachten. Es empfiehlt sich hierzu, von den in einem bestimmten Jahre oder — der größern Zahl halber —

Denn wenn auch die spezifisch militärischen Delikte ausgesondert, und nach dem Vorschlage des Kongresses nur die von den Militärgerichten abgeurteilten „crimes contre le droit commun" von der Rückfallsstatistik mitgezählt würden, so blieben doch immer noch die Verschiedenheiten der Gerichtsverfassung und Strafprozeßordnung bestehen. Diese machen aber meines Erachtens die Zahlen der zivilen und militärischen Gerichtsbarkeit zu inkommensurablen; daher werden bei einer Rückfallsstatistik die Urteile der Militärgerichte doch wohl zweckmäßigerweise fortzulassen sein. — Über das diesbezüglich heute in den Kriminalstatistiken der übrigen europäischen Länder befolgte Verfahren s. Ziff. 7 von Teil A in Bodios citiert. Questionnaire.

Ebenso wäre eine andre Gruppe von Delikten, welche die Strafregister in Deutschland über die Kriminalstatistik hinaus umfassen, bei einer Bearbeitung der künftigen Rückfallsstatistik für das ganze Reich auszuschließen, nämlich die Delikte gegen Landesgesetze. Übrigens dürfte diese Kategorie in den Registern wenig zahlreich sein, da alle Übertretungen und auch noch die Vergehen in „Feld- und Forstrügesachen" (§ 2 Ziff. 2 a. O.) fortfallen.

Die Weglassung einzelner Deliktsgruppen bei einer statistischen Verarbeitung der Strafregister macht keinerlei Schwierigkeiten; es gehört dies zu den Vorzügen eines statistischen Individualzählkarten-Materials, als welches ich die „Strafnachrichten" schon charakterisierte. Da sich für jede einzelne Strafthat des Delinquenten eine besondere Strafnachricht im Register befindet, so können wir beliebige Gruppen ohne Störung der übrigen ausscheiden.

Nach einer andern Richtung bleiben die Strafregister in Deutschland wie in Frankreich und den übrigen Registerländern hinter der heutigen Kriminalstatistik an Umfang zurück, indem sie nur die Verurteilungen, nicht auch die Freisprechungen und Einstellungen des Verfahrens registrieren. Die Verwertbarkeit der Register für die Rückfallsstatistik wird dadurch in keiner Weise gemindert, denn dieser Zweig der Kriminalstatistik darf offenbar nur die Verurteilten zählen. Schon in der heutigen deutschen Kriminalstatistik werden die Vorstrafen nicht bei allen Abgeurteilten, sondern nur bei den Verurteilten festgestellt und demnach wird nur für diese eine Rückfallsstatistik geschaffen. (S. Ziff. 10 der in Anlage 2 abgedr. Zählkarte.) Auch in Frankreich, wo vor 1871 der Rückfall bei allen neuen Strafverfolgungen von der Kriminalstatistik konstatiert wurde, geschieht dies seither korrekterweise nur bei den Verurteilungen. — In Italien werden übrigens in gewissen Fällen auch Einstellungen des Verfahrens (Ordinanze e sentenze di non farsi luogo a procedimento) im Strafregister verzeichnet. S. Art. 1 no. 2 des Dekrets vom 6. 12. 1865, beibehalten durch Art. 33 des Dekrets vom 1. 12. 1889.

in einer bestimmten Reihe von Jahren erstmalig Bestraften eines Landes bezw. Landesteiles auszugehen und dieselben durch ihre gesamte Verbrecherkarriere zu verfolgen. Nach allgemeinen statistischen Grundsätzen sind dabei die verschiedenen Altersklassen getrennt zu berechnen. Doch ist eine getrennte Veröffentlichung der Ergebnisse dieser Berechnungen im folgenden nur bei den Aufstellungen zu II in Aussicht genommen. Bei den übrigen Aufstellungen sind, der Übersichtlichkeit halber, die aus jenen Berechnungen zu gewinnenden Durchschnittsziffern für alle Altersklassen vorgesehen [1]).

Aus den auf Grund der Strafregister möglichen Auszählungen werden im folgenden einige wichtige Gruppen herausgegriffen werden, ohne daß damit die Zahl der Fragestellungen entfernt erschöpft wäre.

I. Wieviel Personen sind in einem bestimmten Jahre oder einer Reihe von Jahren erstmalig bestraft worden? Wieviel Rückfallsfähige (Überlebende usw. unter den eben Genannten) gab es im nächsten und den einzelnen darauf folgenden Jahren? Wie viele unter diesen sind rückfällig geworden? Wie groß ist also der Bruchteil der Rückfallsfähigen, welcher wirklich rückfällig geworden ist? Wie viele bezw. welcher Bruchteil der Rückfallsfähigen wurde im ersten Jahre rückfällig, wie viele im zweiten usw.? Ein wie großer Teil wird zum zweiten, zum dritten usw. Male rückfällig? Welcher Zeitraum bleibt frei zwischen der Abbüßung der zweiten, dritten usw. Strafe und dem folgenden Rückfalle? u. v. a. m.

II. In welchem Alter beginnt die Verbrecherkarriere? In welchem fand der erste, in welchem die folgenden Rückfälle statt? Wie stellt sich für die einzelnen Altersklassen die Rückfälligkeit (Verhältnis der Rückfälligen zu den Rückfallsfähigen)? Insbesondere, wie bei den Jugendlichen? Wie stellt sich im einzelnen die Rückfälligkeit ersten, zweiten usw. Grades nach Altersklassen? Wie groß ist die Rückfälligkeit in den einzelnen Graden, unterschieden nach Geschlechtern? Wie groß ist sie bei Verheirateten, bei Ledigen?

Wie ist das Verhältnis von Rückfälligen und Rückfallsfähigen in den verschiedenen Berufen? Wie die Rückfälligkeit der verschiedenen Grade? Welches Kontingent stellen insbesondere die

[1]) Vgl. unten die Vorbemerkung zu Anlage 3.

Berufslosen? Namentlich welches in den höchsten Graden der Rückfälligkeit? u. v. a. m.

III. Welche Delikte und Deliktsarten bilden zumeist den Ausgangspunkt der Verbrecherkarriere? Wie stark ist die Rückfälligkeit bei den einzelnen Delikten und Gruppen von Delikten? Wie stark die Rückfälligkeit ersten, zweiten usw. Grades? Welchen Delikten wenden sich die Rückfälligen bei ihrer spätern Karriere zumeist zu?

Gibt es in erheblichem Maße Spezialisten unter den Rückfälligen und bei welchen Delikten? Welcher Bruchteil der Verbrecher begeht ferner beim ersten, zweiten usw. Rückfalle, wenn auch nicht dasselbe, so doch ein verwandtes Delikt? Welcher ein Delikt ganz andrer Art? In welchem Maße finden sich jene Spezialisten bei Delikten, die aus einer in bestimmter Richtung eingewurzelten, verkehrten Neigung immer wieder begangen werden (z. B. Sittlichkeitsverbrechen gewisser Art)? In welchem Maße bei Delikten, die auf einer bestimmten technischen oder beruflichen Geschicklichkeit beruhen (Falschmünzerei, gewisse Einbruchdiebstähle u. a. m.)? Bei Delikten, welche aus Arbeitsscheu usw. und überhaupt aus Mangel jeglicher geordneten wirtschaftlichen und sozialen Existenz begangen werden (Bettelei, Vagabondage, in Verbindung damit auftretende Diebstähle und Verwandtes)?

IV. Nach welchen Strafarten tritt der Rückfall am stärksten, nach welchen am schwächsten [1]) auf? Welche Stärke hat er insbesondere nach kurzzeitigen Freiheitsstrafen? Nach welcher Zeit tritt der Rückfall nach den verschiedenen Strafarten ein? Wie wirken die verschiedenen Strafarten bei den erstmalig Bestraften? Wie bei den mehrfach Rückfälligen? Wie wirken die in dem betreffenden Staate

---

[1]) Eine weitere reichhaltige Statistik, welche über die Rückfälligkeit nach den verschiedenen Arten der Strafvollstreckung unterrichtet, wird sich ermöglichen lassen, wenn in der im Anhang 1 (unter Ziff. 2) vorgeschlagenen Weise die Strafanstalten eine kurze Nachricht darüber, ob die Strafe in Einzelhaft vollstreckt ist usw., an das Strafregister gelangen lassen. Da wir die Zahl der Rückfallsfähigen unter den von jeder Art der Strafvollstreckung Betroffenen alsdann aus den Registern feststellen könnten, wären wir im stande, den Rückfall „dans ses relations avec le régime pénitentiaire“ in dem Sinne zu untersuchen, in welchem der IX. Stat. Kongr. dies für wünschenswert erklärte, ohne des von demselben vorgeschlagenen komplizierten Systems von Listen der aus den Gefangenenanstalten Entlassenen zu benötigen.

existierenden Ersatzmittel der kurzzeitigen Freiheitsstrafe: Wie die bedingte Verurteilung? Wie die Geldstrafe in ihren verschiedenen Anwendungsformen? Wie wirkt der Verweis als erste Strafe?

Diese Fragen lassen sich nach mannigfachen Gesichtspunkten noch weiter detaillieren. Ferner lassen sich natürlich zahlreiche weitere Rubriken gewinnen, indem die einzelnen Fragestellungen miteinander kombiniert werden; namentlich können und müssen die verschiedenen persönlichen Verhältnisse (II.) als Unterabteilungen in die, die einzelnen Delikte (III.) und Strafarten (IV.) betreffenden Fragen eingereiht werden. Die Zahl der in dem Register vorhandenen Verbrecherbiographieen ist so groß, daß die Statistik sehr zahlreiche Abteilungen und Unterabteilungen machen kann, ohne der Gefahr sich auszusetzen, dadurch auf allzu kleine Zahlen zu kommen und dem „Zufall" einen zu großen Spielraum einzuräumen. Das Gesetz der großen Zahl wird auch in jenen Unterabteilungen sich wirksam zeigen, wenn die Kategorieen nur einigermaßen den wirklichen Verhältnissen der Delikte und Delinquenten entsprechend aufgestellt werden.

Es wird also eine *Detaillierung* und *Vollständigkeit* der Rückfallsstatistik in einem Maße ermöglicht, wie sie bisher die Kriminalstatistik bei weitem nicht gegeben hat. Der *Hauptvorzug* der neuen Rückfallsstatistik aber liegt *nicht in dieser Reichhaltigkeit ihres Inhalts*, sondern in der *Korrektheit ihrer Methode*, liegt darin, daß sie bei allen ihren Angaben nicht nur richtige, *absolute Zahlen* liefert, sondern in jedem Falle auch die *kommensurablen Vergleichszahlen* mitteilt. Denn jede der gewonnenen Angaben kann und muß in Beziehung gesetzt werden zu dem entsprechenden Jahres- usw. Kontingente der Bevölkerung (der Kriminalfähigen), der Kriminellen (Rückfallsfähigen), der Rückfallsfähigen des betreffenden Grades oder der betreffenden Deliktsgruppe usw.

Diese methodisch korrekte und reichhaltige Rückfallsstatistik kann, wie gesagt, in allen Ländern, welche Strafregister besitzen, sofort in Angriff genommen werden. Nur sind je nach den (im Detail nicht ganz übereinstimmenden) heute gültigen Reglements über die Strafregister in den einzelnen Staaten einige Modifikationen der obigen statistischen Aufstellungen notwendig. Die heute im Gebrauch befindlichen Registerformulare weisen für die statistische Verwertung an einigen Punkten Lücken auf. Die Vervollständigung derselben ist um so mehr anzustreben, als sie sich einerseits ohne erhebliche Schwierigkeiten erreichen läßt, anderseits aber nicht nur den Zwecken der Statistik, sondern auch der praktischen Bedeutung der Register für die Strafrechtspflege sehr zum Vorteil gereichen würde. Es wird dies — um die grundsätzlichen Erörterungen an dieser Stelle nicht durch eine ausführlichere Erörterung von Detailpunkten der heutigen Organisation in den einzelnen Staaten allzu lange zu unterbrechen — in einem besondern Anhange (Anlage 1) für die fraglichen Punkte der heutigen Registerverfassung in den wichtigsten Strafregister-Ländern, nämlich in Deutschland, Frankreich, Italien und Belgien, gezeigt werden. Die dort behandelten Fragen spielen fast alle auch für die andern in Betracht kommenden europäischen Staaten dieselbe Rolle. Soweit deren Register aber in einem oder dem andern Punkte eine abweichende Einrichtung haben, ergibt es sich ohne weiteres, mit welcher Maßgabe das dort Gesagte für diese Staaten Gültigkeit hat.

Jene Lücken der heutigen Registereinrichtung machen indes — wie ebenfalls in jenem Anhange nachzuweisen sein wird, aber schon hier ausdrücklich betont sei — auch für die Zeit bis zu ihrer Vervollständigung die Strafregister nicht etwa unbrauchbar zum Urmaterial einer Rückfallsstatistik. Sie erfordern lediglich gewisse Modifikationen der statistischen Fragestellung. Es sind in Anlage 1 im einzelnen diese Modifikationen bei jedem der fraglichen Punkte angegeben, und es ist in einer angehängten Rückfälligkeitstabelle beispielsweise dargestellt, wie solche modifizierten rückfallsstatistischen Aufstellungen in praxi zu denken sind (Formular Iα und Iβ).

Es stellen in Anlage 3.) nämlich die Entwürfe zu Formularen Ia und Ib eine korrekte Rückfälligkeitstabelle dar; und zwar gibt Ia nur die absoluten Zahlen mit Unterscheidung der Grade des Rückfalls und der Zeit seit Verbüßung der jedesmal letztvorhergehenden Vorstrafe; Ib liefert (in Spalte 3, 6, 9 usw.) dieselben Angaben, dazu aber die Zahlen der Rückfallsfähigen des betreffenden Grades zur betreffenden Zeit (Spalte 2, 5, 8 usw.) und die hiernach berechneten Prozentsätze der Rückfälligen (Spalte 4, 7, 10 usw.), d. h. die Stärke der Rückfälligkeit in den verschiedenen Graden. Diese beiden Aufstellungen modifizieren nun die Formulare Iα und Iβ genau entsprechend der heutigen konkreten Einrichtung der Register in Deutschland bezw. Frankreich, Italien und Belgien gemäß den im Anhange 1 entwickelten Gesichtspunkten.

Genau dieselben Modifikationen lassen sich an all den folgenden Formularen anbringen und müssen daran vorgenommen werden, wenn dieselben heute auf Grund des vorhandenen Registermaterials dieser Staaten ausgefüllt werden sollen. Nur zur Raumersparnis sind die entsprechenden Formulare IIα und β, IIIα und β usw. nicht neben IIa und b, IIIa und b usw. abgedruckt. Der Leser kann die letztern nach dem Muster von Iα und β ohne weiteres für den genannten Zweck umformen.

Unter den folgenden Tabellen betreffen die zu II die Rückfälligkeit unter dem Gesichtspnnkte der persönlichen Verhältnisse der Delinquenten. IIa gibt die absoluten Zahlen der erstmalig Rückfälligen nach Alter und Geschlecht; IIb kombiniert wieder diese Angaben mit den Ziffern der vorhandenen Rückfallsfähigen und liefert die Prozentzahlen der Rückfälligkeit.

Unter IIc, d usw. sind entsprechende Angaben für die Rückfälligen der spätern Grade sowie Aufstellungen nach Familienstand, nach Berufen, kurz nach allen Personalverhältnissen vorgesehen, wobei diese sowohl einzeln als in Kombination miteinander in ihrer Wirkung auf die Rückfälligkeit zu untersuchen sind. Von der besondern Wichtigkeit einer Rückfallsstatistik der Berufslosen unter Berücksichtigung namentlich von Bettelei, Vagabondage usw. ist bereits die Rede gewesen.

Die Tabellen zu III betrachten die Rückfälligkeit nach den verschiedenen Delikten bezw. Deliktsarten mit Unterscheidung des Zeitraumes zwischen Verbüßung der Vorstrafe und Rückfall, und zwar gibt IIIa wieder die absoluten Zahlen der Rückfälligen, IIIb kombiniert diese mit den Zahlen der Rückfallsfähigen und liefert so % Angaben über die Stärke der Rückfälligkeit.

Während IIIa und b diese Angaben für alle Rückfälle innerhalb eines bestimmten Zeitraumes (ohne Unterscheidung des Grades der Rückfälligkeit) liefern, sind unter IIIc und d dieselben statistischen Aufstellungen für den ersten Rückfall allein vorgesehen. Durch eine derartige Statistik würde insbesondere eine genaue Kenntnis des Anteils gewonnen werden, den die verschiedenen Delikte am Beginn der Verbrecherkarriere haben. Unter IIIe und f sind die Aufstellungen zu a und b gesondert für die jugendlichen Rückfälligen vorgeschlagen. Welche Bedeutung eine solche Statistik besitzt, liegt auf der Hand.

Die Formulare der Tabellen zu IIIc—f sind im Anhange

nicht abgedruckt, wieder einerseits des mangelnden Raumes wegen, anderseits aber weil auch ihre Aufstellung keinerlei methodologische Besonderheiten zeigt und ohne weiteres vom Leser vorgenommen werden kann.

Ergänzt wird die Statistik zu III durch Tabelle IVa. Dieselbe unterscheidet, inwieweit die neue Strafthat dasselbe Delikt oder wenigstens dieselbe Deliktsgruppe oder endlich ein Delikt ganz andrer Art betrifft, und berechnet in % den Anteil, den diese verschiedenen Kategorien an den Rückfällen überhaupt haben, für die einzelnen Delikte bezw. Deliktsarten, wegen deren die Vorbestrafung stattfand.

IVb schlägt auch diese Aufstellung gesondert für die 1mal Vorbestraften vor; diese Statistik würde lehren, inwieweit schon bei Beginn der Verbrecherkarriere Spezialisten sich ausbilden, und bei welchen Delikten dies geschieht.

Da es aber nach dem oben Ausgeführten leicht irreführen kann, nur die Gleichartigkeit oder Ungleichartigkeit des jedesmal nächsten Rückfalls ins Auge zu fassen, so würde eine entsprechende Aufstellung auch für den zweiten und die folgenden Rückfälle zu machen sein (IVc u. ff.) Methodologisch bieten auch diese Aufstellungen keinerlei neue Schwierigkeit, daher sind die Formulare zu IVb u. c nicht abgedruckt.

Die Formulare zu V endlich beschäftigen sich mit der Betrachtung der Rückfälligkeit im Zusammenhange mit dem Strafensysteme. Va liefert wieder die absoluten Zahlen der Rückfälligen nach Art und Dauer der letzten Vorstrafe und mit Angabe der Zeit zwischen der Verbüßung dieser Vorstrafe und dem Rückfalle. Vb kombiniert diese Angaben mit den zugehörigen Zahlen der Rückfallsfähigen und gewinnt auf diese Weise % Angaben über die Stärke der Rückfälligkeit nach den verschiedenen Strafarten.

Auch bei dieser Statistik empfiehlt sich eine gesonderte Aufstellung (in absoluten und in % Zahlen) für die 1mal Vorbestraften; sie belehrt über die Wirkung der einzelnen Strafarten, besonders auch der leichtern (Verweis, Geldstrafe, kurzzeitige Freiheitsstrafen, ev. bedingte Verurteilung usw.), auf den Anfänger in der Verbrecherkarriere (Vc u. d). Sehr wichtig wären hier ebenfalls gesonderte Aufstellungen für die Jugendlichen (Ve bez. f).

Im Anschluß an die Tabellen zu V würden sich ferner, sobald in der oben bereits angedeuteten und im Anhange 1 näher entwickelten Weise die Gefangenen-Anstalten dem Strafregister eine kurze Nachricht über die Art der jedesmaligen Strafvollstreckung zugehen ließen, bedeutsame statistische Aufstellungen über die Wirkungen der verschiedenen Gefängnissysteme gewinnen lassen.

Die Tabellen I—V sind nur Beispiele, die sich ohne weiteres verzehnfachen und verhundertfachen ließen. Denn es lassen sich die sämtlichen Aufstellungen für die Zwecke von Spezialuntersuchungen in vielfacher Richtung detaillieren. Es lassen sich ferner mannigfache Kombinationen der aufgeführten statistischen Rubriken bilden.

Jede solche neue Aufstellung, wenn nur nach einem sachlichen Gesichtspunkte konstruiert, hat ihr besonderes *materielles*, d. h. auf die Zahlengrößen in ihren Spalten bezügliches Interesse. Das *methodolgische Interesse* hingegen ist mit der Gewinnung des richtigen *Prinzipes* erschöpft, welches diesen Aufstellungen sämtlich zu Grunde liegt.

Somit könnte, rein theoretisch genommen, mit der Entwicklung dieses Prinzipes die uns gestellte Aufgabe als erledigt erscheinen. Da es sich aber um die eminent aktuelle Frage einer praktischen Organisation handelt, so muß noch der weitere wichtige Gesichtspunkt erörtert werden: Wie ist die neue Rückfallsstatistik einzugliedern in die allenthalben schon vorhandenen Organisationen der Kriminalstatistik? Oder soll jene als etwas Selbständiges neben den letzteren in das Leben gerufen werden?

Die Erörterung dieses Punktes aber führt uns nicht nur auf die Fragen der äußern Organisation der künftigen rückfallsstatistischen Publikationen; sie zwingt uns gleichzeitig, das innere Verhältnis der Rückfallsstatistik zur allgemeinen Kriminalstatistik zu betrachten. Sie wird uns zu der Erkenntnis führen, *daß die oben entwickelte, in ihren Prinzipien so sehr einfache Methode der Rückfallsstatistik dazu bestimmt ist, die gesamte Kriminalstatistik auf eine neue und wesentlich höhere Grundlage zu stellen.*

III.

Die Verbindung der Rückfallsstatistik mit der allgemeinen Kriminal- und weiter mit der Sozialstatistik.

Statistische Arbeiten von dem Umfange und der Wichtigkeit einer Rückfallsstatistik können natürlich nur von dem geschulten

Personal und unter den wertvollen amtlichen Garantieen staatlicher Behörden regelmäßig geliefert werden.

Es wäre nun an sich durchaus denkbar, daß die amtliche Auszählung der Strafregister und ihre Verarbeitung durch die statistischen Zentralstellen zu selbständigen periodischen Publikationen einer Rückfallsstatistik führt. „A mon avis“ — erklärte van Hamel in seinem interessanten Vortrage zu Christiania — „la statistique des récidives devra être considerée comme une statistique à part.“ [1])

Mit einer besonderen rückfallsstatistischen Publikation nach den oben entwickelten Grundsätzen wäre ja in der That gegenüber dem heutigen Stande der Sache viel gewonnen. Aus Opportunitätsrücksichten bin daher auch ich für die *sofortige* Organisation einer *selbständigen* Rückfallsstatistik für alle Staaten, in welchen die Eingliederung dieser neuen Organisation in die bestehende Kriminalstatistik und die Umgestaltung dieser nach den folgenden Grundsätzen bei den maßgebenden Faktoren auf erhebliche Schwierigkeiten stoßen sollte.

Aber auch *nur aus Opportunitätsrücksichten*. Denn grundsätzlich kann ich eine Lostrennung der Rückfallsstatistik von der Kriminalstatistik *nicht* billigen. Die Rückfallsstatistik ist meines Erachtens keine besondere statistische Disziplin; sie ist ihrem innersten Wesen nach auf das allerengste mit der ganzen übrigen Kriminalstatistik verbunden und ist zweckmäßigerweise auch in ihrer äußern Organisation in die letztere einzugliedern. Aus folgenden Gründen:

A. Was zunächst die *innere Abhängigkeit* von Kriminalstatistik und Rückfallsstatistik angeht, so ist dieselbe eine *gegenseitige*.

Zunächst nämlich ist die ganze Kriminalstatistik auch in denjenigen ihrer Zweige, welche mit der Rückfallsstatistik in keinem unmittelbaren Zusammenhange stehen, korrekterweise zu basieren auf der Methode der strengen *Individualisierung*, d. h. der Verfolgung der gesamten Verbrecherkarriere, welche der Rückfallsstatistik zu Grunde liegt und auf den Strafregistern fußt. Diese Methode ist berufen, und sie allein ist fähig, der gesamten Kriminalstatistik eine wesentlich vervollkommnete Grundlage zu bieten. *Erst durch ihre Benutzung wird eine „Kriminalstatistik“* im *Sinne*

[1]) S. Mitteilungen der J. K. V., III. Jahrg., S. 303.

der wissenschaftlichen Methodenlehre, d. h. eine Statistik der kriminellen Persönlichkeiten geschaffen werden — ein Ziel, welches seit langer Zeit den wissenschaftlichen Kriminalstatistikern als erstrebenswert vorgeschwebt hat, aber zugleich von ihnen bisher als unerreichbar erklärt worden ist.

B. Umgekehrt wird unsre Spezialdisziplin zwar nicht an methodischer Korrektheit, wohl aber an Reichhaltigkeit des Inhaltes durch die Verwertung der Erhebungen der allgemeinen Kriminalstatistik erheblich gewinnen. Die letztern liefern ein höchst wertvolles Urmaterial, besonders hinsichtlich der persönlichen und sozialen Verhältnisse der Verbrecher. Dieses Material ist für die Rückfallsstatistik nutzbar zu machen, indem es durch die Strafregister hindurch geleitet wird. Dies wird nicht nur deren statistischer Verwertbarkeit, sondern auch ihrer Brauchbarkeit für die kriminalistische Praxis zu gute kommen.

C. Neben diesen Gründen der innern Zusammengehörigkeit von Rückfallsstatistik und Kriminalstatistik sprechen gewichtige Erwägungen der äußern Zweckmäßigkeit für eine Verbindung beider. Denn eine neue amtliche periodische Rückfallsstatistik neben der allenthalben bestehenden Kriminalstatistik würde die ohnehin schon große Arbeitslast der betr. Behörden außerordentlich steigern. Es würde eine Menge von Geldmitteln und Arbeitskraft unfruchtbar vergeudet werden, indem augenscheinlich eine ganze Reihe von Erhebungen und Verarbeitungen doppelt gemacht werden müßte. Dies läßt sich vollständig vermeiden, indem eine einheitliche Organisation sowohl für die Erhebung des Urmaterials als auch zu dessen Verarbeitung für die Zwecke der allgemeinen Kriminalstatistik wie der Rückfallsstatistik geschaffen wird. Eine solche Organisation kann ohne erhebliche Vergrößerung, vielleicht sogar unter Verminderung der heutigen Arbeits- und Kostenlast ins Leben gerufen werden.

Die Sätze zu A—C sind zunächst nur Behauptungen. Gelingt es aber, sie zu beweisen, so stellen sie offenbar gewichtige innere und äußere Gründe für eine Eingliederung der Rückfallsstatistik in die Kriminalstatistik und für eine Reform der ganzen letztern auf Grund der Strafregister dar. Dieser Nachweis soll im folgenden versucht werden. Dabei kann es sich, dem begrenzten Thema dieser Arbeit entsprechend, bei der Erörterung des innern Zusammenhanges beider Gebiete nur um eine kurze Darlegung der leitenden

Prinzipien und ebenso bei der Besprechung der äußern Organisation nur um eine Skizzierung in Umrissen handeln. Eine eingehendere Erörterung der hier in Frage kommenden Probleme, welche die Grundfragen der Kriminal- und weiter der Sozialstatistik berühren, hofft der Verf. in nicht zu ferner Zeit an andrer Stelle liefern zu können.

A. Umgestaltung des methodologischen Grundprinzipes der Kriminalstatistik.

Die heutige Kriminalstatistik ist nicht, was sie sein sollte, eine Statistik der kriminellen Individuen. Sie zählt nicht die verbrecherischen Persönlichkeiten jedes Jahres, sie zählt vielmehr die Kriminalfälle[1]).

Zwar haben diejenigen Staaten, deren Kriminalstatistik am höchsten entwickelt ist, neben der Zählung der abgeurteilten (in andern Staaten der unter Anklage gestellten) Handlungen eine sorgsame Zählung der abgeurteilten (bezw. angeklagten) Personen. Der Unterschied beider Zahlen macht sich einerseits geltend bei der Begehung mehrerer Strafthaten durch eine Person (Ideal- und Realkonkurrenz), anderseits bei der Begehung einer Handlung durch mehrere Personen (den verschiedenen Formen der Teilnahme). Nach sehr weit auseinandergehenden Methoden bemüht man sich in den verschiedenen Staaten den bei der Zählung der Delikte oder aber der Delinquenten entstehenden Fehler zu vermeiden oder möglichst zu vermindern[2]). Aber so sorgfältig auch diese Methoden sein mögen, im besten Falle können sie die genauen Zahlen der Personen liefern, welche in einem Jahre Gegenstand der einzelnen Aburteilungen (bezw. Anklagen) geworden sind.

Ist aber dieselbe Person in demselben Jahre mehrmals abgeurteilt worden, so wird sie unweigerlich mehrmals gezählt; denn aus den hunderttausenden von einlaufenden Zählkarten (oder aus den an deren Stelle in andern Staaten von den Gerichtsbehörden geführten statistischen Listen) kann das statist. Zentralbureau unmöglich die Identität der Betreffenden feststellen. Es gilt dies

[1]) Vortrefflich hierüber die Ausführungen von Scheel's in dem angef. Auff. „Zur Einführung usw.", Allg. Statist. Archiv I, S. 191.

[2]) Über das Verfahren der einzelnen Staaten s. Teil A, Ziff. 10 und 12—16 in Bodio's cit. Questionnaire.

von den Personen, welche nach ihrer Aburteilung eine neue Strafthat während desselben Jahres begingen, ferner aber auch von denjenigen, welche vor der ersten Aburteilung ein andres Delikt bereits begangen hatten, das nachher zu einem besondern Strafverfahren führte.

Was die letztern Personen betrifft, so wird die Kriminalstatistik durch alle Äußerlichkeiten, oft sogar Zufälligkeiten des gerichtlichen Verfahrens alteriert. Werden mehrere Delikte desselben Verbrechers zugleich abgeurteilt, so wird er einmal gezählt. Werden dagegen aus irgend welchen Opportunitätsgründen die verschiedenen Delikte in verschiedenen Verfahren behandelt, so figuriert er mehrmals in der Kriminalstatistik. Die Gründe, die für eine prozessuale Teilung maßgebend waren, haben aber mit der Kriminalstatistik offenbar gar nichts zu schaffen, in letzterer herrscht hier völlige Prinzipienlosigkeit. Es ist eben durchaus nur eine Statistik der Kriminalfälle.

Wichtiger noch ist die erstgenannte Gruppe derjenigen, die nach ihrer Aburteilung in demselben Jahre ein neues Delikt begehen [1]).

Beide Gruppen stellen sehr bedeutende Zahlen, also große Fehlerquellen dar. Weiß doch jeder Praktiker, wie groß schon die Zahl der guten alten Bekannten ist, die in demselben Jahre vor demselben Gericht mehrmals erscheinen, ganz abgesehen von denen, die in ihrem unstäten Leben im Laufe eines Jahres an mehreren Orten abgeurteilt werden.[2]) Gerade die kriminal- wie

---

[1]) Auf die Fehler, die durch beide Gruppen speziell in einer Statistik der Gewohnheitsverbrecher (Rückfallsstatistik), hervorgerufen werden, welche auf gerichtlichen Zählkarten aufgebaut ist, wies schon die (erste) Publikation der deutschen Kriminalstatistik für 1882, S. 72 hin. Den Fehler, der eben daraus für die gesamte Kriminalstatistik erwächst, betont v. Scheel an der zuletzt angeführten Stelle seines Aufsatzes.

[2]) Eine interessante Aufstellung der von demselben tribunal correctionnel während desselben Rechnungsjahres mehrmals Bestraften gibt die französische Kriminalstatistik. Trotz dieser Einschränkung und obgleich sich diese Aufstellung entsprechend der Kompetenz jener Gerichte nur auf die „prévenus (nicht auch die accusés) en état de récidive“ bezieht, sind die jährlichen Zahlen sehr große. Vgl. Tabl. XLIV der Kriminalstatistik für 1888 (Paris 1891). — Bedauerlich ist, daß die französische Kriminalstatistik nicht mehr wie früher (vgl. z. B. Tab. LI des Compte général für 1880) auch die Zahlen der von verschiedenen tribunaux correctionnels während des Rechnungsjahres Verurteilten gibt.

sozialstatistisch so wichtigen Reate wie Bettelei, Vagabondage, Diebstahl usw. werden von einer großen Anzahl von Delinquenten noch in demselben Jahre wiederholt, von vielen mehrfach wiederholt, wenn nicht längere Freiheitsstrafen oder Arbeitshaus sie daran hindern.

Ob nun „Rückfall“ vorliegt oder nicht, ob die neue Strafthat nach Verbüßung der frühern Strafe oder ob sie vor der Verbüßung, aber nach der frühern Verurteilung oder endlich ob sie schon vor der frühern Aburteilung begangen war — jedenfalls müßte sie von der Statistik in dem Konto desselben Verbrechers gebucht werden. Nur so wäre eine Statistik der verbrecherischen Individuen, eine wissenschaftliche Kriminalstatistik zu gewinnen. Jenes Konto des einzelnen Delinquenten wäre dann von einem Jahre in das folgende fortzusetzen, die ganze Verbrecherkarriere wäre zu verfolgen. Was oben für die eigentliche Rückfallsstatistik ausgeführt wurde, gilt insofern für die ganze Kriminalstatistik. Nur durch Verfolgen der gesamten individuellen Laufbahn wird eine korrekte Statistik der kriminellen Personen geschaffen.

Dies haben hervorragende Kriminalstatistiker im Prinzipe längst zugegeben, aber sie haben bisher die darin liegende Forderung für unerfüllbar erklärt. So sagt v. Scheel[1]: „Eine ideale Kriminalstatistik, welche die Entwicklung der kriminellen Neigungen in einer gegebenen Bevölkerung genau verfolgen wollte, müßte nicht mit rohen Jahreskontingenten, sondern mit Generationen rechnen: Sie müßte von den Erstbestraften eines jeden Jahres ausgehen und diese selben Personen weiter beobachten, ihnen ihre spätern Strafen zulegend, statt sie bei abermaliger Bestrafung wieder als neue Menschen anzuführen.“ Dieser treffenden Anschauung wird aber sofort von dem genannten Autor selbst die Abweisung zu teil: „Indessen das sind statistische Phantasien, deren Verfolgung nutzlos ist“; und resignierend schließt der Passus: „halten wir uns an die Jahreskontingente, aus denen ja immerhin die Erstbestraften ausgesondert und besonderer Beachtung gewürdigt werden können.“

Nun, diese „statistischen Phantasien“ werden nicht länger als solche bezeichnet werden dürfen. Sie können jederzeit

---

[1]) v. Scheel a. O. S. 191.

verwirklicht werden, sobald die hier befürwortete Reform der Kriminalstatistik auf Grund der Strafregister eingeführt wird.

Die neue Organisation, die jene langgehegten Lieblingspläne der Kriminalstatistiker verwirklichen kann, erfordert keineswegs außerordentliche Mittel, erfordert keine radikale Änderung der bestehenden statistischen Einrichtungen. Alles bleibt beim alten; nach jeder Aburteilung wird ganz in der bisherigen Weise eine Zählkarte ausgefüllt. Aber diese gelangt nicht, wie bisher, direkt als einzelne Karte zur statistischen Verarbeitung[1]). Sie wird vielmehr von dem aburteilenden Gerichte (bezw. für den ganzen Landgerichtsbezirk von der Staatsanwaltschaft) zunächst an das Strafregister gesandt, in welchem der betr. Verbrecher geführt wird. Hier werden die sämtlichen auf den nämlichen Delinquenten bezüglichen Zählkarten für die Dauer des Rechnungsjahres oder des sonstigen Zeitraumes, über welchen sich die beabsichtigte kriminalstatistische Publikation erstreckt, gesammelt. Am Schlusse dieser Periode werden sie als etwas Zusammengehöriges, Ganzes dem statistischen Zentralbureau zur Verarbeitung übergeben. Dadurch wird zunächst auf das allereinfachste die bisherige Doppelzählung eines Verbrechers während des Rechnungsjahres vermieden, es wird eine wirkliche „Statistik der Kriminellen" anstatt der jetzigen „Statistik der Kriminalfälle" geschaffen.

Ferner aber kann über das Rechnungsjahr hinaus die Verbrecherkarriere des Einzelnen verfolgt werden. Von den Zählkarten der frühern Jahre brauchen dazu nur Kopieen im Strafregister zurückzubleiben. Bei der ersten Bestrafung wird der Delinquent, wie heute, in das Strafregister aufgenommen, jede spätere Verurteilung, in welchem Jahre immer erfolgend, belastet daselbst sein altes Konto. Für die Kriminalstatistik jedes spätern Jahres ist er in seiner Identität mit dem Bestraften aus dem und dem frühern Jahre gekennzeichnet. Nie wieder wird er als neue Person gezählt werden.

---

[1]) Heute werden, wie unten noch näher zu schildern, die einzelnen Zählkarten allerdings auch nicht direkt dem Kais. Statist. Amt zugesandt, sondern während dreier Monate für den ganzen Landgerichtsbezirk bei der Staatsanwaltschaft gesammelt. Doch fungiert diese hierbei lediglich als Sammelstelle und bearbeitet das Material in keiner Weise statistisch.

So kann die Kriminalstatistik jene „Phantasien" zum Leben erwecken, sie kann in der That „von den Erstbestraften eines jeden Jahres ausgehen und diese selben Personen weiter beobachten, ihnen ihre spätern Strafen zulegend, statt sie bei abermaliger Bestrafung immer wieder als neue Menschen aufzuführen."

B. Ausgestaltung der Rückfallsstatistik nach der Seite der sozialen Verhältnisse der Delinquenten.

Zweitens ist auch im Interesse der eigentlichen Rückfallsstatistik eine Verbindung derselben mit der allgemeinen Kriminalstatistik gelegen. Methodologisch zwar hat erstere dadurch nichts mehr zu gewinnen; denn wie im vorigen Abschnitt dargethan, läßt sich eine Rückfallsstatistik nach einer völlig korrekten statistischen Methode schon auf Grund der heutigen Strafregister, d. h. des durch die Strafnachrichten in ihrer jetzigen Gestalt gelieferten Materials aufbauen. Die in der Anlage entworfenen, oben erörterten rückfallsstatistischen Tabellen beruhen lediglich auf diesem Material.

Aber neben der eigentlichen Statistik der Rückfälle ist doch auch eine Statistik der Rückfälligen nach ihren sonstigen wichtigen Eigenschaften wünschenswert. In dieser Richtung nun muß eine gesonderte Bearbeitung der Rückfallsstatistik auf Grund des heutigen Strafregistermaterials inhaltlich immerhin dürftig bleiben. Wird hingegen das gesamte reiche Urmaterial der allgemeinen Kriminalstatistik durch die Strafregister hindurchgeleitet, werden die statistischen Zählkarten mit den Strafnachrichten kombiniert, so gewinnen die Register in vielen Ländern eine Fülle wertvoller Angaben, auf denen eine reichhaltige Statistik der Rückfälligen sich aufbauen läßt.

Denn die allgemeine Kriminalstatistik begnügt sich heute nirgends mehr mit den bloßen Daten über die eigentlich kriminalistischen Fakta, über die Verbrechen und Strafen. Sie sucht vielmehr auch über die persönlichen Verhältnisse der Delinquenten Nachrichten zu sammeln, deren Wichtigkeit auf der Hand liegt. Vor allen Delinquenten aber verdienen die Gewohnheitsverbrecher die aufmerksamste Beachtung auch hinsichtlich ihrer Personalien.

Die Aufnahmen der europäischen Kriminalstatistiken zeigen gerade hinsichtlich der persönlichen Verhältnisse der Verbrecher nach Umfang wie nach Inhalt die größten Verschiedenheiten[1]. Über

[1]) Vgl. im einzelnen in Würzburgers bereits angeführtem „Tableau synoptique".

Alter, Geschlecht, Familienstand, Beruf, Vermögensstand, Bildung, Nationalität, Religion, eheliche oder uneheliche Geburt, Geburtsort, Wohnort, sogar über die Motive einiger Arten von Verbrechen — über alle diese Verhältnisse finden sich in buntem Durcheinander Nachrichten in den heutigen kriminalstatistischen Publikationen der verschiedenen europäischen Länder. Bezüglich einer ganzen Reihe dieser Verhältnisse läßt sich über den Wert solcher statistischer Erhebungen streiten. Mehr als ein statistischer Kongreß hat über die zahlreichen, hier in Betracht kommenden Streitfragen beraten[8]), eine ganze Litteratur existiert in den meisten Kulturstaaten über dieselben. Hier ist nicht der Ort, um die Vorzüge der verschiedenen nationalen Systeme zu erörtern. Wohl aber darf und muß im Zusammenhange unsres Themas eine Forderung erhoben werden, die auch in dem gegenwärtigen Chaos jener Systeme erfüllbar ist: Welche Erhebungen auch immer ein Staat über die Personalien seiner Verbrecher macht, er soll sie besonders sorgfältig über diejenigen seiner Gewohnheitsverbrecher machen und in der Statistik der Rückfälligen übersichtlich publizieren[9]).

---

[8]) Zuletzt die II. und III. Session des Institut internat. de stat. in Paris 1889 bezw. Wien 1891; vgl. im Bulletin de l'inst. die interessanten Gutachten von Yvernès (t. III, 1 livr., p. 71 ff.) und von Starke (t. IV, 1 livr. p. 69 ff.), sowie die schon citierten Berichte Bodios (t. IV, 2 livr. und t. VI, 2 livr.). — Für die Rückfälligen im besondern hat der IX. Internat. Stat. Kongr. 1876 folgende Personalangaben verlangt: Geschlecht, Zivilstand, Bildungsgrad, Beruf, Domizil — ländliches oder städtisches —, Alter bei der ersten und bei der letzten Verurteilung, bei dem ersten und bei dem letzten Delikte (Ziff. 6 der Beschl. a. O. S. 56). Mit wenigen Abweichungen entsprechen diese Punkte den damaligen Vorschlägen Yvernès' (Ziff. 7 seiner Anträge am Schluß seines „Rapport" a. O. S. 89).

[9]) In letztgenannter Beziehung zeigt, wie die Statistik vieler Staaten, so auch die deutsche Kriminalstatistik, obgleich dieselbe sonst in Bezug auf die persönlichen Verhältnisse der Verbrecher eine vortreffliche Methode befolgt, eine Lücke. Sie publiziert nämlich in ihrer Tabelle IV (bearb. im Kais. Statist. Amt) reichhaltige Nachrichten über die persönlichen Verhältnisse der Abgeurteilten, unterscheidet in dieser Tabelle aber nur „Verurteilte überhaupt", „Verurteilte ohne Vorstrafen" und „Freigesprochene" (in den frühern Jahrgängen: „Abgeurteilte", „Verurteilte überhaupt", „Verurteilte ohne Vorstrafen"), ohne die hieraus erhellenden Zahlen der verurteilten Vorbestraften (Rückfälligen) weiter zu zergliedern. Umgekehrt gibt die jährliche Tabelle I (bearbeitet im Reichsjustizamt) detaillierte Angaben über die Rückfälligen der verschiedenen Grade, liefert aber ihrerseits fast gar keine Daten über die Personalien der Verbrecher. (Sie unterschied früher in 4 Spalten männliche und weibliche, sowie über und unter 18 Jahre alte Ver-

Unter allen Angaben über persönliche Verhältnisse der Delinquenten, die von den europäischen Statistiken heute geboten werden, sei eine Rubrik hervorgehoben, die sich ganz besonders zur Einfügung in die künftige Statistik des Gewohnheitsverbrechertums empfiehlt. Sie findet sich in den, bezüglich des Rückfalls selbst ziemlich dürftigen, „Judicial statistics" von England-Wales und in den „Criminal and Judicial statistics" von Irland. Dieselben enthalten jährlich eine Nachweisung „Class of persons proceeded against in each police District, on indictement and summarily" und unterscheiden bei jeder dieser beiden Arten des Verfahrens folgende Klassen: Known thieves; prostitutes; vagrants; tramps and other without visible means of subsistence; suspicious and other bad characters; habitual dunkards (not under preceding heads); precious good character; character unknown — alle diese Gruppen geschieden nach dem Geschlechte[1]).

Versuche ähnlicher Aufstellungen finden sich in einer ganzen Reihe andrer Länder, teilweise sind sie mit den Angaben über den Beruf vermischt[2]). Die Zahlen, die sich in fast allen diesen Staaten herausgestellt haben, sind ganz enorme.

---

brecher, und bringt neuerdings sogar nur 1 Spalte über die unter 18 Jahre alten.) Die Teilung der Bearbeitung des statistischen Urmaterials zwischen zwei Reichsbehörden wirkt hier doch störend. — Dabei wäre gerade die deutsche Kriminalstatistik, dank ihrer mustergültigen Organisation im stande, über die persönlichen Verhältnisse der Rückfälligen in weitem Umfange Aufschlüsse zu liefern. Denn der große Vorzug der deutschen Organisation liegt darin, daß sie ihre sämtlichen Erhebungen auf alle Delikte schwerer und mittlerer Art („Verbrechen und Vergehen gegen Reichsgesetze") ausdehnt, während die Kriminalstatistik vieler andrer Staaten (z. B. Frankreichs) detaillierte Angaben nur bezüglich der schwersten Delikte liefert, die übrigen aber mehr summarisch behandelt.

[1]) Ferner liefert die englische und die irische Polizeistatistik noch Zahlen der von ihr sogenannten criminal classes: known thieves and depredators; Receivers of stolen goods; suspected persons, und der houses of bad character: houses of receivers of stolen goods; public houses; beer-shops; coffee-shops; other houses of known or suspected bad character.

[2]) Schottland hat nur die Rubrik „Habit and repute of thief"; Belgien registriert unter den Verbrechern diejenigen „en état de vagabondage", „s'adonnant à l'ivrognerie", „s'adonnant au braunnage" und gibt für Bettler und Vagabunden besondere Nachweisungen über Alter und Gesundheit; Italien hat bei der Angabe der Berufe der Delinquenten eine Rubrik: „Mistieri girovaghi, prositute, mendicanti e detenuti"; Norwegen verzeichnet bei der Be-

Alle diese statistischen Versuche sind bisher nur schüchterne Ansätze, die der notwendigen Ausdehnung und innern Durchbildung ermangeln. Aber sie sind von hohem Werte als Wegzeiger zum Ziele. Dieses kann m. E. nur so gesteckt werden:

Die empirische Erfassung des Gewohnheitsverbrechertums, dieses wichtigsten, aber auch schwierigsten aller Begriffe der modernen Strafrechtswissenschaft, ist nicht auf

---

rufsangabe „Vagabunden“, „Bettler und Arme“; Rumänien: „Vagabunden“; Ungarn: „Von Almosen lebend“. Ähnliche Rubriken finden sich noch in andern Ländern.

Im allgemeinen aber bieten die Berufsangaben der Kriminalstatistik fast aller europäischen Länder über die hier in Frage kommenden sozialen Schichten viel zu wenig. In den Staaten, welche überhaupt eine Berufsstatistik mit der Kriminalstatistik verbinden, werden meist vortreffliche Angaben über die Beteiligung der positiven Berufe und Erwerbszweige, wie Landwirtschaft, Industrie usw. mit ihren Unterabteilungen geliefert. Was aber zumeist zu vermissen ist, das ist eine genügende Registrierung der Berufs- und Erwerbslosen in ihren mannigfachen sozialpathologischen Erscheinungsformen, der völlig Deklassierten, des eigentlichen Stammcorps der Verbrecherarmee. Die Rubrik „Berufslose“, die an sich schon zu allgemein ist, wird in vielen Staaten unzulässigerweise noch mit derjenigen „oder ohne Berufsangabe“ bezw. „unbekannten Berufes“ vermengt. Auch läßt sich vielfach aus der auffallenden Kleinheit der in jener Rubrik registrierten Ziffern erkennen, daß dieselbe nur als Lückenbüßer dient. Wenn die Behörden einen wirtschaftlich und sozial ganz heruntergekommenen Verbrecher, der einmal in seinem Leben irgend etwas gewesen ist, in eine andre Rubrik, d. h. in einen positiven Beruf einreihen können, so glauben sie dies thun zu sollen; es scheint, als ob die Aufführung jemandes in der Rubrik „Ohne Beruf und Berufsangabe“ gleichsam als eine weniger sorgfältige Zählung, als eine unvollkommenere Art der Registrierung aufgefaßt würde, die möglichst zu meiden ist. Die Verbrecher kommen bei ihren eignen Angaben diesem Bestreben aus sehr erklärlichen Gründen nach Kräften entgegen, indem auch die Verkommensten unter ihnen, wenn irgend möglich, einen positiven Beruf benennen. Diese Angaben sind aber mit der allergrößten Vorsicht aufzunehmen. Die Statistik soll sich streng an die wirklichen Verhältnisse jener Bevölkerungsschichten halten; sie läßt heute entfernt nicht die enorme Anzahl der in Wahrheit völlig Berufslosen und die große Rolle erkennen, welche der Mangel jeder sozialen Existenz im Gewohnheitsverbrechertume spielt.

Das hier Gesagte bezieht sich nicht nur auf die Kriminalstatistik der meisten Staaten, sondern auf deren gesamte Sozialstatistik, insbesondere die eigentlichen Berufszählungen. Nähere Ausführungen über die Gestaltung dieser in der hier fraglichen Beziehung und über die Registrierung verwandter Verhältnisse in der Kriminalstatistik würden aber den Rahmen des uns gestellten Themas allzusehr überschreiten und müssen daher einer andern Stelle vorbehalten bleiben, wo dann die gesamten sozialen Zusammenhänge des Gewohnheitsverbrechertums zu betrachten sein werden.

die Erforschung des „Rückfalls“ und überhaupt nicht auf die Untersuchung der eigentlich kriminellen Momente zu beschränken. Sie ist vielmehr auf die Erforschung der gesamten sozialen Zusammenhänge dieser Bevölkerungsschicht zu erstrecken; gerade die Erscheinungen, welche man als „halb-kriminelle“ bezeichnen könnte, Bettelei, Vagabondage, Arbeitsscheu, Prostitution, Trunksucht u. a. m., sind scharf ins Auge zu fassen.

Das ganz soziale Milieu, objektive wie subjektive, unverschuldete wie verschuldete Ursachen der völligen Berufs- und Erwerbslosigkeit, die vom Verbrechen zu Verbrechen treibt, sind in jedem einzelnen Falle nach Möglichkeit zu erforschen. Der ganze sozialpathologische Habitus dieser „criminal classes“ muß klargelegt werden. Von „Klassen“ der Bevölkerung spricht mit Recht seit Jahrzehnten die nüchterne englische Statistik; um „Klassen“ handelt es sich, die in der wirthschaftlichen und sozialen Schichtung der Gesellschaft auch die bescheidenste Stelle nicht haben finden können, zumeist nicht haben finden wollen, um die völlig „Deklassierten“, die ihrerseits zu einer „Klasse“ der Gesellschaft zu werden drohen, um die Leute der „negativen Arbeit“ (Riehl). Es sind Menschen, denen jeder andre Beruf mangelt und denen die Zerstörung der Kulturgüter, das Verbrechen seinerseits zum Lebensberufe wird.

Zur Bezeichnung dieser ganzen Gruppe halte ich daher den Ausdruck „Berufsverbrecher“ für den treffenderen gegenüber dem allgemein üblichen und deshalb bisher in dieser Arbeit gebrauchten: „Gewohnheitsverbrecher“. Der erstere Ausdruck bezeichnet einen weit engern Begriff und umfaßt keineswegs alle Gewohnheitsverbrecher. Gerade dies muß m. E. als ein Vorzug erscheinen. Denn die strafrechtlichen Reformbestrebungen, welche die hier fragliche Gruppe der Verbrecher ins Auge fassen, vor allem die Einführung des Begriffes der „Unverbesserlichen“, beziehen sich doch keinesfalls auf alle „Gewohnheitsverbrecher“. Solche sind z. B. auch Leute, die aus Jähzorn alle Augenblicke jemanden wörtlich oder thätlich beleidigen, Leute, die einen Hang zu gewissen Arten von Sittlichkeitsdelikten haben, ebenso sehr viel andre, welche offenbar nicht unter etwaige künftige Bestimmungen fallen können, die den „Unverbesserlichen“ von der menschlichen Gesellschaft ausschließen. Als das Charakteristische der hier fraglichen Gruppe erscheint vielmehr die Verübung der Delikte als Beruf und der zumeist damit verbundene Mangel jedes andern positiven Berufs[1]).

Reiche Aufgaben, lohnende Ziele bietet dieses Berufsverbrechertum der exakten ziffermäßigen Erforschung. Die Kriminalstatistik erweitert sich hier zu dem, was sie ihrem innersten Wesen nach ist: zu einem Zweige der Sozialstatistik. In dieser Weise aufgefaßt, wird auch die Rückfallsstatistik, dieser wichtigste Zweig der Kriminalstatistik, dazu beitragen, die Wissenschaft in der Erkenntnis und die Praxis in der Bekämpfung des Verbrechertums zu fördern.

Sie wird in der Wissenschaft die Bestrebungen stützen, welche, wie die J.K.V., Front machen einerseits gegen den intoleranten Kultus formal-juristischer Begriffe, anderseits aber auch gegen die einseitige Betonung der anthropologischen Gesichtspunkte. Sie wird dieser rein individual-pathologischen Auffassung diejenigen Momente gegenüberstellen, die ich im vorhergehenden kurz als „sozialpathologische" bezeichnet habe. Sie wird der ganzen Forschungsrichtung als Fundgrube dienen, welche v. Liszt treffend definiert hat als „die wissenschaftliche Untersuchung des Verbrechens als einer eigenartigen Erscheinung des gesellschaftlichen Lebens und die darauf gestützte Klarlegung der sozialen Bedingungen des Verbrechens".[2]) Das bedeutet keine grundsätzliche Unterschätzung der Erfahrungen, welche die kriminalanthropologische Forschung nach den Behauptungen ihrer optimistischsten Anhänger bereits ge-

[1]) Vgl. die Nomenklatur Starkes: „Gelegenheitsverbrecher" — „Gewohnheitsverbrecher" — „gewerbsmäßige Verbrecher" (s. „Verbrecher und Verbrechen in Preußen 1854 - 1878", Berlin 1884, S. 219 ff.). Auch der letztere Begriff, als dessen Charakteristikum Starke in dieser Gegenüberstellung mit Recht eine gewisse „Energie" bezeichnet, deckt sich keineswegs mit der oben angedeuteten Gruppe, bei deren Mitgliedern oft genug der größte Mangel jeglicher Energie zu konstatieren ist. Wenn Starke sagt, daß nicht aus jeder Art von Rückfall, namentlich in anders geartete Delikte, auf eine „Verbrechernatur" zu schließen ist, selbst nicht immer, wenn Berufslosigkeit hinzutritt, so ist dem durchaus zuzustimmen. Aber gerade aus diesem Grunde erscheint die Forderung nach einer korrekten und detaillierten Statistik nur um so dringlicher, welche den Rückfall in dasselbe Delikt bezw. dieselbe Deliktsgruppe deutlich aussondert und diejenigen Reate besonders berücksichtigt, welche mit der Berufs- und Erwerbslosigkeit am nächsten zusammenhängen. Die empirische, aber systematische Erfassung dieser Erscheinungen steht heute noch in den ersten Anfängen, und nur eine wissenschaftlich korrekte und umfangreiche amtliche Organisation der Massenbeobachtung (Rückfallsstatistik) kann hier fördern.

[2]) „Kriminalpolitische Aufgaben" I, Zeitschr. f. d. ges. Strafrechtswissensch. IX S. 472.

sammelt hat, nach andern später vielleicht einmal imstande sein wird zu sammeln. Denn die physischen und die sozialen Faktoren des Verbrechens wirken zusammen, wirken nicht unabhängig neben einander, sondern bedingen einander in steter Wechselwirkung, in hundertfältiger gegenseitiger Beeinflussung[1]).

Für die Kriminalpolitik aber, welche in Zeiten der bedrohlich anwachsenden Kriminalität nur allzu leicht geneigt ist, in Prügelstrafe und Verwandtem der Weisheit letzten Schluß zu sehen, wird eine in der angedeuteten Weise ausgestattete Rückfallsstatistik stets eine Mahnerin sein, welche lehrt: auch die schärfsten Repressivmaßregeln können allein die Massen des Berufsverbrechertums nicht aus der Welt schaffen. Sozial-reformatorische Maßregeln der Gesetzgebung und Verwaltung bleiben das Wesentlichste, namentlich Einrichtungen, welche jene alleruntersten Volksschichten unterstützen, sie aber auch zur Arbeit anhalten, zweckmäßige Regelung des Armenwesens und Bekämpfung der Bettelei, rationelle Organisation des Arbeitsnachweises u. a. m. —

Die Ansprüche, welche an die hier skizzierten sozial-statistischen Erhebungen gestellt werden dürfen, werden fürs nächste bescheidene sein müssen. Erst mit der erwachsenden Erkenntnis der Wichtigkeit der ganzen Art und Weise dieser soziologischen Auffassung des Berufsverbrechertums für Strafrecht und Sozialpolitik, für Theorie und Praxis werden allenthalben auch die Mittel und die Bereitwilligkeit für die Statistik sich steigern.

---

[1]) Auch für kriminalanthropologische Zwecke kann eine entwickelte Rückfallsstatistik auf Grundlage der Strafregister förderlich sein: nach Art. 3 des citierten neuen französischen Gesetzentwurfes soll die Strafnachricht („Bulletin No. 1“) das „signalement anthropométrique du condamné“ in allen Fällen, wo dasselbe überhaupt aufgenommen ist, enthalten. Es handelt sich um das Bertillon'sche Verfahren. Diese Bestimmung des Gesetzentwurfes ist offenbar zu dem rein praktischen Zwecke der Feststellung der Identität der Rückfälligen aufgenommen; aber sie wird auch für die theoretische, statistische Erforschung des Verbrechertums, besonders des Berufsverbrechertums wichtiges und reiches Material liefern. In einer bis jetzt unerhörten Anzahl werden, wenn auch zunächst rohe, anatomische Beschreibungen der Verbrecher geboten. Auf Grund dieses umfangreichen Urmaterials wird — sei es nun, daß für, sei es, daß gegen die kriminalanthropologischen Doktrinen etwas bewiesen werden wird — endlich einmal wirklich von statistischen Erfahrungen gesprochen werden können, während bisher mit Recht den meisten Kriminal-Anthropologen der Vorwurf gemacht werden konnte, daß sie auf Grund einiger hundert, bestenfalls einiger tausend Fälle voreilig statistische Schlüsse zogen.

Das Urmaterial für die jetzige bescheidene — wie für eine spätere reichere Ausgestaltung dieser Statistik aber kann nur von den Strafregistern in bequem zugänglicher Weise geboten werden, wo alle Ermittlungen über die sozialen Verhältnisse der Verbrecher, sowohl die von den Gerichten als die von den Gefangenen-Anstalten getroffenen, zu sammeln sind. Namentlich die Strafanstaltsbehörden sind, wie bereits betont, imstande, den Registern in dieser Hinsicht wertvolles Material zukommen zu lassen. Die Anstalten, in denen der Delinquent sich längere Zeit aufhält, sind am ehesten in der Lage, Erhebungen über seinen ganzen sozialen Habitus anzustellen, über seine Familie, Erziehung, berufliche Laufbahn, über seine Ausschweifungen und Laster, auch soweit sie nicht juristisch einen Deliktscharakter annahmen, und über vieles Ähnliche mehr. Schon jetzt bringen eine ganze Reihe von europäischen Staaten in den statistischen Publikationen über ihre Gefangenen-Anstalten oder einzelne Arten derselben derartige Nachrichten[15]). Und über den Inhalt dieser Veröffentlichungen hinaus werden weitergehende Erhebungen, welche wirklich auf die Gesamtpersönlichkeit des Verbrechers eingehen, welche die Geschichte seiner sozialen Entartung und derjenigen seiner Familie in allen wesentlichen Punkten aufhellen, schon jetzt in einzelnen besonders gut geleiteten Anstalten bezw. Gruppen von Anstalten gemacht[16]).

Derartige Personal-Erhebungen sind auf alle Strafanstalten oder wenigstens auf alle Anstalten, in denen längere Freiheitsstrafen verbüßt werden, auszudehnen und in die Statistik des eigentlichen kriminellen Rückfalls hineinzuverarbeiten. Die letztere gewinnt erst durch eine Kombination mit den Nachrichten über die gesamten persönlichen und familiären Verhältnisse der Rückfälligen Leben und Blut;

---

[1]) Vgl. z. B. die reichhaltigen Personalangaben der Tabellen B I und B III der jährlichen „Statistik der zum Ressort des Königl. Preußischen Min. d. Inn. gehörenden Straf- und Gefangenen-Anstalten".

[2]) Unter anderm sei auf den vortrefflichen Fragebogen aufmerksam gemacht, den Krohne in der Preuß. Strafanstalt Moabit eingeführt hat, und der durch Angaben des Eingelieferten selbst und durch solche des Pfarramtes seiner Heimat resp. der Polizeiverwaltung daselbst ausgefüllt wird. Abgedruckt in K.'s Lehrbuch der Gefängniskunde, Stuttgart 1889, S. 563 ff. — Vgl. daselbst auch die beachtenswerten Vorschläge zu einer „Personalstatistik" der Gefangenen und besonders die Ausführungen über die Notwendigkeit einer einheitlichen Gefängnisstatistik der deutschen Staaten (Abschnitt XIII, S. 542 ff.).

erst hierdurch treten die wirkenden sozialen Faktoren des Rückfalls in den Vordergrund.

Daher sind die von den Strafanstalten erhobenen und von ihnen selbst streng kritisch zu prüfenden Nachrichten an das Strafregister der betr. Delinquenten zu dirigieren. Hier sollen sie, sich gegenseitig ergänzend oder korrigierend, mit den Ermittelungen sich vereinigen, welche über denselben Verbrecher etwa von einer andern Anstalt bei einer frühern oder spätern Strafverbüßung gemacht worden sind. Hier ist die Sammelstelle, wo während aller Stadien seiner verbrecherischen Laufbahn die Angaben über seine sozialen Verhältnisse zusammenfließen sollen, um gemeinsam mit den Nachrichten über seine eigentlich kriminalistischen Schicksale, über Verbrechen, Rückfälle und Strafen eine Kriminalbiographie zu ergeben, wie Wissenschaft und Praxis ihrer bedürfen [1]).

Denn nicht nur die theoretische, statistische Erforschung des Berufsverbrechertums als eines Ganzen, als einer sozialen Gruppe, sondern auch die praktische Bekämpfung der einzelnen Individuen dieser Gruppe, wird mehr und mehr das Bedürfnis nach einem Gesamtbilde der verbrecherischen Persönlichkeit empfinden.

Als den springenden Punkt bei der Behandlung der sogen. „Unverbesserlichen“ hat van Hamel in Christiania die Einführung eines „jugement ultérieur“ bezeichnet [3]). Nicht schon das Gericht, welches über die zuletzt begangene Strafthat aburteilt, soll die definitive Entscheidung über den „Unverbesserlichen“ treffen. In andrer praktischer Ausgestaltung, aber in demselben Grundgedanken hat schon früher v. Liszt [2]) das „Vollzugsamt“, d. h. eine Verwaltungsbehörde, welcher die endgültige Entscheidung vorbehalten bleibt, als eine der wichtigsten Forderungen jeder künftigen Kriminalpolitik in den Vordergrund gestellt. Der Sinn dieser Vorschläge ist offenbar der, daß nicht das letzte Delikt allein, herausgerissen aus dem Zusammenhange der ganzen Verbrecherkarriere, die Grundlage zu jener tief eingreifenden Entscheidung geben soll. Vielmehr soll eine

---

[1]) Über die „Erweiterung des Inhalts der Strafregister“ vgl. die höchst beachtenswerten Vorschläge Seuffert's a. O. S. 573, die über die obigen Forderungen zum Teil noch hinausgehen. Vgl. daselbst S. 565 auch die treffenden Ausführungen über die Bedeutung der Strafregister für die Beurteilung der „ganzen Individualität“ der Verbrecher.

[2]) Mitteil. der J. K. V. 3. Jahrg. S. 304.

[3]) Krim.-pol. Aufg., a. O. S. 492 ff.

Beurteitung der Gesamtpersönlichkeit nach ihrer kriminellen Entwickelung, nach ihrem ganzen sozialen Habitus stattfinden. Nur die Erkenntnis, daß ein Individuum aus jedem geordneten sozialen Zusammenhange herausgerissen, daß es völlig unfähig und ohne den Willen ist, sich in denselben wieder hineinzuarbeiten, daß sein ganzes Trachten nur noch auf die Störung der Rechtsordnung und Kultur gerichtet ist — nur diese Erkenntnis darf zu dem furchtbar gefährlichen, bei allen Kautelen nur allzu leicht irreparablen Ausspruch „Unverbesserlich" führen.

Für eine solche Beurteilung der Gesamtpersönlichkeit des Verbrechers, für den Spruch des Vollzugsamtes bedarf es einer Einrichtung, welche für jeden Rückfälligen das gesamte Material, alle kriminellen und die verwandten sozialen Daten liefert. Als diese Einrichtung wird das Strafregister dienen, wenn in der angedeuteten Weise seine überaus entwicklungsfähige Organisation fortgebildet wird [1]).

C. Verbilligung und Verminderung der Arbeitslast.

Sowohl vom Standpunkte der korrekten Methodik der allgemeinen Kriminalstatistik (A) als auch im Interesse einer reicheren Ausbildung der Statistik des Berufsverbrechertums im besondern (B) kommen wir somit zu der Forderung:

Die Rückfallsstatistik auf Grund der Strafregister ist nicht unabhängig von der allgemeinen Kriminalstatistik zu bearbeiten, sondern hat als organischer Bestandteil in derselben ihre Stelle. Mit andern Worten: Das gesamte kriminalstatistische Urmaterial ist durch die Strafregister hindurchzuleiten.

Für diese Forderung sprechen aber nicht nur die angeführten innern Gründe. Auch der Gesichtspunkt der äußern Zweckmäßigkeit, der praktischen Durchführbarkeit muß m. E. zu einer gemeinsamen Organisation beider Gebiete der Statistik führen.

[1]) Eine solche Fortbildung ist in Deutschland rechtlich ohne weiteres möglich gemäß § 4 der angeführten Verordnung des Bundesrates betr. die Einrichtung von Strafregistern, laut welchem es den Landesregierungen unbenommen bleibt, über den in der Verordnung selbst vorgesehenen Inhalt der Register hinaus in dieselben „auch andre, den Zwecken der Strafrechtspflege oder der Polizei dienliche Nachweisungen aufnehmen zu lassen". Dringend wünschenswert ist es natürlich, daß auch diese weitere Ausgestaltung der Register für das ganze Reich einheitlich geschehe.

Die Einrichtung einer neuen Rückfallsstatistik neben der heutigen Kriminalstatistik würde, wenn gründlich durchgeführt, sehr erhebliche neue Opfer an Arbeit und Geldmitteln erfordern. Es ist nicht anzunehmen, daß viele Staaten diese Mittel für persönliche und sachliche Neuanforderungen bereitstellen würden. Wo dies doch geschähe, würden eine Menge von Arbeiten in der Rückfallsstatistik und in der Kriminalstatistik und zwar sowohl bei der Erhebung des Urmaterials als bei dessen Verarbeitung doppelt gemacht, also unnütz verrichtet werden, während Arbeitskraft wie Geldmittel so dringend zu fruchtbarer statistischer Forschung benötigt werden.

Eine rationelle Organisation hingegen, welche beide Gebiete der Statistik verschmilzt, wird m. E. keinen erheblichen Mehraufwand gegenüber den Kosten der verschiedenen, heute nebeneinander bestehenden einschlägigen Einrichtungen, nämlich der Strafregister einerseits, der Kriminalstatistik anderseits, erfordern; vielleicht läßt sich durch planvolle Zusammenfassung sogar eine Ersparnis an Zeit und Geld im Vergleiche zu dem heutigen Aufwande erzielen.

Der Grundgedanke dieser Organisation ist im vorstehenden bereits wiederholt angedeutet worden. Es sei gestattet, ihn im folgenden etwas näher auszuführen, wobei der konkrete Zustand der fraglichen Einrichtungen in Deutschland unser Ausgangspunkt sein soll. Die Modifikationen, mit denen die neue Organisation auf andre Staaten zu übertragen ist, werden sich für den Leser, der die einschlägigen Einrichtungen dieser Staaten kennt, auf den ersten Blick ergeben, und brauchen daher im folgenden nicht in allen Einzelheiten aufgeführt zu werden. Anwendbar ist die hier erörterte Organisation m. E. auf alle Staaten, sofern dieselben nur eine Kriminalstatistik und zugleich Strafregister besitzen.

Beide Einrichtungen bestehen heute in diesen Staaten unabhängig nebeneinander. In Deutschland insbesondere werden nach jeder erheblicheren rechtskräftigen Verurteilung zweierlei Mitteilungen abgesandt: die „Zählkarte" und die „Strafnachricht" [1]). Erstere geht zunächst

[1]) Die Kreise der Delikte, bei denen diese beide Arten von Benachrichtigungen erfolgen, decken sich nach den heutigen Bestimmungen nicht ganz wie oben schon angegeben ist. Es ist insbesondere bereits erwähnt, daß (mit der angeführten Ausnahme für Italien) die Register nur im Falle der Verurteilung eine Strafnachricht erhalten. Wird letztere mit der Zählkarte kombiniert, so würde an sich nichts im Wege stehen, sie (lediglich zu statistischen Zwecken)

an die Staatsanwaltschaft des Landgerichtsbezirkes; die gesammelten Karten werden von hier nach Schluß jedes Kalenderquartals dem Kaiserl. Statist. Amt eingesandt[1]). Die letztere geht an die Registerbehörde des Delinquenten, d. i. in den meisten Bundesstaaten die Staatsanwaltschaft bei dem für den Geburtsort zuständigen Landgerichte[2]).

Es wird also heute eine ganze Reihe von Behörden durch diese Benachrichtigungen in Thätigkeit gesetzt; es wird ein doppeltes Urmaterial geschaffen, und worauf es vor allem ankommt, die Gerichte haben jetzt diese doppelte Arbeit zu leisten.

Würde nun auf Grund der Strafregister eine selbständige Rückfallsstatistik geschaffen, so würde dieses Urmaterial auch eine doppelte Organisation zu seiner statistischen Verarbeitung erheischen. Statt dessen empfiehlt sich eine einheitliche Organisation für die Erhebung wie für die Verarbeitung des Materials, indem Strafnachricht und Zählkarte kombiniert werden.

Schon in ihrer heutigen Fassung enthalten beide überwiegend dieselben Angaben, nur daß sich die Zählkarte durch größere Ausführlichkeit auszeichnet. Ein Blick auf die in der Anlage 2 abgedruckten Formulare lehrt dies. Daselbst sind in der deutschen und italienischen Strafnachricht diejenigen Angaben durch Unterstreichen kenntlich gemacht, welche sich, in derselben Weise oder aus-

auch im Falle der Freisprechung bezw. Einstellung des Verfahrens ergehen zu lassen. Anderseits aber erscheint es sehr diskutabel, ob nicht die gesamte Kriminalstatistik lediglich die Verurteilungen umfassen solle, und ob nicht ein Interesse an der Anzahl der Freisprechungen usw. nur für die Justizstatistik besteht. Ders. Ansicht v. Scheel, Zur Einführung usw., a. O. S. 189. Für das engere Gebiet der Rückfallsstatistik ist eine solche Beschränkung, wie oben ebenfalls bereits erörtert, geradezu notwendig und heute auch allgemein üblich.

[1]) § 4 der vom Bundesrat am 5. 12. 1881 erlassenen „Bestimmungen betr. die Herstellung einer Statistik usw." (der jährl. Publik. d. Deutsch. Kriminalstatistik vorgedruckt).

[2]) Nach § 1 Ziff. 1 der angeführten Bundesrats-Verordn. vom 16. 6. 1882 liegt die Bestimmung der Registerbehörden den Landesregierungen ob; die „Aufsicht" und „Leitung" aber ist nach jener Verordnung überall Sache der Staatsanwaltschaft bei den Landgerichten. Diese ist wie in Preußen so in den meisten Bundesstaaten direkt zur Registerbehörde bestimmt; Bayern jedoch wählte die Amtsanwälte, Sachsen die Amtsrichter, Württemberg die Ortsvorsteher jeder Gemeinde, Baden die Amtsgerichte, Elsaß-Lothringen die Gerichtsschreibereien der Landgerichte, und andre Abweichungen mehr. (Eine Nachweisung dieser Behörden ist im Central-Bl. f. d. Deutsche Reich 1882, S. 447 veröffentlicht.)

führlicher, auch in der betr. Zählkarte finden. Soweit die letztere Angaben über persönliche Verhältnisse des Verbrechers enthält, die heute in der Strafnachricht fehlen, erfährt diese eine Bereicherung, welche, wie unter B ausgeführt, für die Rückfallsstatistik willkommen sein muß. Von den genauern Angaben der Zählkarte über die strafbare Handlung und das Urteil versteht sich dies von selbst; für die heute in den Strafnachrichten sehr zu vermissende Angabe der Zeit der That im besondern ist dies im Anhange 1 unter Ziff. 1 ausgeführt. — Für die ebenfalls abgedruckte französische und belgische Strafnachricht ist eine entsprechende Vergleichung wegen des alsbald zu erörternden bisherigen Mangels einer obligatorischen Zählkarte nicht möglich. —

Die Gerichtsbehörden, die das Urmaterial liefern, würden bei einer solchen Kombination nur die halbe Arbeit im Vergleiche zu heute haben. Gerade auf eine Entlastung der Gerichte von statistischen Arbeiten aber, zum mindesten auf Vermeidung jeder Mehrbelastung derselben ist bei jeder künftigen Organisation der Kriminalstatistik in erster Linie Bedacht zu nehmen.

Für andre Staaten würde diese Kombination noch einen weiteren, sehr erheblichen methodologischen Fortschritt mit sich bringen.

Die Mehrzahl der europäischen Staaten beschafft nämlich das Urmaterial der Kriminalstatistik heute nicht in Form von Individualzählkarten, sondern in der primitivern von Listen (Registern, „cadres“ usw.). In einigen Ländern (z. B. Frankreich) besteht überhaupt keine bindende Vorschrift; den einzelnen Gerichtsbehörden ist die Wahl der Erhebungsform freigestellt. Die Zählkarten in diesen Zweig der Statistik obligatorisch eingeführt zu haben, ist das große Verdienst der Deutschen Reichs-Kriminalstatistik gleich bei ihrer Schaffung im Jahre 1882 gewesen. Dem deutschen Beispiel ist 1890 Italien gefolgt[1]).

[1]) Hier werden außerdem noch Register namentlich über den Gang des Vorverfahrens usw., sowie über die Übertretungen (contravvenzioni) geführt (s. oben die Anm. in Teil I). Über die Erhebungsmethoden der verschiedenen europäischen Staaten vgl. Ziff. 3 von Teil A in Bodio's citiertem Questionnaire, sowie in dem daselbst vorgedruckten Rapport sur la stat. jud. pén. S. 8 f. (des Sep.-Abdr.). An letzterer Stelle spricht sich B. selbst zu Gunsten der Zählkarte aus, neben welcher er aber gleichzeitig Register geführt haben will. Gerade mit Rücksicht auf die statistische Erfassung des Rückfalls hob B. ferner die Vorzüge

Die Überlegenheit der Zählkarte als Erhebungsform gegenüber der Liste ist nichts der Kriminalstatistik Eigentümliches, sondern gilt mehr oder minder für alle Zweige der Statistik und hat der erstern ein stets wachsendes Anwendungsgebiet erobert. Je verwickelter eine Materie ist, welche statistisch erfaßt werden soll, um so mühseliger und unzulänglicher wird die Bearbeitung auf Grund von Listenmaterial. Die Rückfallsstatistik nun gehört zu den sehr komplizierten, für ihre korrekte Gestaltung ist die Individualzählkarte als Erhebungsform m.. E. unentbehrlich.

Eine solche Individualkarte aber gibt es bereits heute in allen Registerländern; denn die Benachrichtigung des Strafregisters von seiten der Gerichtsbehörden nach jeder Verurteilung erfolgt notwendigerweise überall durch ein Individualformular („Strafnachricht", „bulletin individuel" usw.). Wird also die Erhebung des statistischen Urmaterials mit den Strafnachrichten kombiniert, so werden damit in allen Staaten Individualzählkarten auch für die Kriminalstatistik gewonnen werden.

Diese kombinierten Strafnachrichten = Zählkarten werden nun, ebenso wie dies heute schon mit den Strafnachrichten geschieht, in den Strafregistern im Originale aufzubewahren sein. Hier im Register werden dieselben ferner durch alle die erwähnten Angaben der Strafanstaltsbehörden zu ergänzen sein. Die letzteren übersenden hierher in möglichster Reichhaltigkeit Nachrichten über die persönlichen insbesondere über die angedeuteten sozialen Verhältnisse der Delinquenten. So entsteht hier ein statistisches Urmaterial, welches alle Vorzüge der gerichtlichen — und der Gefängnis-Statistik vereinigt und sie vermehrt durch die korrekte Methodik, welche nur die Strafregister ermöglichen.

Die Strafnachrichten-Zählkarten werden während eines Jahres oder des mehrjährigen Zeitraumes, den die betr. kriminalstatistische Publikation umfassen soll, gesammelt; alle auf dieselbe Person bezüglichen Nachrichten werden, wie heute, zusammengelegt. Am Schlusse der statistischen Zählungsperiode werden, wie schon erwähnt, Kopieen der Strafnachrichten-Zählkarten, und zwar die auf

---

der Zählkarte für die Kriminalstatistik in der II. Session des Inst. internat. de Stat. hervor. (S. sein schon citiertes Gutachten, Bull. de l'inst. IV, 2 livr. p. 165 d.) Für eine Gleichberechtigung der verschiedenen Erhebungsformen des kriminalstatistischen Materials trat in seinem Gutachten für dieselbe Versammlung Yvernès ein (Bull. III, 1 livr. p. 73).

dieselbe Person bezüglichen als solche kenntlich gemacht, an das Statistische Amt gesandt. Die Originale müssen natürlich für die Rückfallsstatistik späterer Jahre und für die eigenen, praktischen Zwecke des Strafregisters in diesem zurückbleiben.

Die statistische Centralstelle stellt dann auf Grund dieses Urmaterials nach den oben (unter A) erörterten strengen methodologischen Grundsätzen eine wissenschaftlich korrekte Kriminalstatistik auf.

Als ein organischer Bestandteil derselben wird die Rückfallsstatistik bearbeitet, und zwar als derjenige Teil, der materiell der wichtigste ist, uud der methodologisch, wie oben dargelegt, die Grundlage der ganzen konsequent individualisierenden, die gesamte Verbrecherkarriere verfolgenden „Statistik der Kriminellen" bildet [1]). —

Schließlich sei noch ein Vorschlag gestattet, der sich auf die Publikationen nicht nur der neuen Rückfallsstatistik, sondern der gesamten Kriminalstatistik bezieht: Dieselben brauchen nicht jedes Jahr zu erfolgen.

Erhebliche Gründe lassen sich m. E. für jährliche Veröffentlichungen auf diesem Felde der Statistik nicht anführen. Auf andern Gebieten, wo das Jahr eine zeitliche Einheit von materieller,

[1]) Die Kriminalstatistik kann dann nicht nur die in dem betr. Rechnungsjahre oder der betr. sonstigen Zählungsperiode mehrfach Bestraften richtig zählen, sondern kann auch alle in einer frühern Periode Vorbestraften und neuerdings wieder Verurteilten als Rückfällige demjenigen Jahrgange zurechnen, in welchem sie ihre Verbrecherkarriere begonnen haben usw.

Ein Einwand könnte gegenüber dem hier vorgeschlagenen System der Sammlung des kriminalstatistischen Urmaterials auf den ersten Blick als berechtigt erscheinen: daß nämlich unter demselben die „Kriminalgeographie" leiden würde. Denn in den Strafregistern erfolgt die Sammlung des Materials nach dem Gesichtspunkte des Geburtsortes der Verbrecher; es ist aber von hohem Interesse, die begangenen Delikte nach dem Thatorte zusammenzustellen und quantitativ und qualitativ nach örtlichen Bezirken eines Staates zu vergleichen, wie dies heute z. B. in der deutschen Kriminalstatistik jährlich in der Tabelle II geschieht.

Doch greift dieser Einwand nicht durch: denn es bedarf lediglich einer neuen Auszählung der Karten und Gruppierung ihres Inhaltes unter jenem geographischen Gesichtspunkte. Gerade bei uns ist jede solche Auszählung durch das System der Individualzählkarten sehr erleichtert. Übrigens ist auch heute eine solche besondere Auszählung für jenen Zweck ganz ebenso notwendig, denn heute ist das Urmaterial der Karten (in andern Staaten: der Listen) nach den Bezirken der erkennenden Gerichte geordnet und muß ebenfalls von neuem nach dem Orte der That bezw. den betr. Verwaltungsbezirken (in der deutschen Übersicht II: Regierungsbezirke usw.) gruppiert werden.

sei es physischer, sei es wirtschaftlicher, Bedeutung darstellt, ist das anders: Für eine Witterungs- oder Erntestatistik ist das Sonnenjahr die von der Natur gegebene Rechnungseinheit; auch für die weiten Gebiete der Wirtschaftsstatistik ist jährliche Publikation erforderlich, denn wie der Haushalt des Einzelnen, so soll auch der des Volkes und Staates jährlich seine Bilanz ziehen. Ferner ist für alle Zweige der Verwaltungsstatistik das Jahr die notwendige Rechnungsgrundlage: daher auch für gewisse Zwecke der Justizstatistik[1]); über die Thätigkeit der Gerichte, Staatsanwaltschaften usw. sind jährliche Nachweisungen wünschenswert.

Aus der langjährigen, in den meisten Staaten bis heute fortbestehenden Verbindung der Kriminalstatistik mit der geschäftlichen Justizstatistik[2]) dürfte m. E. auch die Gewohnheit der jährlichen Publikation der erstern zu erklären sein. Denn wird die Kriminalstatistik selbständig, als Statistik sozialer Erscheinungen betrachtet, so ist nicht erkennbar, welche Bedeutung für diese Erscheinungen gerade der Zeitraum eines Kalenderjahres haben soll. Im Dezember 1892 werden die gesamten sozialen, und auch die hier fraglichen sozialpathologischen Verhältnisse ebenso wie die Verbrechen selbst nicht wesentlich andre sein, als im Januar 1893.

Man wird erwidern, daß irgend eine, sei es auch willkürliche, zeitliche Abgrenzung notwendig ist. Aber wenn diese Abgrenzung eine willkürliche ist, wozu braucht man sie dann jährlich vorzunehmen und so häufige kostspielige Veröffentlichungen zu veranstalten?

---

[1]) Das Wort wird in dieser Arbeit in dem üblichen weiteren Sinne einer jeder Art geschäftlicher Statistik der Thätigkeit der Gerichte und der Rechtsanwendung durch dieselben (im Gegensatz von der sozialstatistischen, von der Gerichtsorganisation losgelösten Betrachtung der Delikte und Delinquenten durch die Kriminalstatistik) angewandt. Für eine engere Bedeutung des Wortes tritt ein v. Scheel in seinem citierten Aufsatz „Zur Einführung usw.“, S. 186, sowie in dem Art. „Kriminalstatistik“ im Handwörterbuch der Staatswissensch. Bd. IV, S. 888.

[2]) Deutschland hat den großen Fortschritt gemacht, seine „Kriminalstatistik“ von der „Justizstatistik“ auch äußerlich loszulösen. Letztere wird vom Reichs-Justizamt selbständig bearbeitet und veröffentlicht. Während dies aber nur alle zwei Jahre geschieht, sind einige jährliche Nachweisungen, welche wesentlich für die Justizstatistik von Interesse sind, äußerlich noch in der Kriminalstatistik verblieben. Es gilt dies von der Tabelle I der letztern; doch haben einzelne Rubriken derselben, z. B. eben die Statistik der Vorbestraften ein wesentlich kriminalstatistisches Interesse.

Allein der Wert der heute üblichen jährlichen Publikationen der Kriminalstatistik ist ein noch weit geringerer, als es nach dem bisher gesagten scheinen möchte, aus folgendem Grunde: Die Rechnungseinheit bilden heute gar nicht die in einem Kalenderjahre begangenen, sondern die in diesem Jahre abgeurteilten Delikte. Beide Begriffe gehen zahlenmäßig weit auseinander. Z. B. kommen in Deutschland nur etwa die Hälfte der in einem Jahre abgeurteilten Strafthaten auf dieses selbe Jahr und ziemlich ebensoviel auf das vorangehende, während ein kleiner Teil noch älter ist[1]). Die betreffenden Bruchteile werden natürlich nach der Thätigkeit der Gerichte (ev. Richtermangel; ferner Länge der Schwurgerichtsperioden u. a. m.) in den einzelnen Jahren sehr schwanken, so daß keineswegs der Fehler konstant bleibt, welcher begangen wird, wenn man aus der heutigen jährlichen Kriminalstatistik auf die Kriminalität des betreffenden Jahres schließen wollte. Daher eliminiert sich dieser Fehler nicht bei Vergleichung mehrerer Jahre, und es darf aus jenen jährlichen Angaben nicht ohne weiteres auf die Bewegung der Kriminalität geschlossen werden[2]).

Der Unterschied zwischen dem Begriffe der abgeurteilten und

---

[1]) S. v. Scheel, „Zur Technik usw." a. O. S. 473.

[2]) Es fehlt in den heutigen statistischen Publikationen nicht ganz an einer Darstellung der wirklichen Kriminalität der einzelnen Jahre. In der Deutschen Kriminalstatistik z. B. findet sich eine summarische Übersicht der in den einzelnen Monaten und Jahren begangenen Delikte (Tabelle III jedes Jahres: „Die Verbrechen und Vergehen nach der Zeit der That"). Doch bleibt diese Aufstellung auf alle andern statistischen Berechnungen nach dem erkennenden Gerichte, der Art des Deliktes und der Strafe, dem Orte der That und den persönlichen Verhältnissen des Verbrechers (Tab. I, II und IV) ohne Einfluß. — Vgl. über diesen Punkt auch Bodio, Rapport sur la stat. jud. pén. p. 10 (des Sep.-Abdr.).

Eine derartige besondere summarische Auszählung des statistischen Urmaterials nach Monaten und Jahren der That wird natürlich auch bei einer statistischen Publikation, die sich über mehrere Jahre erstreckt, ohne jede Schwierigkeit erfolgen können.

Ebenso wird die jährliche Bewegung der Aburteilungen, Verurteilungen usw. stets wenigstens summarisch zu verfolgen sein. Aber für die Hauptmasse der kriminalstatistischen Tabellen, für die detaillierte Gruppierung nach Delikten, persönlichen Verhältnissen usw. dürfte eine Zusammenfassung mehrerer Jahre unbedenklich sein. — Es bleibt somit noch die Frage, ob etwa ein Bedürfnis nach rascher Kenntnisnahme des „aktuellen" Standes der Kriminalität unserm Vorschlage entgegensteht. Soweit ein solches Bedürfnis wirklich anzuerkennen ist, könnte es durch vorläufige, summarische Mitteilungen über die einzelnen Jahre befriedigt werden. Es geschieht dies in Deutschland schon jetzt, indem die dem der begangenen Delikte würde bei längern Publikationsperioden sogar weniger störend sein als bei einjährigen. Beträgt z. B. in der Statistik eines Jahres die Anzahl der in demselben abgeurteilten, aber schon im vorhergehenden Jahre begangenen Reate 50 %, so würde bei einer fünfjährigen Publikationsperiode die Zahl der in der Rechnungszeit abgeurteilten, aber nicht in derselben begangenen Delikte nur 10 % ausmachen. Denn es bleibt ja die Anzahl der schon vor der Rechnungszeit begangenen Reate dieselbe, die Gesamtzahl der in die Statistik einbegriffenen Fälle aber verfünffacht sich.

Dies Argument soll natürlich nicht für die künftige Zulässigkeit einer Vernachlässigung des Unterschiedes jener beiden Begriffe, bezw. nicht zur Empfehlung zukünftiger mehrjähriger Publikationsperioden unter diesem Gesichtspunkte gebraucht werden. Es darf aber noch weniger umgekehrt bei der heutigen alljährlichen Publikation von einem Interesse an der Kenntnis der jährlichen Bewegung der Kriminalität gesprochen werden.

Aus den angeführten Erwägungen dürfte sich eine Veröffentlichung der Kriminalstatistik in Zeiträumen von 3 zu 3 oder von 5 zu 5 Jahren empfehlen [1]). Der letztere Zeitraum würde zugleich den Vorteil der genauen Vergleichbarkeit mit den Ergebnissen der Bevölkerungsstatistik (fünfjährige Volkszählungsperioden) bieten.

Eine außerordentliche Ersparnis kann hierdurch in allen Staaten bewirkt werden. Die großen, verfügbar werdenden Mittel sollen natürlich wieder der Kriminalstatistik zu gute kommen. Ihre Methode wird korrekter, ihr Inhalt reicher werden. Namentlich der im Vorstehenden angedeuteten Seite der soziologischen Zusammenhänge des Verbrechertums wird mehr Aufmerksamkeit geschenkt werden können.

„Vierteljahrshefte (früher „Monatshefte") zur Stat. d. Dt. R." ungefähr 1 Jahr vor der definitiven Publikation der Kriminalstatistik eine „Vorläufige Mitteilung" über das betreffende Jahr veröffentlichen.

Die endgültige, umfangreiche Veröffentlichung der Kriminalstatistik erscheint heute in Deutschland durchschnittlich erst 2 Jahre nach dem Rechnungsjahr, in den andern europäischen Staaten vielfach noch erheblich später. Von einem „aktuellen" Interesse der üblichen einjährigen Publikationsperiode kann also nicht die Rede sein.

[1]) Eine fünfjährige Publikationsperiode hat heute die — in der Dürftigkeit ihres Inhalts freilich nicht nachahmenswerte — Dänische Kriminalstatistik.

Die nützliche Verwendung überschüssiger Mittel wird der Kriminalstatistik keine Verlegenheit bereiten! Denn große und fruchtbare Aufgaben harren dieser entwicklungsfähigen Disziplin, die heute noch in den Kinderschuhen steckt.

Vor allem sollen die verfügbar werdenden Mittel der Organisation des wichtigsten Zweiges der Kriminalstatistik, der Rückfallsstatistik, dienen. Diese ist nach den oben erörterten strengen Grundsätzen der statistischen Methodik zu konstruieren. Die individuelle Verbrecherkarriere ist dabei natürlich nicht nur durch die 3 oder 5 Jahre der betreffenden Publikation zu verfolgen. Vielmehr ist in diesem Teile der Kriminalstatistik bei jeder Veröffentlichung eine Anzahl vorhergehender Jahrgänge zu berücksichtigen, aus denen die Rückfälligen der betreffenden neuen Jahre sich rekrutieren. Ob man dabei auf den Anfang jeder Verbrecherlaufbahn zurückgehen oder sich auf die Verfolgung der Rückfälligkeit durch einen enger begrenzten Zeitraum, z. B. durch 10 Jahre hindurch beschränken will, das hängt jedesmal von den bestimmten soziologischen oder kriminalistischen Zwecken ab, welchen die einzelnen Rückfälligkeitstabellen dienen sollen. —

Nachdem wir aber aus innern und äußern Gründen die Eingliederung der Rückfallsstatistik in die allgemeine Kriminalstatistik und eine gemeinsame Organisation beider prinzipiell befürwortet haben, wollen wir nicht unterlassen, noch einmal aus Opportunitätsrücksichten den Vorschlag zu betonen, den wir schon an die Spitze dieses Abschnittes stellten:

Wenn trotz aller innern und äußern Vorzüge eine Inangriffnahme unsres Spezialgebietes im Zusammenhange einer Reform der ganzen Kriminalstatistik bei den maßgeblichen Faktoren auf erhebliche Schwierigkeiten stößt, dann möge man nicht zögern, die Rückfallsstatistik allein in Angriff zu nehmen, d. h. eine Auszählung der Strafregister und eine besondere Veröffentlichung der Ergebnisse dieser Auszählung zu veranstalten. Auf daß das Bessere nicht der Feind des Guten sei!

IV.

Internationale Einheitlichkeit der Methode —, aber keine internationale Vergleichbarkeit der Ergebnisse der Rückfallsstatistik.

Der internationale Charakter der Vereinigung, für welche ich die Ehre habe, diesen Bericht zu erstatten, verlangt, daß noch ein

Begriff kurz erörtert werde, der auch in der Fassung seinen Ausdruck gefunden hat, in der unser Thema auf die Tagesordnung der bevorstehenden Hauptversammlung gestellt worden ist, und welche lautet: „Die Methode einer wissenschaftlichen und einheitlichen Rückfallsstatistik".

So allgemein als erklärlich ist der Wunsch nach einer solchen internationalen Einheitlichkeit[1]).

Bei der Erörterung dieses Punktes aber wie bei allen Fragen der internationalen Statistik sind zwei Begriffe auseinander zu halten, die oft zusammengeworfen werden: „Einheitlichkeit der statistischen Methode" und „Vergleichbarkeit der statistischen Ergebnisse". Der erstere Begriff ist offenbar die Voraussetzung des letztern; aber er ist nicht dessen einzige Voraussetzung. Die methodologische Einheitlichkeit kann vorhanden sein, ohne daß materielle Vergleichbarkeit vorläge. So ist es m. E. auch in unserm Falle.

Die methodologische Gleichartigkeit ist von den vorstehenden Ausführungen sowohl in dem kritischen Teile als in den positiven Vorschlägen betont worden. Es ist im ersten Abschnitt der Nachweis versucht worden, daß bei aller Verschiedenheit in Einzelheiten gewisse methodologische Grundfehler der jetzigen Rückfallsstatistik in allen in Betracht kommenden europäischen Staaten die nämlichen sind. Es ist im zweiten Abschnitt eine Organisation angeregt worden, welche einheitlich in allen Staaten möglich ist, welche Strafregister besitzen. Die in Anlage 3 angehängten Formulare zu Rückfälligkeitstabellen können — mit den im Anhange 1 aufgeführten Modifikationen — von jedem dieser Staaten benutzt werden. Insoweit stimme ich mit van Hamel und dem Beschlusse von Christiania also durchaus überein.

Aber wenn so die Methode der statistischen Registrierung in den verschiedenen Ländern eine gleichartige sein kann, so werden doch die registrierten Objekte ungleichartige bleiben. Es gilt aber für alle Zweige der Kriminalstatistik der Satz: Sollen die Zahlen für verschiedene Staaten vergleichbar sein, so muß nicht nur die Methode der statistischen Erhebung und Verarbeitung die

---

[1]) Fast einstimmig wurde in der Hauptversammlung der J. K. V. zu Christiania eine These van Hamels angenommen, in welcher das Interesse an einer „detaillierten, präzisen, uniformen und zur Vergleichung geeigneten Rezidivistenstatistik" betont wurde (These I a. E.: s. Mitteilungen der K. V., III. Jahrg. S. 294).

nämliche sein, sondern die erhobenen Daten selbst müssen auch nach denselben kriminalistischen Grundsätzen entstanden sein. Dies ist aber heute auf keinem Gebiete strafrechtlicher Handlungen der Fall; vielmehr zeigt die Konstatierung der Delikte die größten Verschiedenheiten zwischen den europäischen Staaten:

National verschieden ist das materielle Strafrecht, und zwar sowohl die objektiven Merkmale der wichtigsten Deliktsbegriffe als auch die Grenzen der subjektiven Deliktsfähigkeit (strafmündiges Alter usw.). Verschieden sind die obersten Maximen des Strafprozeßrechtes (Existenz und Thätigkeit einer staatlichen Anklagebehörde; hier Legalitäts-, dort Opportunitätsprinzip; Antragsdelikte usw.). Grundverschieden ist die Gerichtsverfassung (hier Laien — dort gelehrte Gerichte in mannigfacher Abstufung und Mischung u. v. a. m.).

Aber mit diesen Verschiedenheiten auf dem eigentlichen Gebiete der Justiz sind die nationalen Unterschiede nicht erschöpft, welche der Gewinnung vergleichbarer Verbrecherzahlen im Wege stehen. Störend wirkt auch die Verschiedenheit der Thätigkeit und Tüchtigkeit der Sicherheitsbehörden [1]).

Ja, man kann noch weitergehend behaupten, daß nicht nur die national verschiedene Organisation und Thätigkeit der staatlichen Einrichtungen und Behörden, sondern der gesamte soziale und moralische Habitus der Bevölkerung eines Landes auf die Konstatierung der begangenen Reate Einfluß hat. Die Empfindlichkeit des Volkes gegen Rechtsverletzungen, die Geneigtheit des Geschädigten, die Hilfe der Staatsbehörden anzurufen, ist bei den Nationen Europas überaus verschieden. Dies tritt bei einzelnen Deliktsgruppen wie Beleidigungen und Körperverletzungen, Sittlichkeitsdelikten usw. besonders deutlich hervor, spielt aber auch bei

---

[1]) Die bisher aufgeführten Gründe gegen eine internationale Vergleichbarkeit kriminalstatistischer Ziffern sind in ausführlicher Weise dargestellt von Starke in seinem citierten Berichte für das Inst. intern. de Stat., s. Bull. de l'inst. T. IV, 1 livr. S. 87 ff. — Als Beispiel dafür, welche Schwierigkeiten sich jedem wirklich wissenschaftlichen Versuche auf dem Gebiete der internationalen Kriminalstatistik entgegenstellen vgl. Richter, „Kriminalstatistische Vergleiche in Bezug auf die Nachweise über Geschlecht und Alter" (Vierteljahrshefte zur Stat. d. Dt. R., 1892, Heft III, S. 69).

dem Verhalten der Geschädigten gegenüber Eigentumsdelikten und allen andern Arten von Verbrechen eine nicht zu unterschätzende Rolle [1]).

Kurz, die Zahlen der amtlich konstatierten Delikte in zwei verschiedenen Staaten geben keinen Beweis für das Verhältnis der wirklich begangenen in beiden, und die Zahlen der Delikte, die zu einer Bestrafung geführt haben, thun dies noch weniger. Auch hier sind die Begriffe: „criminalità reale“ — „cr. apparente“ — „cr. legale“ (Ferri) scharf zu scheiden. Eine vergleichende Kriminalstatistik würde auf der ersten aufgebaut werden müssen, während wir nur die Zahlen der letzten besitzen [2]).

Kein Kapitel in der Geschichte der jungen Disziplin der Kriminalstatistik weist so viele Mißerfolge und Irrungen auf als das der internationalen Vergleichungen. Bisweilen in naiver Unkenntnis, öfters in gehässiger Absichtlichkeit sind gänzlich inkommensurable Zahlen aus verschiedenen Staaten zusammengestellt worden. Dabei ließ sich aus den erörterten Gründen leicht das Ergebnis gewinnen, daß gerade in den Ländern mit der strengsten Gesetzgebung, der besten Polizei und der empfindlichsten Volksmoral sich die ungünstigsten Zahlen zeigten, während Länder, die in Wirklichkeit weit zurückgeblieben waren, die günstigsten Verhältnisse aufwiesen, aus denen dann eine imposante Höhe der Moral und Trefflichkeit der gesetzlichen Einrichtungen herausgerechnet wurde.

Die ernste statistische Wissenschaft hat sich gegen diese voreiligen Versuche der von Bodio treffend als „amateurs de

---

1) Vgl. z. B. bezüglich des Diebstahls die sehr richtige Beobachtung Bodios in seinem citierten Berichte für die II. Session des „Inst.“ (Bull. de l'inst. T. IV, 2 livr. p. 16 sq.).

2) Als Yvernès in der Pariser Session des Inst. int. de Stat. sich für die Möglichkeit einer internat. Kriminalstatistik in gewissen Beziehungen aussprach, schlug er, von seinem Standpunkte aus ganz logisch, vor, in diese Statistik nicht nur die abgeurteilten, sondern alle denunzierten Delikte aufzunehmen (a. O. S. 74). Ebenso Bodio in der Wiener Session (a. O. S. 9 des Sep.-Abdr.). B.'s dahingehender Antrag (Nr. 5) wurde mit seinen übrigen Vorschlägen von der Versammlung angenommen.

Aber, abgesehen von allen sonstigen äußern wie innern Bedenken, welche einer derartigen Ausdehnung der Kriminalstatistik entgegenstehen, kann für den hier zu behandelnden Zweig derselben, die Rückfallsstatistik, eine solche Aufstellung überhaupt nicht in Frage kommen, da, wie oben bereits erörtert, bei der Feststellung des Rückfalls nur die Verurteilten berücksichtigt werden dürfen, nicht einmal alle Abgeurteilten, geschweige denn alle Denunzierten.

statistique" gekennzeichneten Schriftsteller stets mit Entschiedenheit ausgesprochen. Wohl hat auch sie das lockende Problem einer vergleichenden Kriminalstatistik stets in das Auge gefaßt und der „Internationale Statistische Kongreß" sowie sein Nachfolger, das „Institut International de statistique" haben bei jeder ihrer Versammlungen sich mit der Frage im ganzen oder mit Unterfragen derselben auf das eingehendste beschäftigt. Soeben erst sind die letzten diesbezüglichen Arbeiten und Beschlüsse des „Institut" veröffentlicht worden. Es hat sich gezeigt, daß unter den Fachmännern selbst die optimistischsten Vertreter einer internationalen Kriminalstatistik für jetzt nicht mehr fordern als gewisse weitausschauende Vorarbeiten, welche eine künftige Vergleichbarkeit ermöglichen sollen. Von andrer, sehr sachkundiger Seite hingegen ist jede Möglichkeit der Gewinnung direkt vergleichbarer internationaler Kriminalitätsziffern überhaupt bestritten worden, aus dem (m. E. durchschlagenden) Grunde, daß durch keinerlei Reformen der statistischen Methode die entgegenstehenden Verschiedenheiten des nationalen Rechts- und Staatslebens ausgeglichen werden können.

Es würde von dem uns gestellten Spezialthema weit abführen, wollten wir die angedeuteten Schwierigkeiten ins einzelne verfolgen, welche einer internationalen Kriminalstatistik entgegenstehen, und welche in den jüngsten Arbeiten der Mitglieder des Internat. Statistischen Instituts von den verschiedenen möglichen Standpunkten aus erörtert worden sind[1]). Wir glaubten sie aber in den

[1]) In Kürze nur folgende Angaben über den Stand der Frage: Das „Institut" hatte auf Yvernès' Antrag zur Prüfung der Frage 1887 eine Kommission eingesetzt, aus deren Mitte die schon mehrfach erwähnten Arbeiten von Bodio, Starke und Yvernès hervorgegangen sind. Von diesen hat Starke den hier vertretenen Standpunkt in m. E. durchaus überzeugender Weise verteidigt, während die beiden andern Berichterstatter sich für die Vorbereitung einer vergleichenden Kriminalstatistik in gewissen Grenzen ausgesprochen haben. Bodio's diesbezügliche Anträge sind, dem soeben erschienenen Berichte zufolge, in der letzten Session des Institutes (Wien 1891) angenommen worden. Die wichtigsten der darin angeregten Vorbereitungsarbeiten für eine internationale Statistik betreffen eine vergleichende Nomenklatur der Delikte in den verschiedenen Strafgesetzgebungen (Nr. 1) und die detaillierte Klassifikation der Reate in der Kriminalstatistik (Nr. 2). Bodio legte dem Institut zugleich eine auf gewissenhafter Durcharbeitung der statistischen Publikationen der verschiedenen Staaten beruhende Arbeit von Bosco vor: „Lo studio della delinquenza e la classificatione dei reati nella statistica pénale" (Estratto dal Bull. de Inst. int. de stat., T. VI, Roma 1892). Ferner wurde ein Comité

Umrissen wenigstens kennzeichnen zu sollen, um daran die Frage zu schließen: Haben alle diese gewichtigen Bedenken, welche gegen eine Vergleichbarkeit der Kriminalitätsziffern überhaupt sprechen, auch Giltigkeit für unser Sondergebiet, die Rückfallsstatistik?

Die Frage muß in dieser Weise formuliert werden, da auch von solchen Fachmännern, welche die Schwierigkeiten einer internationalen Kriminalstatistik durchaus zugaben, wiederholt gerade für die Rückfallsstatistik eine Ausnahme gemacht worden ist. So

---

de la nomenclature comparées des crimes et délits prévus par les différentes législations" eingesetzt (Bodio, Costa, Jahnson, Messedaglia, De' Negri, Starke, Yvernès). Die Aufgabe dieses Komitee's entspricht einem von den Internat. Statist. Kongressen schon mehrfach geäußerten Wunsche und darf unzweifelhaft ein großes Interesse nicht nur für die Statistik, sondern auch für die vergleichende Strafrechtswissenschaft beanspruchen, ist ferner von praktischer kriminalistischer Bedeutung für die Auslieferungsverträge usw.; unter letzterem Gesichtspunkt hat der letzte Internationale Gefängniskongreß (Petersburg 1890) seinerseits eine Kommission mit dem gleichen Auftrage eingesetzt. Wie aber die Schaffung einer einheitlichen Nomenklatur imstande sein sollte, eine internationale Vergleichung der Kriminalitätsziffern zu ermöglichen, das vermag ich nicht abzusehen. Nehmen wir selbst an, man habe — was seine sehr großen, vielleicht unüberwindlichen begrifflichen Schwierigkeiten, ganz abgesehen von der Nomenklatur, bieten wird — eine vergleichbare Nebeneinanderstellung der objektiven Thatbestände der Delikte in den verschiedenen Gesetzgebungen erreicht; dann bleiben doch die subjektiven Unterschiede der Deliktsfähigkeit usw. bestehen, dann bleiben alle die angedeuteten Unterschiede im Prozeßwesen und in der Gerichtsverfassung, bleiben ferner die großen (rechtlichen wie faktischen) Verschiedenheiten in der Funktion der Sicherheitsbehörden. Es bleiben endlich, was mir als die wichtigste und absolut nicht ziffermäßig abschätzbare statistische Fehlerquelle erscheint, die Verschiedenheiten in dem ganzen sozialen und kulturellen Habitus der Bevölkerungen, welcher in entscheidender Weise die Art und Stärke ihrer Reaktion gegen das Verbrechen beeinflußt. Bodio selbst hat in seinem Gutachten diese Umstände sämtlich als Fehlerquellen einer internationalen Kriminalstatistik anerkannt, aber er hält sie nicht für so erheblich, daß die letztere dadurch illusorisch würde.

Aus dem soeben veröffentlichten Bd. VI des Bulletin de l'inst. ist ferner zu unsrer Spezialfrage der Beschluß nachzutragen, den das „Institut" auf Antrag von Béla Földes gefaßt hat: „Vue la grande importance de la statistique de la récidive; vu la circonstance que l'union internationale du droit pénal vient de faire des démarches pour disposer les Gouvernements à l'élaboration d'une statistique. détaillée de la récidive, il est désirable que l'Institut international s'associe à ce vœu" (t. VI, 1 livr. p. 92). In den Kreisen der J. K. V. muß die gewichtige moralische Unterstützung mit großem Danke begrüßt werden, die ihr die angesehenste Vereinigung von Statistikern hierdurch hat zu teil werden lassen.

äußerte auch in der letzten Versammlung der Internat. Kriminalist. Vereing. zu Christiania van Hamel an der oben angeführten Stelle seines Vortrages weiter: . . . „quoiqu' il y ait trop de difficulté à introduire l'uniformité dans la statistique [sc. criminelle] générale, il me semble que la statistique spéciale de la récidive se prête réellement à l'uniformité“ [1]). Auch sonst ist von vielen und sehr beachtenswerten Seiten gerade für die Rückfallsstatistik eine internationale Vergleichbarkeit und somit eine Ausnahmestellung innerhalb der Kriminalstatistik beansprucht worden.

Eine solche Ausnahmestellung ist m. E. in keiner Weise zuzugeben.

Es bedarf dies keines weitern Nachweises, soweit es sich um die Statistik des „gesetzlichen“ Rückfalls handelt. Denn von den Strafrechtsbüchern, die den Rückfall überhaupt nicht kennen, bis hin zu denen, welche ihn allgemein als Strafschärfungsgrund auffassen, hindurch durch die lange Reihe derer, welche ihn mehr oder minder häufig bei einzelnen Delikten oder nach einzelnen Strafarten erwähnen, zeigt sich eine verwirrende Mannigfaltigkeit der Prinzipien (und wohl auch der Prinzipienlosigkeit) bei der Konstruktion dieses Begriffes. Die „Strafgesetzgebung der Gegenwart in rechtsvergleichender Darstellung“, welche die J. K. V. herausgibt, wird kein interessanteres, aber auch kein schwierigeres Kapitel zu behandeln haben, als den Rückfall.

Aber auch der „Rückfall“ in dem allgemeinsten Sinne, losgelöst von jeder positiv rechtlichen Definition des Begriffes, gestattet m. E. keine internationale Statistik [2]). Günstigere

---

[1]) Mitteilungen der J. K. V., III. Jahrg., S. 303.

[2]) Yvernès hat in seinem citierten Mémoire f. d. Budapest. Kongr. eine vergleichende Rückfallsstatistik nur für den gesetzlichen Rückfall bekämpft, hingegen für den Rückfall im allgemeinsten Sinne warm befürwortet. Er sagt u. a.: „. . . Or s'il n'est pas possible de faire une statistique juridique internationale, il est du moins permis d'aspirer à une statistique morale; car il ne s'agirait plus ici de l'application d'une loi, mais de la constatation d'un fait,“ a. O. S. 79. Ich hoffe im folgenden gerade das nachzuweisen, daß es sich bei der statistischen Konstatierung des Rückfalls auch im weitesten Sinne durchaus nicht nur um eine thatsächliche Feststellung („un fait“) handelt, die für alle Länder gleichartig wäre, daß vielmehr bei dieser Konstatierung das positive Recht (und zwar das materielle Strafrecht wie die prozessualen Bestimmungen) die größte Rolle spielt und die Rückfälligkeitsziffern

Rückfälligkeitsziffern beweisen ebensowenig, wie andre günstigere Kriminalitätsziffern. Denn wenn bei thatsächlich gleicher Kriminalität zweier Staaten in dem einen derselben, sei es nun infolge einer mildern Gesetzgebung, sei es infolge der Unfähigkeit der Polizei oder endlich infolge einer laxeren Volksmoral weniger Verbrechen konstatiert werden, als in dem andern Staate, so wird dies auch bei den Rückfällen vorkommen.

Ja, ein Vergleich zwischen den registrierten Zahlen der Rückfälligen ist sogar noch weit irreführender, als ein Vergleich zwischen den registrierten Kriminellen überhaupt.

Um als „Rückfälliger" von der Statistik gezählt zu werden, muß jemand zweimal oder noch öfter wegen eines Deliktes verurteilt sein. Er hat aber in dem Staate mit den laxeren Einrichtungen zweimal oder noch öfter die Chance, trotz der begangenen That nicht verurteilt, also auch nicht von der Statistik mitgezählt zu werden. Damit werden zweimal oder noch öfter in die internationale Rückfallsstatistik die Fehlerquellen eingeführt, welche schon bei einmaligem Auftreten als hinreichend erachtet werden, eine internationale Kriminalstatistik illusorisch zu machen.

Aus dem angeführten Grunde wäre es aber auch nicht gestattet, zu sagen: Mögen die absoluten Zahlen der Rückfälligen in Staaten mit verschiedenen Einrichtungen inkommensurabel sein, so ist doch das Verhältnis zwischen Rückfälligen und Bestraften überhaupt vergleichbar und ebenso sind es die Proportionen zwischen den Rückfälligen der verschiedenen Grade.

Dieser Satz wäre unlogisch, wie aus folgender Erwägung erhellt: Nehmen wir an, in zwei Staaten mit verschiedenen Einrichtungen sei eine gleich große Anzahl von Rückfallsfähigen vorhanden. Nehmen wir ferner an, die Rückfälligkeit in beiden Staaten sei in Wirklichkeit gleich groß, d. h. es werde aus der gleich großen Anzahl Rückfallsfähiger ein gleich großer Bruchteil in Wahrheit rückfällig. Dann wird trotzdem in dem Staate mit den laxeren Einrichtungen eine geringere Anzahl von Individuen wegen ihres Rückfalls angezeigt, von der Polizei ergriffen usw. — es wird schließlich eine geringere Anzahl verurteilt werden. Es muß daher

aus den verschiedenen Staaten zu inkommensurablen machen muß, kurz, daß es sich durchaus um eine „statistique juridique" und nicht nur um eine „statistique morale" handelt.

in diesem Staate das Verhältnis der (weniger zahlreichen) von der Statistik registrierten Rückfälligen zu der (gleich großen) Anzahl der Rückfallsfähigen als ein günstigeres erscheinen wie in dem andern Lande, ohne daß eine innere Berechtigung dazu vorhanden wäre.

Ganz ebenso liegt die Sache offenbar bei den Zahlen, welche das Verhältnis zwischen den Rückfälligen der verschiedenen Grade angeben; in Ländern mit verschiedenartigen Einrichtungen können diese Zahlen nicht zu einem Vergleiche der Intensität des Rückfalls benutzt werden.

Kurz, auch für die Rückfallsstatistik gilt der Satz: Einheitlichkeit der statistischen Methode schafft noch keine Vergleichbarkeit der statistischen Ergebnisse aus Ländern mit verschiedener Strafgesetzgebung und Verwaltungsorganisation und mit verschiedenartigen sozialen und kulturellen Zuständen. —

Diejenigen, welche internationale rückfallsstatistische Vergleichungen angestrebt haben und noch anstreben, thun dies in erster Linie zu dem Zwecke, um aus den Rückfälligkeitsziffern verschiedener Staaten einen Schluß auf die größere oder geringere Wirksamkeit des Strafensystems dieser Staaten zu ziehen. Aus den obigen Erwägungen geht aber hervor, daß jeder solche Schluß unberechtigt oder wenigstens nicht ohne vielfache Korrekturen und Modifikationen berechtigt ist.

Es wird zwar von niemandem bestritten werden, daß der Eindruck, den die verbüßte Strafe auf den Verbrecher gemacht hat, von allergrößtem Einfluß auf seine spätere Führung ist. Jener Eindruck kann bessern oder vom Rückfall abschrecken; er kann statt dessen spurlos vorübergehen; er kann endlich — wie dies bei einem Teile unsrer heutigen Strafmittel der Fall zu sein scheint — den Verbrecher noch mehr verderben und damit geradezu den Rückfall begünstigen. Aber deshalb darf man doch nicht die günstigere oder ungünstigere Wirkung des Strafensystems schlechthin und allgemein als einzige Ursache der geringern oder größern Rückfälligkeit ansehen und darf daher nicht von der letztern ohne weiteres einen Rückschluß auf erstere machen. Denn ein krimineller Rückfall wie ein jedes Verbrechen hat unendlich mannigfache Ursachen im einzelnen Falle, und mannigfache Ursachen und Ursachenkomplexe erscheinen als wirksam, wenn man die Kriminalität oder ihr Untergebiet, die Rückfälligkeit eines Staates, als ein Ganzes durch die Statistik zu erfassen sucht.

Die Auffassung des Verbrechens als soziale Erscheinung bildet mit Recht den obersten Programmpunkt der J. K. V.[1]) Soll diese Auffassung nicht auch für diejenigen Delikte Geltung haben, die im Rückfalle begangen werden? Sie muß hier m. E. sogar mit besonderer Schärfe betont werden. Der Gelegenheitsverbrecher mag oft aus irgend einer Leidenschaft handeln, die mit seiner sozialen Lage wenig zu thun hat; bei der Stammtruppe des großen Rückfälligenheeres aber, bei den Berufsverbrechern, sind sozialpathologische Faktoren im allererheblichsten Maße wirksam. Wir haben im vorigen Abschnitte in den Umrissen wenigstens diese Momente zu skizzieren gesucht. Die volkswirtschaftlichen und sozialen Elemente, welche wir einwirken sahen, sind aber nationale in eminentem Sinne.

Aus der gesamten Volkskultur und Volksmoral heraus erwächst die Kriminalität, erwächst auch die Rückfälligkeit eines Landes. Niemand wird im Ernste glauben, daß wenn man heute auf die grundverschiedene nationale Kultur in zwei Staaten dieselben Institutionen der Strafgesetzgebung und Kriminalpolitik aufpfropfen wollte, man in beiden Ländern dieselben Erfolge in den Kriminalitätsziffern im allgemeinen oder den Rückfälligkeitszahlen im besondern sehen würde. Wer dies aber nicht behaupten will, der darf logischerweise auch nicht die umgekehrte Folgerung machen: er darf nicht aus den Rückfälligkeitsziffern zweier kulturell verschiedener Staaten ohne weiteres auf die Güte der Strafeinrichtungen dieser beiden Staaten einen Schluß ziehen.

Soll in der Statistik die Wirksamkeit zweier Faktoren verglichen werden, so darf dies stets nur ceteris paribus, indem alle übrigen Faktoren konstant bleiben, geschehen. Sollen also die Wirkungen verschiedenartiger Strafmittel oder Strafvollstreckungsarten miteinander verglichen werden, so darf dies nur innerhalb eines Landes mit einheitlichen staatlichen und sozialen Zuständen geschehen.

Die statistische Messung der Rückfälligkeit, besonders der Bewegung der Rückfälligkeit in jedem einzelnen Lande läßt die fruchtbarsten Schlüsse auf die Wirksamkeit neuer Strafgesetze, Verwaltungseinrichtungen usw. zu. In größern Staaten sind solche

---

[1]) Vgl. Art. I und Art. II, Z. 1 der Satzungen.

Schlüsse wiederum nur innerhalb einzelner Landesteile zulässig, die wirtschaftlich und kulturell eine gewisse Einheit bilden[1]).

Der statistische Kritizismus, den wir mit dem Gesagten in der internationalen Rückfallsstatistik verlangen, ist weit entfernt von der engherzigen Doktrin, daß jedes Land sich nur um seine eignen kriminalpolitischen Institutionen und um seine eignen Kriminalitäts- und Rückfälligkeitsziffern kümmern solle. Die Strafrechtswissenschaft wie die Gesetzgebung eines jeden Kulturstaates hat volle Veranlassung,

---

[1]) Die Erwägungen, welche sich auf die Verschiedenheit in den sozialen und kulturellen Zuständen zweier Gebiete gründen, und welche oben gegen die Vergleichung der Kriminalitäts- und besonders der Rückfälligkeitsziffern verschiedener Staaten geltend gemacht wurden, müssen natürlich auch bei Vergleichungen zwischen einzelnen größeren Teilen desselben Staates, die große Verschiedenheiten zeigen, berücksichtigt werden. Ein lehrreiches Beispiel bietet die französische Kriminalstatistik, in welcher, wie bereits erwähnt, die Rückfälligkeit für die entlassenen Sträflinge der einzelnen maisons centrales der verschiedenen Landesteile verfolgt wird. Dabei zeigen sich alljährlich die allergrößten Verschiedenheiten zwischen den einzelnen Departements. Der schon citierte Generalbericht sagt hierüber sehr richtig: „Ces divergences sont certainement dues, non pas à une différence dans le régime pénitentiaire, mais à la place qu' occupent ces établissements sur le territoire. La criminalité est loin d'être la même dans toutes les régions de la France; si les départements diffèrent entre eux par les produits du sol, ils n'offrent pas plus de ressemblance en égard à la nature et surtout au nombre des crimes et des délits qui s'y commettent." (Generalbericht für 1826–1880, S. XCI.) Diese Auffassung, welche vermutlich, wie jener ganze Bericht, auf Yvernès zurückzuführen ist, bedeutet m. E. einen großen Fortschritt gegenüber der Anschauung, die wenige Jahre vorher auf dem IX. Internat. stat. Kongreß die herrschende war und doch auch in Yvernès' eignen Ausführungen damals nicht fehlte; ich meine die Ansicht, daß es möglich sei, den Rückfall ohne weiteres „dans ses rapports avec le régime pénitentiaire" statistisch zu messen. Aus den ganzen Verhandlungen und Beschlüssen des Kongresses tritt der Grundgedanke hervor, daß man bei einer gleichmäßigen Einführung der dort vorgeschlagenen rückfallsstatistischen Methode (mit den oben geschilderten Listen der Entlassenen usw.) in den verschiedenen Ländern ohne weiteres im stande sein werde, Schlüsse von den Rückfälligkeitsziffern auf die Güte der verschiedenen Gefängnissysteme zu ziehen. Yvernès selbst erklärte zwar gelegentlich, daß die Rückfälligkeitszahlen vielleicht kein „critérium absolut" der Überlegenheit oder Minderwertigkeit eines Strafanstaltssystems seien (Rapport S. 78, Verhandlgn. S. 260), bezeichnete aber dann doch wieder einen Schluß von jenen Zahlen auf diese Systeme als den Hauptzweck der ganzen internationalen Rückfallsstatistik. Die ganze Bedeutung der nationalen Verschiedenheiten in den wirtschaftlichen und kulturellen Zuständen wurde in ihrem entscheidenden Einflusse auf die kriminelle Rückfälligkeit in den Verhandlungen des Kongresses jedenfalls nicht genügend gewürdigt.

auch die Rückfälligkeitsstatistik andrer Länder zu studieren, um deren Strafensystem würdigen zu können. Nur ist immer festzuhalten, daß die Zahlen eines fremden Landes mit frühern Ziffern desselben Landes verglichen werden müssen.

Wenn aber mit der Neueinführung derselben kriminalpolitischen Institution in verschiedenen Staaten die Erscheinung auftritt, daß in jedem dieser Staaten die Rückfälligkeitsziffern im Vergleich mit den frühern Zahlen desselben Staates sinken, so wird allerdings ein besonders starker Beweis für die Vortrefflichkeit jener Institution gewonnen sein. —

Aber auch über den eigentlich kriminalistischen Gesichtspunkt hinaus ist diese Art der internationalen Überschau von großem soziologischen Interesse. Es ist bereits davon die Rede gewesen, daß in jedem einzelnen Lande die Bewegung der Rückfälligkeit nicht nur in Verbindung mit den Vorgängen auf kriminalpolitischem Gebiete, sondern im Zusammenhange der ganzen kulturellen und sozialen Entwickelung in diesem Lande zu verfolgen ist. Werden nun die Ergebnisse dieser nationalen Untersuchungen für die verschiedenen Kulturländer nebeneinander gestellt, so werden sich sicherlich hochinteressante allgemeine, international gültige Beobachtungen ergeben. Es wird Perioden geben, in denen in allen oder vielen Kulturstaaten das Berufsverbrechertum in besonderm Maße zu- oder abnimmt. In solchen Perioden wird man berechtigt sein, aus diesen internationalen Bewegungen auch auf internationale Ursachen derselben zu schließen.

Die moderne Kultur birgt solche Ursachen. Es gibt ökonomische und soziale Strömungen, welche weit über die Grenzen eines einzelnen Landes hinaus wirksam sind, Strömungen, welche nicht allein der Volkswirtschaft, sondern der Weltwirtschaft angehören, und welche alle sozialen Schichten der von ihnen ergriffenen Länder und so auch die allerunterste, die der gänzlich Deklassierten, des Berufsverbrechertums mächtig beeinflussen [1]).

---

[1]) Diese Gedankenreihen hat ausführlich und überzeugend Starke in seinem cit. Gutachten f. d. Inst. intern. de stat. entwickelt; seine Ausführungen bezogen sich auf die Kriminalstatistik im allgemeinen, sind aber m. E. gerade für unser Spezialgebiet, für die Rückfallsstatistik und die Erforschung des Berufsverbrechertums, in besonderm Maße zutreffend; vgl. a. O. S. 97—100, besonders auch S. 99 f.: „. . . Erst seit wenig über ein Menschenalter treten die Funktionen eines höhern, alle Kulturstaaten der Erde umfassenden Organismus immer deutlicher

Aus diesem Gedankengange heraus dürfen wir auch die Rückfallsstatistik für berechtigt und befähigt erachten, *mittelbar*, durch Kombination mit andern soziologischen Beobachtungen und unter Anwendung mannigfacher Kautelen kriminalistische und sozialwissenschaftliche Untersuchungen anzuregen, welche über den einzelnen Staat hinausgehen und die gesamte Kulturwelt umfassen. Ein weites Gebiet, dessen Boden fruchtbar und noch jungfräulich, liegt hier vor uns und harrt seiner Beackerung durch die Wissenschaft. Gerade die J. K. V. erscheint befähigt, die Bebauung dieses großen Feldes — zunächst an einzelnen, einen besonders reichen Ertrag verheißenden Punkten — in Angriff zu nehmen; ihr stehen die geeigneten Arbeitskräfte durch ihre internationale und ständige Organisation zur Verfügung. Das Werkzeug zu diesen Arbeiten, die Statistik, wird von den *amtlichen* Stellen hoffentlich in immer größerer Vervollkommnung geliefert werden. Denn leicht zu bearbeiten ist jener Boden nicht!

Aber gerade wenn die J. K. V. sich dieser bisher vernachlässigten Forschungen annimmt, hat sie um so dringendere Veranlassung, kein Mißverständnis über das Wesen und die Grenzen derselben aufkommen zu lassen. Sie muß von Anfang an mit Entschiedenheit erklären: *Eine direkte Vergleichung der rohen Rückfälligkeitsziffern der verschiedenen Länder ist als unwissenschaftlich abzulehnen.* Eine „internationale Statistik" in dieser verkehrten Art müßte aus den erörterten Gründen zu den schiefsten Schlüssen führen. Sie würde nur dazu dienen, die ganze Disziplin in ihrem Ansehen bei den Nachbarwissenschaften zu erschüttern, sie würde eine neue scheinbare Stütze für das unberechtigte, aber leider unter Juristen noch so vielfach verbreitete Mißtrauen gegen die Statistik überhaupt bilden. Darum liegt für die J. K. V. wie für alle ernsten wissenschaftlichen Bestrebungen auf dem Gebiete der Rückfallsstatistik ein dringendes Interesse vor, alle derartigen Versuche „internationaler Vergleichungen" mit Entschiedenheit abzulehnen. —

Das Ergebnis dieses Abschnittes lautet also: Die *Methode* der Rückfallsstatistik ist — in ihren Prinzipien wenigstens — *ein-*

hervor ... Wir werden erst lernen, auch die Erscheinungen auf dem Gebiete des Verbrechens als *symptomatische Erscheinungen* anzusehen, ebenso wie das Bettlertum und Vagantentum, so die Heirats- und Geburtsziffern, Sterblichkeit und Selbstmorde, Ein- und Auswanderung, die Arbeiterbewegung usw."

heitlich in den verschiedenen Kulturstaaten zu gestalten; die materiellen Ergebnisse aber werden trotzdem nicht vergleichbar sein.

Gegenüber diesem Satz darf nicht etwa gesagt werden: Wozu eine methodologische Einheitlichkeit in der Statistik anstreben, wenn auf eine Vergleichung der Zahlenreihen doch von vornherein verzichtet wird?

Diese Fragestellung wäre ein Denkfehler. Denn wenn in den vorstehenden Ausführungen für die Rückfallsstatistiken der verschiedenen Staaten eine einheitliche Methode empfohlen wurde, so geschah dies an keiner Stelle wegen eines gemeinsamen Zweckes dieser Statistiken, vielmehr stets wegen eines gemeinsamen Grundes. Dieser für alle Staaten gemeinsame Grund aber liegt lediglich darin, daß die oben entwickelten methodologischen Grundsätze der Berechnung der Rückfälligen und der Rückfallsfähigen — wie im Grunde alle Sätze der statistischen Methodik — schließlich nichts als Forderungen des einfachen logischen Denkens sind und darum für alle Länder bindend. Nur die strengste Erfüllung dieser logischen Forderungen, nur die korrekteste Methodik kann das ebenso verwickelte und schwierige als wichtige Gebiet der Rückfallsstatistik aufhellen. In diesem Sinne möchte ich mich an die gelehrte Versammlung, der ich die Ehre habe, meine Vorschläge zu unterbreiten, mit den Worten wenden, die Yvernès einst dem Internationalen Statistischen Congreß zurief: [1])

„Si la statistique est un instrument, c'est à vous de lui donner la précision nécessaire et d'en faire une arme efficace dans les mains des gouvernements pour combattre dans l'intérêt public cette plaie sociale qu'on appelle la récidive."

[1]) Travaux du IX. Congr. Internat. de Stat., p. 260.

Anlage 1.

Anhang zu Teil II.

Lücken der heutigen Strafregister-Organisation. Vorschläge zu ihrer Ergänzung. Die vorläufig (bis zu dieser Ergänzung) notwendigen Modifikationen der Rückfallsstatistik.

Vorbemerkung: Im folgenden werden einige Detailpunkte der heutigen Einrichtung der deutschen Strafregister unter vergleichsweiser Heranziehung der entsprechenden Einrichtungen in einigen andern europäischen Ländern, in denen Strafregister eingeführt sind, nämlich in Frankreich, Italien und Belgien erörtert. Die Register-Formulare (Strafnachrichten) dieser Länder sind in Anlage II abgedruckt. Die folgenden Ausführungen gelten aber auch für alle andern Länder, welche Strafregister besitzen, mit ganz geringen, aus den Verwaltungseinrichtungen dieser Staaten sich ergebenden Modifikationen, die jeder Kundige ohne weiteres erkennen wird.

In fast allen Staaten ist heute die Verfassung der Strafregister nicht durch ein einheitliches Gesetz geregelt, sondern beruht auf einer Fülle verstreuter Verordnungen, Cirkulare usw., wodurch eine erschöpfende Kenntnis der Organisation namentlich für den Ausländer sehr erschwert wird. Um so mehr bin ich einigen Mitgliedern der J.K.V. zu Danke verpflichtet, welche mich über Einzelheiten der praktischen Handhabung der Register in ihrem resp. Heimatsstaate auf das liebenswürdigste, teils durch mündliche oder handschriftliche Mitteilungen, teils durch Zugänglichmachung der Formulare usw. aufgeklärt haben. Es sind dies namentlich die Herren Professor Prins in Brüssel, Untersuchungsrichter Tarde in Sarlat (Dordogne) und Dr. Frassati in Turin, denen ich auch an dieser Stelle meinen verbindlichsten Dank ausspreche.

1. Zunächst fehlt in den Strafregistern Deutschlands und ebenso Italiens und Belgiens heute die Angabe des Zeitpunktes der Strafthat; nur der Zeitpunkt des Urteils ist registriert. Für die Rückfallsstatistik kommt es aber offenbar auf den erstern an.

Derselbe läßt sich ohne jede Schwierigkeit bei der Ausfüllung der Strafnachricht aus den Akten feststellen und wird ja auch jedesmal in der Zählkarte für die Kriminalstatistik sowohl in Deutschland als in Italien vermerkt [1]). Eine diesbezügliche Rubrik ist auch in den Strafnachrichten aufzunehmen.

Diese leicht zu erfüllende Forderung würde nicht nur der Statistik, sondern auch der praktischen Strafrechtspflege zu gute kommen, indem sie die Feststellung des gesetzlichen Rückfalls erleichtern würde. Aus dieser Erwägung heraus wird in Frankreich, wo die Register früher dieselbe Lücke aufwiesen, seit einigen Jahren das Datum der Strafthat in die Strafnachricht (Zeile 3 von unten: „commis le . . .“) aufgenommen. Aber auch in Deutschland ist dies zu wünschen, da es auch hier bei der Feststellung des Thatbestandes des gesetzlichen Rückfalls auf das genaue Datum der Strafthaten ankommt; dieselben qualifizieren nach dem R.St.G.B. nur dann einen Rückfall, wenn sie nach (vollständiger oder wenigstens teilweiser) Verbüßung der frühern Strafe begangen sind. Handelt es sich z. B. um den dritten Diebstahl (§ 244 R.St.G.B.), so muß der Richter auch das Datum des zweiten Diebstahls feststellen. Dies geschieht gegenwärtig durch Einfordern der Vorakten. Nun ist ja zweifellos die genaue Kenntnis der gesamten Akten der frühern Strafprozesse des Delinquenten für den Strafrichter, der über einen Rückfälligen entscheiden soll, dringend zu wünschen. Aber die Vorakten sind nicht in allen Fällen leicht erhältlich, und jedenfalls ist ihre Einforderung (namentlich bei vagierenden Gewohnheitsverbrechern) zeitraubend. Es ist aber schon im ersten Stadium des Prozesses, im Vorverfahren, ja im vorbereitenden Verfahren, zweckdienlich, wenn der Richter bezw. Staatsanwalt sich durch einen Blick auf den ohnehin eingeforderten Auszug aus dem Strafregister überzeugen kann, ob der Thatbestand des (gesetzlichen) Rückfalls und das dadurch qualifizierte Verbrechen vorliegt, was heute unmöglich ist (Frage des Fluchtverdachtes, ev. Untersuchungshaft usw.).

Dieses Bedürfnis wird sich in eben dem Maße steigern, ja zur Notwendigkeit gestalten, als der Begriff des gesetzlichen Rückfalls in den Strafgesetzgebungen überall ausgestaltet, sowohl erweitert als verfeinert werden wird. —

---

[1]) Frage 8 der deutschen, Fr. 10 der italienischen Zählkarte (s. Anl. 2).

Solange aber die Strafregister die bescheidene Forderung nach Aufnahme des Datums der Strafthaten noch nicht erfüllen, wird die aus jenen gewonnene Rückfallsstatistik auf den Daten der Verurteilungen basieren müssen. Es ist also gegenwärtig nicht die Aufstellung möglich: Von x erstmalig Bestraften wurden im ersten Jahre nach Abbüßung der Strafe rückfällig y_1, im zweiten y_2 usw. Wir müssen uns vielmehr, um das heute vorhandene Material korrekt zu bearbeiten, zunächst mit dem Ansatze begnügen: Von x erstmalig Bestraften wurden im ersten Jahre wegen Rückfalls bestraft y_1, im zweiten y_2 usw.

2. Ferner fehlt in den Strafregistern heute das genaue Datum für den Anfang der Rückfallsfähigkeit. Diese beginnt, wie oben bereits bemerkt, bei den zu Freiheitsstrafe Verurteilten (mit Ausnahme weniger Delikte, welche auch im Gefängnis verübt werden können) offenbar noch nicht mit dem Tage der Verurteilung, sondern mit dem der Entlassung nach verbüßter Strafe. Die rückfallsstatistischen Aufstellungen sind korrekterweise so zu fassen: Von x erstmalig Bestraften werden im ersten Jahre nach Verbüßung der Strafe rückfällig y_1 usw. Es müßte daher in den Strafregistern das genaue Datum der Entlassung vermerkt werden, indem dasselbe in die Strafnachricht, die sich auf das betreffende Delikt bezieht, am Schlusse derselben nachträglich eingetragen wird. Zu diesem Zwecke ist es wünschenswert, daß entweder die Strafanstalt oder (wohl zweckmäßiger) die Behörde, welcher die Aufsicht über die Strafvollstreckung obliegt, in Deutschland also die Staatsanwaltschaft, eine kurze Benachrichtigung über die Beendigung (der Kontrolle halber am besten auch schon über den Antritt) der Strafe, bezw. über vorläufige Freilassung, Begnadigung u. a. m. an das Strafregister gelangen lasse[1]).

Eine solche Benachrichtigung erfordert von seiten der Behörde, welche ohnehin die Daten der Strafvollstreckung genau kontrollieren muß, eine kaum nennenswerte Schreibarbeit. Anderseits käme sie wiederum nicht nur der Statistik, sondern auch der praktischen

[1]) Gemäß § 9 der cit. preuß. Ausführungsverfüg. werden heute Begnadigungen und vorläufige Entlassungen nicht in das Strafregister aufgenommen. — Vermerke über Begnadigungen usw. werden in Italien eingetragen (Art. 33 n. 4 des Dekretes v. 1. 12. 89) und sind auch in Frankreich vorgesehen (Art. 2 des Gef.-Entw. Fallières). — Eine Nachweisung über das Datum der Abbüßung der Strafen fehlt heute meines Wissens in den Strafregistern aller Länder.

Strafrechtspflege zu gute. Denn zu der Feststellung des Thatbestandes des gesetzlichen Rückfalls kommt es auf genaue Kenntnis der Daten der Verbüßung der frühern Strafen an[1]). Auch hier ist es wünschenswert, daß Richter und Staatsanwalt nicht die Einforderung der Vorakten abzuwarten brauchen, sondern durch einen Blick auf den ohnehin einlaufenden Strafregister-Auszug sich vergewissern können, ob gesetzlicher Rückfall vorliegt. Auch hier wird diese Forderung um so dringlicher werden, je mehr der Rückfallsbegriff in der künftigen Gesetzgebung ausgestaltet wird.

Für die Fälle der bedingten Freilassung (§§ 23 ff. R.St.G.B.), der Begnadigung usw. aber würde sich auf Grund der hier vorgeschlagenen Benachrichtigungen eine Statistik herstellen lassen, welche die Rückfälligkeit nach jenen Maßregeln genau mißt[2]). Es liegt auf der Hand, welches Interesse eine solche Statistik für die Kriminalpolitik haben muß.

Mit jener Benachrichtigung über die geschehene Strafverbüßung seitens der Strafvollstreckungsbehörde könnte zweckmäßigerweise eine kurze Mitteilung über die Art der Verbüßung (etwa „Strafe verbüßt in Einzelhaft" usw.) verbunden werden. Aus derartigen Mitteilungen würden sich die fruchtbarsten Feststellungen über den Erfolg der verschiedenen Strafvollstreckungsarten durch die Rückfallsstatistik gewinnen lassen. Das Problem, welches der IX. Internat. statist. Kongr. als das wichtigste der Rückfallsstatistik bezeichnete, nämlich die statistische Messung der Rückfälligkeit im Zusammenhange mit dem Gefängnissysteme, läßt sich hierdurch

---

[1]) Wegen der soeben erwähnten Bestimmung des R. St. G. B., daß „Rückfall" nur dann vorliegt, wenn die neuen Strafthaten jedesmal nach vollständiger oder wenigstens teilweiser Verbüßung (bezw. Erlassung) der Vorstrafen begangen sind. — Jenes Datum ist ferner deshalb von Wichtigkeit, weil der Ablauf eines bestimmten Zeitraumes zwischen der Verbüßung und der neuen Strafthat den „Rückfall" nach den Strafgesetzgebungen der meisten Staaten ausschließt (z. B. in Deutschland der Ablauf von 10 Jahren nach §§ 245, 250[5] usw. R. St. G. B.)

[2]) Die Führung der nach §§ 23 ff. Entlassenen könnte dann also auch nach Ablauf der ursprünglich im Urteil festgesetzten Strafzeit kontroliert werden, während jetzt eine Kontrole nur während der Dauer der letztern stattfindet.

Mit Recht empfiehlt ferner Seuffert (a. O. S. 569) die Aufnahme der Begnadigungen und vorläufigen Entlassungen, sowie der Überweisung Jugendlicher an die Familie und der Beschlüsse auf Unterbringung derselben in eine Besserungsanstalt (§ 56 St. G. B.) in das Strafregister „zum Zwecke der Charakteristik der fraglichen Personen in spätern Fällen".

lösen, ohne daß das von jenem Kongreß vorgeschlagene komplizierte und kostspielige System von Listen der Entlassenen und Kombination derselben mit Auszügen aus den Strafregistern zu Hilfe genommen zu werden braucht. Unter alleiniger Benutzung der zweckmäßig ausgestalteten Strafregister würden sich Nachweisungen über die Wirksamkeit der verschiedenen Arten der Strafvollstreckung in jeder gewünschten Richtung gewinnen lassen[1]); ja, aus den oben in Abschnitt I und II entwickelten Gründen wird die hier vorgeschlagene, einfachere Organisation sogar erhebliche methodologische Vorzüge vor der des IX. Kongr. haben, indem sie Fehlerquellen vermeidet, welche in der letztern eine Rolle spielen.

Die hier angeregten Feststellungen werden sich für die nächste Zeit in bescheidenen Grenzen halten müssen; wie weit oder wie eng diese zu ziehen sind, ist quaestio facti, hängt von den zur Verfügung stehenden Geldmitteln und Arbeitskräften ab; das methodologische Prinzip gestattet eine unbeschränkte Ausdehnnng und eröffnet der künftigen Statistik reiche Arbeitsfelder, deren Ertrag den praktischen Maßregeln der Strafvollstreckung zu gute kommen wird. —

Fürs erste aber handelt es sich, um auf unseren Ausgangspunkt zurückzukommen, um die leicht erfüllbare Forderung der Angabe des Datums der Strafverbüßung in den Registern. Diese Feststellung erscheint — ganz abgesehen von jeder Neuorganisation der Rückfallsstatistik — als wünschenswert gemacht bereits durch

---

[1]) Der IX. Kongreß wünschte für die Rückfallstatistik eine Unterscheidung der Strafanstalten nach folgenden Gesichtspunkten: a) nach dem angew. Gefängnissystem, Zellenhaft oder gemeinschaftliche Haft, industrielle oder landwirtschaftliche Arbeit; b) nach dem öffentlichen oder privaten Charakter der Anstalt; c) nach dem Geschlecht und Alter der Sträflinge, für welche die Anstalt bestimmt ist (Männer und Frauen je über und unter 20 Jahre); s. Z. 7 der Beschlüsse des Kongr. a. O. S. 56 f. — Ferner erklärte der Kongreß als zweckmäßig für die Rückfallsstatistik die Feststellung des Berufes, welchen die Sträflinge vor ihrer Inhaftierung ausgeübt haben und desjenigen, den sie eventuell in der Anstalt erlernt haben; Bildungsgrad, den sie vor Eintritt in die Anstalt besaßen, und den sie dort erwarben; Betrag des Arbeitsverdienstes, der bei ihrer Entlassung aufgelaufen war; Beistand der Hülfsvereine für entlassene Strafgefangene vor oder nach der Entlassung. — Die Zweckmäßigkeit einzelner dieser Gesichtspunkte kann diskutabel erscheinen; an sich würde es bei der hier vorgeschlagenen Methode möglich sein, sie alle auch für eine Rückfallsstatistik aufzustellen, welche lediglich die Strafregister zur Grundlage nimmt, indem die letzteren durch geeignete Mitteilungen der Strafanstalten entsprechend auszugestalten sein würden.

die heutige Einrichtung der Deutschen Kriminalstatistik. Diese veröffentlicht bereits jetzt sehr interessante Aufschlüsse über den Zeitraum, welcher zwischen der Verbüßung der letzten Freiheitsstrafe und der neuen Strafthat liegt[1]). Sie gewinnt das Urmaterial dazu durch die auf der Zählkarte vorgesehene Frage nach dem Datum der Beendigung der letzten Freiheitsstrafe[2]). Es würde eine große Erleichterung für den die Zählkarte ausfüllenden Gerichtsschreiber sein, wenn er dieses Datum auf dem ohnehin jedesmal eingeforderten Auszuge aus dem Strafregister vorfände und ohne weiteres in die Zählkarte eintragen könnte.[3]) —

Solange aber dieses aus so mannigfachen Gründen wünschenswerte und so leicht zu beschaffende Datum nicht in die Strafregister aufgenommen ist, wird sich die auf den letztern aufzubauende Rückfallsstatistik damit behelfen müssen, jenes Datum annähernd zu

---

[1]) S. Tab. I der jährl. Publik. — Von andern Staaten bringen Nachweisungen über diese wichtige Frage, soweit sie mir bekannt, heute nur Belgien und (lediglich für den speziellen Rückfall nach einigen wenigen Delikten) Schweden; die methodologisch anders geartete französische Statistik über diesen Punkt ist bereits behandelt worden.

[2]) Frage 10 der Zählkarte s. Anlage 2, Nr. Ib.

[3]) Heute ist diese Frage der Zählkarte genau zu beantworten nur durch die Einforderung der Akten des letzten Vorprozesses. Wenn dieser Prozeß aber ein Delikt ganz andrer Gattung betraf, also weder für die Feststellung des gesetzlichen Rückfallsbegriffes, noch überhaupt für ein juristisches Interesse des Richters in Frage kommt, so liegt für diesen in vielen Fällen gar keine Veranlassung zur Einforderung der Akten vor, und letztere muß vorschriftsmäßig nach dem Urteil durch den Gerichtsschreiber lediglich zum Zwecke der Ausfüllung der Zählkarte erfolgen. Ganz abgesehen von der hierin regelmäßig liegenden Unbequemlichkeit, sind auch in praxi die Vorakten nicht immer sofort erhältlich, ist ferner die Einforderung der großen Zahl lediglich zu statistischen Zwecken erforderlichen Akten im Drange der Geschäfte nicht immer ausführbar. In solchen Fällen wird das Datum der Verbüßung der letzten Vorstrafe in der Praxis in folgender Weise berechnet: es wird zu dem Datum der letzten Verurteilung, welches der bei den Akten befindliche Strafregisterauszug liefert, die Dauer der damals erkannten Strafe addiert, und approximativ noch ein kurzer Zeitraum hinzugefügt, wie er erfahrungsgemäß zwischen dem rechtskräftigen Urteil und dem Strafantritt zu liegen pflegt. Auch die heutige Statistik muß sich demnach bisweilen mit dem Ersatzmittel begnügen, welches im folgenden für die hier projektierte Rückfallsstatistik bis zur Ergänzung des Datums der Strafverbüßung im Strafregister vorgeschlagen ist; nur ist m. E. jene approximative Einstellung eines Zeitraumes zwischen Urteil und Strafantritt unthunlich. Unter Verzicht auf eine solche soll die zu organisierende Rückfallsstatistik deutlich erkennen lassen, daß sie heute nicht das genaue Datum der Strafverbüßung liefern kann.

berechnen. Es kann dies geschehen, indem man zu dem im Strafregister genau verzeichneten Datum der letzten rechtskräftigen Verurteilung die Dauer der durch dieselbe erkannten Strafe addiert und sagt: an dem so gewonnenen Tage war die Strafe frühestens verbüßt, begann also frühestens die Rückfallsfähigkeit des Betreffenden. Denn die Strafe wird ja nicht immer alsbald mit Rechtskraft des Urteils angetreten, ist also auch noch nicht immer zu jenem Zeitpunkte abgebüßt[1]). Eine approximative Einstellung des zwischen der rechtskräftigen Aburteilung und dem Strafantritt bei den verschiedenen Strafarten durchschnittlich verfließenden Zeitraumes würde zu keinerlei brauchbaren Ergebnissen führen, weil dieser Zeitraum in der Praxis durch die mannigfachsten Umstände verlängert wird und allzu verschiedenartig ist. Die Rückfallsstatistik soll auch gar nicht vorgeben, heute schon den wirklichen Zeitpunkt der Verbüßung der Vorstrafe und damit des Beginns der Rückfallsfähigkeit angeben zu können. Sie soll, um völlig korrekt das vorhandene Material zu bearbeiten, erkennen lassen, daß sie nur das Datum zur Grundlage nimmt, an welchem frühestens die Rückfallsfähigkeit des betreffenden Delinquenten begonnen hat. Ist derselbe nun z. B. 1 Jahr nach dem so berechneten Datum rückfällig geworden, so kann völlig korrekt nur geschlossen werden: er wurde spätestens ein Jahr nach Abbüßung der letzten Strafe rückfällig (vielleicht aber war dieser Zeitraum ein kürzerer, weil die Vorstrafe erst später als an jenem Datum abgebüßt war). Die Rückfälligkeitstabellen sind also bis auf weiteres so zu fassen: Von x Vorbestraften wurden rückfällig binnen annähernd einem Jahre y_1, binnen annähernd ein bis zwei Jahren y_2 usw.

3. Drittens endlich fehlt heute in den Strafregistern das Datum des Todes der Delinquenten. Dasselbe ist wichtig,

[1]) Die — übrigens bei der Masse der Verurteilten statistisch wohl wenig erheblichen — Fälle der Begnadigung, vorläufigen Entlassung usw. müssen bis zu der Einführung der oben vorgeschlagenen Benachrichtigung des Strafregisters unberücksichtigt bleiben. Dasselbe gilt von den Fällen, in denen die erlittene Untersuchungshaft ganz oder teilweise auf die Strafhaft angerechnet wird, also deren Dauer verkürzt. Eine Registrierung der letzteren Fälle im Strafregister bleibt ebenfalls zu wünschen und ist ohne jede Schwierigkeit möglich, indem ein bezüglicher Vermerk aus dem Urteilstenor durch den die Strafnachricht ausfüllenden Beamten in deren schon heute vorhandenen Rubrik: „verurteilt . . . zu einer . . . strafe von . . .“ aufgenommen wird.

um für jedes Jahr die Anzahl der überlebenden Vorbestraften, also der vorhandenen Rückfallsfähigen feststellen zu können. Nur daraus sind die richtigen Prozentsätze der Rückfälligkeit zu gewinnen.

Es ist daher wünschenswert, daß die Todesnachricht jedes Strafmündigen vom Standesamte dem Strafregister mitgeteilt werde. Es ist zuzugeben, daß die Erfüllung dieser Forderung in erheblicherem Maße als die der beiden vorher behandelten eine Mehrarbeit der betreffenden Behörden verursachen würde. Indeß ist sie keineswegs unausführbar. Vielmehr ist man der hier vorgeschlagenen Maßregel in den maßgeblichen Kreisen der Justizverwaltung bereits seit längerm näher getreten [1]), weil dieselbe nicht etwa nur für die Statistik, sondern auch für die Verwaltung der Strafregister selbst von großem Vorteil wäre. Denn augenscheinlich würde es diese sehr entlasten, wenn die Strafnachrichten für jeden Verbrecher sofort bei seinem Tode reponiert oder kassiert werden könnten, anstatt daß sie, wie jetzt, ohne Rücksicht auf den eingetretenen Tod viele Jahre, ja Jahrzehnte hindurch für die höchste mutmaßliche Lebensdauer des Betreffenden im Register aufbewahrt werden müssen und dieses sehr anschwellen lassen [2]). Gerade dieser

---

[1]) Ebenso ist eine Mitwirkung der Standesämter bezüglich der Geburtsregister in Aussicht genommen: nach der angeführten preußischen Ausführ.-Verfüg. v. 12. 7. 82, Z. 1, Abs. 3 sollen die letzteren später zur Kontrole der Angaben der Verurteilten befragt werden; bisher ist diese Maßregel unausgeführt geblieben.

[2]) In Deutschland werden gegenwärtig die Vermerke, welche Personen betreffen, die das 70. Lebensjahr überschritten haben, entfernt, ebenso Vermerke über Personen, „deren Tod dem registerführenden Beamten glaubhaft nachgewiesen ist" (§ 16 der angef. Bundesrats-Verordn. v. 16. 6. 82). In Frankreich werden die Vermerke mit dem vollendeten 80. Lebensjahre der Delinquenten entfernt. Ferner wird das Register von allen Todesfällen benachrichtigt, welche in Strafanstalten erfolgen; es bestehen noch einige weitere Bestimmungen, welche bezwecken, dem Register die Kunde von möglichst vielen Todesfällen Vorbestrafter zukommen zu lassen, um dasselbe zu entlasten. Die wichtigste derselben ist, daß die Maires, welche namentlich in kleineren Gemeinden bei Todesfällen es wissen, wenn der Gestorbene vorbestraft war, das Register benachrichtigen. (Vgl. Yvernès in den Verhdlgn. d. IX. Stat. Kongr., S. 265.) Ferner erwähnte Y. auf dem IX. Stat. Kongr. ein Projekt, wonach die Todesfälle, welche gelegentlich der Besitzwechsel-Abgaben für Grundstücke bekannt werden, den Registern mitgeteilt werden sollten. Weitere Vorschläge s. bei Despatys, Traité S. 89ff

Alle derartigen Bestimmungen aber können die Strafregister nicht in sol-

Punkt, das immer stärkere Anschwellen der Strafregister und ihre dadurch bedingte Unhandlichkeit wurde auf dem IX. Internat. statist. Kongr. von Vertretern verschiedener Staaten als eine der Hauptschwierigkeiten des ganzen Systems erklärt[1]). In jedem Lande wird, wenn die Register erst längere Zeit in Thätigkeit sein werden, die Gefahr drohen, welche sich in dem ältesten Registerlande, in Frankreich, bereits weniger als zwei Jahrzehnte nach ihrer Einführung zeigte: daß durch die außerordentliche Überfüllung die casiers unübersichtlich wurden und bisweilen den Dienst versagten[2]).

Durch die hier vorgeschlagene Benachrichtigung würde diese Schwierigkeit ohne weiteres behoben werden. Für die Statistik aber würde durch die Einführung dieser Maßregel ein Material geschaffen werden, dessen Bedeutung über das Gebiet der eigentlichen Rückfallsstatistik weit hinausgeht. Wir würden auf Grund der Strafregister alsdann eine Absterbeordnung der Kreise des Verbrechertums, besonders des Gewohnheitsverbrechertums gewinnen; es würde sich herausstellen, in wie außerordentlich hohem Maße die

---

chem Umfange und so zuverlässig entlasten, als dies durch Benachrichtigungen über die Todesfälle seitens der Standesämter geschehen würde. Es ist oben der Ausspruch eines Italieners citiert worden, wonach die Strafregister als „stato penale“ den standesamtlichen Registern, dem „stato civile“, zur Seite stehen. Ein Zusammenwirken beider Register ist zu erstreben; durch ein solches wird der gedeihlichste Fortschritt für die praktischen Zwecke der Einrichtung wie für die Statistik ermöglicht.

Gegen die Entfernung der Strafnachrichten bei Erreichung einer bestimmten Altersgrenze hat sich auch Seuffert (a. O. S. 571) ausgesprochen, indem er darauf hinweist, daß erfahrungsgemäß bis in das höchste menschliche Alter Verbrechen begangen werden. Sein Wunsch, den Verbrecher bis an sein Lebensende im Strafregister verfolgen zu können, deckt sich also mit dem hier aus statistischen Gesichtspunkten betonten Verlangen. Wenn er aber weiter vorschlägt, behufs Feststellung erblicher krimineller Anlagen der Verbrecher auch die Strafnachrichten der Verstorbenen aufzubewahren, so dürfte dies erheblichen praktischen Schwierigkeiten unterliegen. Jedenfalls müßten besondere Register für die Toten angelegt werden, um die Übersichtlichkeit der Register der Lebenden nicht zu beeinträchtigen. Standesamtliche Benachrichtigungen über die Todesfälle würden also trotzdem notwendig bleiben und somit eine korrekte Statistik ermöglicht sein.

[1]) Verhandl. des Kongr. S. 264 ff.

[2]) Ein Cirkular v. 13. 8. 68 kennzeichnete diese Gefahr und forderte die procureurs impériaux zu Vorschlägen zur Entlastung der Strafregister auf. Vgl. Despatys S. 89.

Sterblichkeit dieser Kreise von der durchschnittlichen Sterblichkeit der entsprechenden Altersklassen der Gesamtbevölkerung abweicht, dieselbe übertrifft; es würde sich ziffermäßig die verheerende Wirkung nachweisen lassen, welche das Zusammentreffen all der oben aufgezählten lebenverkürzenden Faktoren in jenen Kreisen hervorbringt.

Trotzdem wird die Rückfallsstatistik für die nächste Zeit auf die allgemeine Absterbeordnung der Bevölkerung zurückgehen müssen. Denn da trotz der angeführten Vorteile die Anordnung der Benachrichtigung der Strafregister von den Todesfällen nicht sofort in allen Staaten zu erwarten ist, so bildet die allgemeine Absterbeordnung vorläufig für die Statistik das einzige Ersatzmittel, um die Zahlen der Überlebenden, also Rückfallsfähigen, wenigstens annäherungsweise zu ermitteln. Ein derartiges Ersatzmittel ist aber auch deshalb notwendig, weil im besten Falle eine jedesmalige Benachrichtigung der Strafregister durch die Standesämter doch nur für die zukünftigen Sterbefälle durchführbar erscheint, mithin die bereits in der Vergangenheit vorgekommenen Todesfälle von Individuen, welche im Strafregister figurieren, unberücksichtigt bleiben werden, und deshalb noch eine lange Reihe von Jahren vergehen muß, bis der alte Fehler eliminiert ist und der Stand der Register der Wirklichkeit entspricht.

Vom Standpunkte einer idealen statistischen Methodik müßte freilich das Verlangen gestellt werden, bis zu diesem Zeitpunkte mit dem Beginn der Rückfallsstatistik zu warten. Da aber die ernste Wirklichkeit nicht auf die Anforderungen der statistischen Ideale Rücksicht nimmt, da die energische staatliche Bekämpfung der Rückfälligkeit nicht warten kann, und da wir für deren Zwecke eine Statistik auf das dringendste brauchen, so haben wir heute nur zu wählen: Wollen wir uns für die Rückfallsstatistik fürs nächste mit der allgemeinen Absterbeordnung der Bevölkerung begnügen, oder aber wollen wir es machen wie die heutige Kriminalstatistik aller Länder und die Absterbeordnung der Verbrecher überhaupt ignorieren?

Man kann diese Alternative so definieren: Wir kennen heute nicht die Absterbeordnung des Berufsverbrechertums, aber wir wissen, daß sie sich zusammensetzt aus der (günstigeren) Absterbeordnung des Durchschnittes der Bevölkerung plus einer unbekannten Anzahl von Todesfällen. Wollen wir nun diese zu günstige Absterbeordnung der Gesamtbevölkerung bis auf weiteres als Ersatzmittel der genauen Sterblichkeit des Verbrechertums benutzen, mithin durch die Differenz beider einen Fehler in unsre Prozentverhältnisse einführen, dessen Größe wir nicht genau kennen? Oder aber wollen wir diesen unbekannten (Differenz-) Fehler machen und außerdem noch den ziffermäßig feststehenden sehr viel größern hinzufügen, auch jene durchschnittliche Absterbeordnung der Bevölkerung zu ignorieren, wie dies heute allgemein geschieht? Offenbar kommt die erstere Methode der Wahrheit viel näher. Um eine Annäherung an die Wahrheit aber kann es sich bei der gegenwärtigen Sachlage für die Rückfallsstatistik allein handeln. Dieselbe wird auch den strengsten Anforderungen der statistischen Methodik entsprechen, wenn sie sich ehrlich als das ausgibt, was sie heutzutage allein sein kann: eine Statistik von Grenzwerten. Daher hätte die betreffende Aufstellung zu lauten: Von x Personen der Altersklassen, welchen die Vorbestraften angehören, leben nach der allgemeinen Bevölkerungsstatistik im nächsten Jahre noch x_1; also leben von x Verbrechern jener Altersklassen im nächsten Jahre noch höchstens x_1. Werden nun von diesen höchstens x_1 im nächsten Jahre y_1 wirklich rückfällig, so beträgt die Rückfälligkeit mindestens $y_1 : x_1$.

Eine korrekte Rückfallsstatistik wird also für die nächste Zeit nur Grenzwerte bieten können, welche angeben, wie groß mindestens die Rückfälligkeit ist. Aber auch diese Minimalangaben werden in erschreckender Weise diejenigen Prozentverhältnisse übertreffen, welche die heutige Statistik für die Rückfälligkeit angiebt[1]). —

[1]) Analog den Todesnachrichten wären zweckmäßigerweise den Strafregistern, sowohl im Interesse ihrer praktischen Handhabung für die Justizverwaltung als auch in dem ihrer statistischen Verwertbarkeit, Mitteilungen über Auswanderung und über Entmündigung wegen Geisteskrankheit seitens der betreffenden Behörden zu machen. Denn soweit diese Vorkommnisse Vorbestrafte betreffen, mindern sie, wie oben schon erwähnt, die Anzahl der Rückfallsfähigen.

Solange diese Mitteilungen noch nicht erfolgen, könnte man daran denken, analog dem oben vorgeschlagenen Ersatzmittel für die Todesnachrichten, auch für die Ausgewanderten und geisteskrank Gewordenen die Durchschnittszahlen der Gesamtbevölkerung der entsprechenden Altersklassen einzusetzen. Auch hier würde man zu Minimalziffern für die Rückfälligkeit kommen, da die entsprechende Zahl beider Kategorieen unter den Verbrechern größer ist, als unter der Gesamtbevölkerung, mithin die Zahl der Rückfallsfähigen über die angenommene Grenze hinaus mindert.

Indes verschwindet die Wichtigkeit beider Kategorieen neben derjenigen der Absterbeordnung. Daher dürfte die (vorläufig vielleicht zweckmäßige) Ignorierung beider keinen ernstlichen Fehler der künftigen Rückfallsstatistik bedingen. — Die heutige Rückfallsstatistik läßt diese Kategorieen in allen Staaten unberücksichtigt.

Mit dem Gesagten sind sämtliche Lücken namhaft gemacht, welche die Strafregister bei ihrer heutigen Verfassung im Hinblick auf ihre Verwertung für eine Rückfallsstatistik aufweisen. Weitere Mängel dieses statistischen Materials sind, soweit ich zu sehen vermag, nicht vorhanden; vielmehr stellen die Strafregister in allen übrigen Beziehungen schon heute ein Urmaterial dar, wie es die korrekteste statistische Methodik nicht tadelloser wünschen kann.

Was aber die oben erörterten Lücken angeht, so wird es Sache der statistischen Bearbeitung des Urmaterials sein, dasselbe so zu benutzen, daß dieselben die Brauchbarkeit der statistischen Ergebnisse nicht gefährden. Vor allem soll die Bearbeitung an dem vorstehend betonten Grundsatze festhalten, jene Lücken nicht zu vertuschen und nicht bis ins kleinste exakte Ziffern da vorzuspiegeln, wo solche Exaktheit heute noch nicht erreichbar ist; sie soll im Gegenteil an diesen Stellen mit der größten Bestimmtheit darauf hinweisen, daß Genauigkeit bis in die kleinsten Bruchteile vorläufig nicht geboten werden kann, und daß es sich nur um Grenzwerte handelt. Als solche, als Grenzwerte, aber sollen und können die sämtlichen Zahlen der zu organisierenden Rückfallsstatistik auch schon in nächster Zeit von unbedingter Zuverlässigkeit sein. Dabei sei — um jedes Mißverständnis auszuschließen — noch einmal die eigentlich selbstverständliche Bemerkung gestattet, daß es sich um solche Grenzwerte nur für die relativen Zahlen der Rückfälligen, für den prozentualen Teil, den sie von den Zahlen der Rückfallsfähigen ausmachen, handelt. Die absoluten Zahlen der Rückfälligen werden in sämtlichen Aufstellungen der hier vorgeschlagenen Rückfallsstatistik auch bei dem heutigen Zustande des Urmaterials bis ins kleinste genau zu berechnen sein.

Die Methode der Gewinnung jener Grenzwerte und der Ergänzung der heute vorhandenen Lücken des statistischen Urmaterials führt, wie bei den Punkten zu 1—3 gezeigt ist, zu gewissen Modifikationen der rückfallsstatistischen Aufstellungen. In der Anlage 3 ist durch die Formulare Iα und Iβ gezeigt, in welcher Weise diese Modifikationen die rückfallsstatistischen Tabellen (Ia bezw. Ib) verändern, welche auf Grund eines vollkommenen Urmaterials zu gewinnen sind. Dieselben Modifikationen sind natürlich an den Tabellen II—V anzubringen, falls diese auf Grundlage des heute vorhandenen Urmaterials aufgestellt werden sollen. —

Die heute auf Grund der Strafregister mögliche Rückfallsstatistik wird noch nicht das Ideal einer solchen erreichen, doch sie wird ihm sehr viel näher kommen als die jetzt übliche, gänzlich unzureichende Methode. Für die Zukunft aber ist die Vervollständigung der heute noch vorhandenen Lücken des statistischen Urmaterials um so mehr zu wünschen und zu erhoffen, als dieselbe einerseits nur eine, keineswegs übermäßige Schreibarbeit der betreffenden Behörden erfordert, andrerseits aber nicht nur der Statistik, sondern auch den Bedürfnissen der praktischen Strafrechtspflege auf dem Gebiete des Rückfalls zu gute kommen wird. Wie dieses Bedürfnis der Praxis und keineswegs ein theoretisches Interesse an der Erforschung des Verbrechertums die Strafregister geschaffen hat, so wird eben das erstere auch zur Vervollkommnung der Institution drängen. Je mehr die Rückfallsgesetzgebung im materiellen Strafrechte fortschreiten wird, um so mehr werden auch die Lücken, welche die Strafregister heute noch aufweisen, ergänzt werden müssen; ein um so vortrefflicheres Urmaterial werden die letztern zugleich also auch der Rückfallsstatistik bieten. So zeigt sich auch hier wieder, wie auf allen Gebieten der Sozialstatistik, die gegenseitige Abhängigkeit zwischen der theoretischen Erforschung gesellschaftlicher Zustände und den praktischen Maßnahmen zu ihrer Änderung: Einerseits kann nur eine wissenschaftliche, systematische Massenbeobachtung, auf unserm Gebiete die Rückfallsstatistik, der tastenden Gesetzgebung die Richtung weisen, andrerseits aber werden erst durch eine hohe Entwicklung des positiven Rechtes die mannigfachen Verwaltungseinrichtungen geschaffen, welche allein imstande sind, einer wissenschaftlichen Statistik ihr Material in genügender Reichhaltigkeit und Zuverlässigkeit zu liefern.

In dieser Anschauung von der innigen Wechselwirkung zwischen beiden Gebieten liegt zugleich die Hoffnung, daß jeder Fortschritt auf dem einen derselben früher oder später auch einen Fortschritt auf dem andern mit sich bringen wird.

Anlage 2.

Die Strafregister-Formulare der wichtigsten Register-Länder

(das Urmaterial der hier vorgeschlagenen Rückfalls-statistik.)

Ia. Deutsche Strafnachricht.
II. Französische Strafnachricht.
IIIa. Italienische Strafnachricht.
IV. Belgische Strafnachricht.

Um die Zweckmäßigkeit einer Kombination der Strafnachrichten mit den kriminalstatistischen Zählkarten zu zeigen (s. oben Teil III C), sind diejenigen Fragen des deutschen und des italienischen Strafregister-Formulars, welche schon jetzt sich ebenso ausführlich oder noch ausführlicher in den Formularen der Zählkarten des betreffenden Landes finden, durch Unterstreichen kenntlich gemacht. Zur Vergleichung sind hinter den betreffenden Formularen abgedruckt

Ib. die deutsche kriminalstatistische Zählkarte,
IIIb. die italienische kriminalstatistische Zählkarte.[1])

Für Frankreich und Belgien war diese Gegenüberstellung mangels einer obligatorisch eingeführten Zählkarte unmöglich.

Betont sei nochmals, daß das Institut in Belgien trotz seines Namens kein „casier judiciaire“ im strengsten Sinne darstellt, da es nicht am Geburtsorte des Delinquenten besteht.

---

[1]) Von der sehr umfangreichen italienischen Zählkarte sind nur die ersten 7 Fragen, welche sich auf die Personalverhältnisse und die Rückfälligkeit beziehen, und welche hier allein interessieren, abgedruckt.

Anlage 2. Ia. Deutsche Strafnachricht.[1]

1. Mittheilende Behörde:	2. Strafnachricht (A) für das Strafregister zu	3. Jahrgang des Urtheils:
4. Familienname des Verurtheilten: Vorname:		5. Aktenzeichen der Strafsache, in der die Verurtheilung erfolgte:
6. Vor- und Zuname der Eltern:		7. schon früher bestraft? ja. nein.

8. Datum und Ort der Geburt. { Tag und Monat, Jahr, } { Gemeinde, Landgerichtsbezirk, Staat: }	13. Auszug aus dem Urtheil: verurtheilt durch
9. Familienstand: verheirathet event. Vor- und Zuname des Ehegatten:	vom wegen
10. Letzter Wohnort:	
11. Alter: Beruf:	auf Grund de §
12. Bemerkungen:	zu einer strafe von Die Richtigkeit bescheinigt:

Datum:

---

[1]) Ueber die Bedeutung der Unterstreichungen s. die Vorbemerkungen dieser Anlage.

Anlage 2. Ib. Deutsche kriminalstatistische Zählkarte.

Aktenzeichen: ——————

(Laufende Nummer der Zählkarte im Kalenderjahre) ———

Zählkarte für männliche Angeklagte.

Beim **Landgericht, Amtsgericht** (das nicht Zutreffende zu durchstreichen) zu ——————

im Bezirk des **Oberlandesgerichts** zu ——————

im ——— ten Quartale des Kalenderjahres 18———.

---

1. **Vor- und Familienname** des Angeklagten: ——————
2. **Geburtstag** und **Geburtsjahr**: geboren den ——— ten ——————— 18———
3. **Kreis** oder entsprechender **Verwaltungsbezirk** (Bezirksamt, Amtshptmsch., Oberamt, Amtsbezirk rc., bei gleichnamigen Stadt- und Landbezirken: ob Stadt oder Landbezirk), in welchem der Wohnort zur Zeit der That belegen ——————;
   Staat: ——————
   (Liegt der Wohnort außerhalb des Deutschen Reichs, so genügt die Angabe des fremden Staats.)
4. Für Ausländer (Nichtdeutsche) **Heimathsstaat**: ——————
5. **Religionsbekenntniß**: ——————
6. **Familienstand**, ob ledig, verheirathet, verwittwet, geschieden, auf Lebenszeit gerichtlich getrennt (das Zutreffende zu unterstreichen).
7. **Stand, Beruf, Erwerbs- oder Nahrungszweig**, sowie **Arbeits- oder Dienstverhältniß** im Beruf (die **Art** des Hauptberufs, der Haupt-Erwerbsthätigkeit oder Beschäftigung oder der Haupt-Einkommens- oder Nahrungsquelle ist genau anzugeben; sofern durch die Angabe das **Arbeits- oder Dienstverhältniß** im Beruf nicht schon bezeichnet wird, unter **Hinzufügung** dieses Verhältnisses, ob nämlich Inhaber, Handwerksmeister, Geschäftsleiter oder Gehülfe, Geselle, Lehrling, Fabrikarbeiter, Kommis u. s. w.): ——————

Für Minderjährige ohne eigenen Beruf: Beruf der Eltern: ——————

Bemerkungen, auch betreffs der Angaben auf der Rückseite*): ——————

*) Insbesondere sind bei gemeinschaftlich begangenen Strafthaten (§§ 47—49 St.-G.-B.'s), falls für Theilnehmer an denselben im laufenden Kalenderjahr Zählkarten ausgefüllt wurden, thunlichst deren Nummern anzugeben.

Rückseite.

8. Strafbare Handlung(en).

Art der strafbaren Handlung(en), zu bezeichnen nach der **Urtheilsformel** bezw. dem **Strafbefehl**, mit Hinweis auf den oder die entsprechenden Paragraphen des Strafgesetzbuches **oder anderer Reichsgesetze** (bei gemeinschaftlich begangenen Handlungen auch auf die angewendeten § 47, 48, 49 Str.=G.=B.'s). **Versuch** ist als solcher zu bezeichnen. Bei **Idealkonkurrenz** (§ 73 Str.=G.=B.) ist die Handlung nur gemäß dem zur **Anwendung** gebrachten Strafgesetz zu bezeichnen. Stehen **mehrere** strafbare Handlungen in Frage (§§ 74 ff. a. a. O.), so sind dieselben einzeln unter einander aufzuführen, **gleichartige** Handlungen jedoch nur unter **einem** Buchstaben mit Angabe ihrer **Gesammtzahl**.	Der nebenbezeichneten strafbaren Handlung(en) (zu a), b), c) u. s. w. je besonders) **Ort**, belegen in welchem **Kreis oder entsprechenden Verwaltungsbezirk** (Bezirksamt, Amtshauptmannschaft, Oberamt, Amtsbezirk u. s. w.); bei gleichnamigen Stadt oder Landbezirken, ob Stadt oder Landbezirk.	**Staat?**	**Zeit** (wenn nicht genau bekannt, ungefähre Zeit) Tag	Monat	Jahr
a)					
b)					
c)					
d)					
e)					

9. Rechtskräftiges Urtheil, bezw. Strafbefehl.

A. Bezüglich jeder der zu Ziffer 8 benannten strafbaren Handlungen

und zwar zu:	durch „Ja" anzugeben ob: verurtheilt?	Verfahren eingestellt?	freigesprochen?
a)			
b)			
c)			
d)			
e)			

B. Erkannte Strafe (Gesammtstrafe. — Bei a), d) und f) bezw. durch „Ja" zu beantworten.)

	Zeitdauer der Strafe Jahre*)	Monate	Wochen	Tage
a) Todesstrafe? —				
b) Freiheitsstrafe, und zwar:				
Zuchthaus . .				
Gefängniß . .				
Festung				
Haft				
c) Ehrverlust . . .				

d) Zulässigkeit der Polizeiaufsicht? ——————
e) Geldstrafe: Wie viel Mark? —— f) Verweis? ——

*) Bei lebenslänglicher Freiheitsstrafe sind statt der Zahl der Jahre die Buchstaben ll einzuschreiben.

10. **Für Verurtheilte: Vorgängige Verurtheilungen** wegen **Verbrechen** und **Vergehen** (nicht Uebertretungen) gegen **Reichsgesetze** (nicht Landesgesetze) durch wie viele Entscheidungen? ——— In welches Jahr fällt die letzte derselben 18—— und zwar wegen welcher Strafthat (von gleichzeitig abgeurtheilten nur die schwerste)? ——————————

Falls auf Grund einer der Entscheidungen Freiheitsstrafe verbüßt wurde*), Dauer der letzten Strafverbüßung:————; Beendigung derselben am ———ten —————————— 18———.

*) **vor** Begehung der Strafthat zu 8, bezw. bei **mehreren** Strafthaten, **vor** Begehung der der Zeit nach **letzten** derselben.

Außerdem sind bei **Rückfällen** nach §§ 244, 250[5], 261, 264 des Strafbuches die Nummern der betreffenden Paragraphen **hier** so viel mal zu **unterstreichen**, als den Rückfall bedingende Bestrafungen (nach Reichsgesetzen) stattgefunden haben.

Datum: —————————— **Name des ausfüllenden Beamten:** ——————————

Anlage 2. II. Französische Strafnachricht.

Né en 18	....
	....
N° 1.	*fil de* ....
BULLETIN	*et de* ....
INDIVIDUEL	*âgé de* ...... *ans, étant né le* ....
à classer alphabétiquement	*à* .... *arrondissement d* ....
Au greffe du Tribunal	*département d* .... *demeurant à* ....
d	*arrondissement d* ....
	Profession : ....
COUR D'APPEL	....
DE	*Condamné par jugement définitif*
	du Tribunal correctionnel de ....
TRIBUNAL CIVIL	*en date du* ....
de	*à la peine de* ....
RENSEIGNEMENTS:	....
Célibataire: Marié: Veuf: Nombre des enfants:	*pour délit de* .... *commis le* ....
	par application de article ....
Signes particuliers:	....

Vu au Parquet:
Le Procureur de la République,

Pour extrait conforme:
Le ....
Le Greffier en chef,

(Timbre du Tribunal.)

Vu au Parquet de la cour d'appel de ....:
Le Procureur-Général,

Anlage 2. IIIa. Italienische Strafnachricht.[1]

CARTELLINO PEL CASELLARIO.

Cognome, Nome e Soprannome		Anno	
		Se recidivo	
		N. progressivo al medesimo nome	
Nome del Padre		**Estratto della decisione**	
Cognome e Nome della Madre		Con	
		Tribunale Penale del	
Data e luogo di Nascita: Anno		di	
Mese			
Giorno			
Comune			
Circondario			
Provincia			
Cognome e nome del Coniuge			
Ultimo Domicilio			
Professione			
Connotati		*Dalla Cancelleria del Tribunale Penale di*	
Statura		*li ... 189*	
Capelli		Per estratto conforme	
Occhi		**Il Cancelliere**	
Naso		V.º IL PROCURATORE DEL RE	
Colorito			
Segni particolari			

[1]) Ueber die Bedeutung der Unterstreichungen s. die Vorbemerkung dieser Anlage.

Anlage 2. IIIb. Italienische kriminalstatistische Zählkarte.

N.º del procedimento ....
(secondo il Registro generale dell'Ufficio che compila la scheda)

(Masohi)

SCHEDA INDIVIDUALE
PER GLI
IMPUTATI DI DELITTI

N.º progressivo annuo della scheda ....
Per i procedimenti con più imputati si indichi anche il numero progressivo annuo della scheda di ciascun coimputato ....

Autorità giudiziaria che compila la scheda .... di ....
(Per le Preture si aggiunga: *Tribunale di* ....).
Causa contro (Cognome e nome dell'imputato primo nominato nell'ordinanza o nella sentenza definitiva ....
ed altri coimputati (Indicarne il numero e dire se erano tali per aver preso parte in uno stesso reato, ovvero per connessità) .... ,
iniziata il (Data della denuncia o querela, o del rapporto, referto, ecc.) .... 18 ..
NB. — Quando si tratti d'instruttoria riaperta per essere sopravvenute nuove prove, o di giudizio rinnovato per essersi l'imputato presentato a purgare la contumacia, lo si dichiari qui appresso. ....

I. Notizie personali (Le seguenti notizie devono riferirsi **al tempo del commesso reato**)

1. **Cognome e nome**	1. ....
2. **Luogo di nascita** (Comune e provincia o, se straniero, lo Stato)	2. ....
3. **Data della nascita** (Giorno, mese ed anno) . .	3. ....
4. **Stato civile**: *Se era legittimo, legittimato od illegittimo*	4. ....
Se era celibe, vedovo o coniugato	....
(Pel coniugato o vedovo) *Se aveva figli* . . .	....
(Pel minorenne) *Se aveva genitori, o altri ascendenti, o tutore e se conviveva con essi* . . .	....
5. **Professione od occupazione principale**: *Specie* .	5. ....
Se padrone o principale, ovvero se dirigente, impiegato, commesso, operaio, giornaliero, ecc. .	....
6. **Condizione penale**: *Se trovavasi in istato di ammonizione*	6. ....
Se a domicilio coatto	....
Se sottoposto alla vigilanza della P. S. . . .	....
Se in carcerazione preventiva per altro reato .	....
Se in libertà provvisoria concessa per altro reato	....
Se in uno stabilimento penale e di quale specie	....
Se in libertà condizionale	....
(Pel minorenne) *Se trovavasi in ricovero forzato*	....
7. **Precedenti giudiziarii**: *S'era stato ammonito e quante volte*	7. ....
Se era stato condannato a domicilio coatto e quante volte	....
Se era stato, nella minor età, consegnato ai parenti, o in ricovero forzato, o in carcerazione preventiva non seguita da condanna, e per quanto tempo	....

Condanne riportate (Per ciascuna delle sentenze di condanna si indichino, nel caso di concorso di più reati, tutti i reati per i quali fu dichiarata la colpabilità):

1ª *il* .... *alla pena di* ....
per reat *di* ....
2ª *il* .... *alla pena di* ....
per reat *di* ....
3ª *il* .... *alla pena di* ....
per reat *di* ....
4ª *il* .... *alla pena di* ....
per reat *di* ....
5ª *il* .... *alla pena di* ....
per reat *di* ....
6ª *il* .... *alla pena di* ....
per reat *di* ....

Data dell'ultima liberazione: *dal ricovero forzato il* .... 18 ....
o dalla pena detentiva del .... (specie) .... 18 ....[1]

[1] Die folgenden Fragen (8—13) beziehen sich in sehr eingehender Weise auf die Strafthat und den Ausgang des Prozesses.

Anlage 2. IV. Belgische Strafnachricht.

MINISTÈRE DE LA JUSTICE — **Casier judiciaire** No	**Bulletin de condamnation.**
NOM . . . . Prénoms	
Sobriquet ou surnom . .	
Faux nom	
Lieu et date de naissance	
Prénoms du père . . .	
Nom et prén. de la mère	
Nom et prén. du conjoint	
Profession	
Domicile	

Condamné conditionnellement (*) *le* ______________

par ______________

à ______________

____

du chef de ______________

Terme : (*) ______________

A , *le* *18* .

Le Greffier,

(*) Biffer les mots *conditionnellement* et *terme,* si la loi du 31 mai 1888 n'a pas été appliquée.

Anlage 3.

Entwürfe
von Formularen zu rückfallsstatistischen Tabellen,
aufgestellt auf Grundlage der Strafregister nach der in den vorstehenden Ausführungen entwickelten Methode.

Vorbemerkung. Die methodologische Grundlage der Rückfälligkeits-Tabellen wie alle derartigen Aufstellungen bildet der Aufbau nach Altersklassen. Ein Formular zur Darstellung desselben ist unter II entworfen. Bei der vorangestellten „Übersicht" I hingegen sowie bei den Tabellen III—V sind, um einen allzugroßen Umfang der Formulare zu vermeiden und dieselben übersichtlicher zu gestalten, hier nur die Durchschnittsziffern für alle Altersstufen gewonnen. Dieselben sind aus den Ziffern der einzelnen Altersklassen entsprechend deren Beteiligung zu gewinnen, wie dies in bevölkerungsstatistischen Berechnungen längst üblich.

Ebenso ist die Unterscheidung der Geschlechter, die für alle rückfallsstatistischen Aufstellungen zu empfehlen ist, der Raumersparnis halber hier nur in Tabelle II durchgeführt.

I. Rückfälligkeits-

Ia. Absolute

Unter den in den Jahren 18.. bis 18..	
Frist[1]) seit Verbüßung der jedesmal letztvorhergegangenen Strafe	zum 1. Male
1.	2.
3 Monate und weniger	
mehr als 3 bis 6 Monate	
mehr als 6 Monate bis 1 Jahr . . .	
mehr als 1 Jahr bis 2 Jahr	
mehr als 2 Jahr bis 3 Jahr	
mehr als 3 Jahr bis 5 Jahr	
mehr als 5 Jahr bis 10 Jahr . . .	
mehr als 10 Jahr bis 20 Jahr (?) . .	
überhaupt	

Ib. Absolute Zahlen und

Frist[1]) seit Verbüßung der jedesmal letztvorhergegangenen Strafe	Unter den in den Jahren 18.. bis 18.. erstmalig Bestraften			Unter diesen 1 mal Rückfälligen (aus Sp. 3)		
	waren noch am Leben[2])	wurden zum 1. Male rückfällig	betrug also die Rückfälligkeit 1. Grades in %	waren noch am Leben[2])	wurden zum 2. Male rückfällig	betrug also die Rückfälligkeit 2. Grades in %
1.	2.	3.	4.	5.	6.	7.
3 Monate und weniger . .						
mehr als 3 bis 6 Monate .						
mehr als 6 Mon. bis 1 Jahr						
mehr als 1 Jahr bis 2 Jahr						
mehr als 2 Jahr bis 3 Jahr						
mehr als 3 Jahr bis 5 Jahr						
mehr als 5 Jahr bis 10 Jahr						
mehr als 10 Jahr bis 20 Jahr (?)						

[1]) Behufs Gewinnung von korrekten Kurven empfiehlt es sich, die Fristen zwischen der Verbüßung der Vorstrafe und dem Rückfalle von Jahr zu Jahr abzugrenzen (wobei innerhalb des ersten Jahres noch die genauere Unterscheidung wünschenswert ist, die in der vorstehenden Sp. 1 vorgesehen ist und ebenso in der Deutschen Kriminalstatistik (Tab. I Sp. 25–27) sich findet).

Aus Gründen der Raumersparnis sind hier in den Spalten 1 vom 4. Jahre ab größere

Tabelle. Übersicht.

Zahlen.

erstmalig Bestraften wurden rückfällig:			
zum 2. Male	zum 3. Male	u. s. w.	u. s. w.
3.	4.	5.	6.

Prozentziffern der Rückfallsfähigen.

Unter diesen 2 mal Rückfälligen (aus Sp. 6)			u. s. w. für den 4. Rückfall entsprech. Spalte 8—10 die:	u. s. w. für die folgenden Rückfälle
waren noch am Leben[2])	wurden zum 3. Male rückfällig	betrug also die Rückfälligkeit 3. Grades in %		
8.	9.	10.	Sp 11—13.	

Zeiträume (3—5 Jahr, 5—10 Jahr u. s. w.) gewählt. Lediglich aus diesen Gründen mußten ferner die Tabellen IIb, IIIb und Vb sich auf die Abgrenzung einer noch geringeren Anzahl und demgemäß noch umfangreicherer Zeiträume (2—5 Jahr u. s. w.) beschränken.

²) Wenn das Urmaterial ausreicht, korrekter: waren noch am Leben und zwar im Inlande und nicht unzurechnungsfähig. Ebenso in den folgenden Tabellen.

Iα und β. Modifizierte

auf Grund der **heutigen** Einrichtung der deutschen, französischen, italienischen und

Iα. Absolute

Unter den in den Jahren 18 . . bis 18 . . erstmalig	
Die Frist (seit Verbüßung der jedesmal letztvorhergegangenen Strafe) betrug **annähernd**	Zum 1. Male
1.	2.
3 Monate und weniger	
3 bis 6 Monaten	
6 Monaten bis 1 Jahr	
mehr als 1 Jahr bis 2 Jahren . . .	
mehr als 2 Jahr bis 3 Jahren . . .	
mehr als 3 Jahr bis 5 Jahren . . .	
mehr als 5 Jahr bis 10 Jahren . .	
mehr als 10 Jahr bis 20 Jahr (?) . .	
Überhaupt	

Iβ. Absolute Zahlen und Prozent

Die Frist (seit Verbüßung der jedesmal letztvorhergegangenen Strafe) betrug **annähernd**:	Unter den in den Jahren 18 . . bis 18 . . erstmalig Bestraften			Unter diesen 1 mal wegen Rückfalls Verurteilten (Sp. 3)		
	waren noch am Leben **höchstens**	wurden zum 1. Male **wegen Rückfalls verurteilt**[1])	betrug also die Rückfälligkeit 1. Grades in % **mindestens**	waren noch am Leben **höchstens**	wurden zum 2. Male **wegen Rückfalls verurteilt**[1])	betrug also die Rückfälligkeit 2. Grades in % **mindestens**
1	2.	3	4.	5.	6.	7.
3 Monate und weniger . .						
3 bis 6 Monate						
6 Monate bis 1 Jahr . .						
mehr als 1 Jahr bis 2 Jahr						
mehr als 2 Jahr bis 3 Jahr						
mehr als 3 Jahr bis 5 Jahr						
mehr als 5 Jahr bis 10 Jahr						
mehr als 10 Jahr bis 20 Jahr (?)						

Dieselben Modifikationen sind an den folgenden Tabellen II—V anzubringen, wenn deren Aufstellung auf Grund des **heutigen** Registermaterials der genannten Staaten erfolgen soll.

Rückfälligkeits-Tabelle,

belgischen Strafregister konstruiert nach den im Anhange 1 entwickelten Gesichtspunkten.

Zahlen.

Bestraften wurden später **wegen Rückfalls verurteilt:**[1])

Zum 2. Male	Zum 3. Male	u. s. w.	u. s. w.
3.	4.	5.	6.

ziffern der Rückfallsfähigen.

Unter diesen 2mal wegen Rückfalls Verurteilten (Sp. 6)			u. s. w.	u. s. w.
waren noch am Leben **höchstens**	wurden zum 3. Male **wegen Rückfalls verurteilt**[1])	betrug also die Rückfälligkeit 3. Grades in % **mindestens**	für den 4. Rückfall entsprechend Spalte 8—10 die:	für die folg. Rückfälle
8.	9.	10.	Sp. 11—13.	

[1]) Für Frankreich kann seit der Ergänzung der Register vor einigen Jahren berechnet werden: **„wurden rückfällig"** wie in Tabelle I a und b (s. Anhang 1, Z. 1).

IVa. Die Rückfälligkeit mit Unterscheidung des „speziellen“ und des „allgemeinen“ Rückfalls.

(Diese Tabelle gehört hinter III und ist lediglich aus typographischen Rücksichten hier abgedruckt.)

Wegen der folg. Delikte waren (ev. zuletzt) vorbestraft:	Anzahl der in den Jahren 18 . . bis 18 . . Vorbestraften	Von diesen wurden rückfällig						
		über- haupt	und zwar					
			begingen dasselbe Delikt		begingen ein Delikt derselben Gruppe		begingen ein Delikt einer anderen Gruppe	
			Anzahl	also % der Rückfäll. über- haupt (Sp. 3)	Anzahl	also % der Rückfäll. über- haupt (Sp. 3)	Anzahl	also % der Rückfäll. über- haupt (Sp. 3)
1.	2.	3.	4.	5.	6.	7.	8.	9.
1. Gruppe der Vermögensdelikte								
a) Diebstahl								
b) Unterschlagung . .								
c) Betrug								
u. s. w.								
u. s. w.								
Summen bzw. Durchschnitte								

IVb: Dieselbe Aufstellung für die zum 1. mal Rückfälligen allein. („Spezialisten“ zu Beginn der Verbrecherkarriere?)

IVc u. ff.: Für den zweiten sowie für jeden der folgenden Rückfälle.

II. Die Rückfälligkeit nach Alter und Geschlecht.

a und b: Die Rückfälligkeit ersten Grades.

IIa. Absolute Zahlen.

Es waren einmal vorbestraft und standen nach Verbüßung dieser ersten Strafe im Alter¹) von:	Anzahl der in den Jahren 18.. bis 18.. zum ersten mal Vorbestraften	Von diesen Vorbestraften (Sp. 2) wurden rückfällig								
		überhaupt	und zwar seit Verbüßung der Vorstrafe binnen einer Frist von							
			3 Mon. und weniger	mehr als 3 bis 6 Mon.	mehr als 6 Mon. bis 1 Jahr	mehr als 1 Jahr bis 2 Jahr	mehr als 2 Jahr bis 3 Jahr	mehr als 3 Jahr bis 5 Jahr	mehr als 5 Jahr bis 10 Jahr	mehr als 10 Jahr bis 20 (?) Jahr
1.	2.	3.	4.	5.	6.	7.	8.	9.	10.	11.
12 — unter 15 Jahr { männlich										
weiblich										
15 — unter 18 Jahr { männlich										
weiblich										
18 — unter 21 Jahr { männlich										
weiblich										
21 — unter 25 Jahr { männlich										
weiblich										
25 — unter 30 Jahr { männlich										
weiblich										
30 — unter 40 Jahr { männlich										
weiblich										
40 — unter 50 Jahr { männlich										
weiblich										
50 — unter 60 Jahr { männlich										
weiblich										
60 — unter 70 Jahr { männlich										
weiblich										
70 Jahr u. darüber { männlich										
weiblich										
überhaupt { männlich										
weiblich										
überhaupt										

¹) Die hier unterschiedenen Altersklassen sind die der Deutschen Kriminalstatistik. Behufs Gewinnung von Kurven würde sich die Abgrenzung gleichmäßiger Gruppen, z. B. von je 5 Jahresklassen, empfehlen wobei aber, die Jugendlichen noch weiter zu detaillieren wären.

IIb. Absolute Zahlen und

Es waren einmal bestraft und standen nach Verbüßung dieser ersten Strafe im Alter von:	Anzahl der in den Jahren 18 . . bis 18 . . Vorbestraften	Unter diesen		
		waren noch am Leben	wurden rückfällig	betrug also die Rückfälligkeit in %
		binnen einer Frist von 1 Jahr[1])		
1.	2.	3.	4.	5.
12 — unter 15 Jahr männlich				
weiblich				
15 — unter 18 Jahr männlich				
weiblich				
18 — unter 21 Jahr männlich				
weiblich				
21 — unter 25 Jahr männlich				
weiblich				
25 — unter 30 Jahr männlich				
weiblich				
30 — unter 40 Jahr männlich				
weiblich				
40 — unter 50 Jahr männlich				
weiblich				
50 — unter 60 Jahr männlich				
weiblich				
60 — unter 70 Jahr männlich				
weiblich				
70 Jahr und darüber männlich				
weiblich				
Summa bezw. Durchschnitt männlich				
weiblich				
Summa bezw. Durchschnitt für Männer und Weiber				

IIc, d etc.: Dieselbe Aufstellung für den zweiten — und für jeden der folgenden Rückfälle.

Ferner: Weitere Unterscheidungen nach Familienstand, Beruf und überhaupt nach allen erhobenen Personalverhältnissen, die einzeln und in Kombination mit einander in ihrer Wirkung auf die Rückfälligkeit zu untersuchen.

Besondere Aufstellungen für Berufslose.

Prozentziffern der Rückfallsfähigen.

Vorbestraften (Sp. 2)								
waren noch am Leben	wurden rückfällig	betrug also die Rückfälligkeit in %	waren noch am Leben	wurden rückfällig	betrug also die Rückfälligkeit in %	waren noch am Leben	wurden rückfällig	betrug also die Rückfälligkeit in %
binnem einer Frist von mehr als 1 Jahr und 2 Jahren[1]			binnen einer Frist von mehr als 2 und 5 Jahren[1]			binnen einer Frist von mehr als 5 und 10 (20) Jahren[1]		
6.	7.	8.	9.	10.	11.	12.	13.	14.

[1]) Über die Unterscheidung von größeren Zeiträumen in diesem Formulare siehe Anmerkung 1 zu Tabelle Ia.

III. Die Rückfälligkeit nach

IIIa. Absolute

Wegen der folgenden Delikte betr. Deliktsarten waren (ev. zuletzt) vorbestraft	Zahl der in den Jahren 18.. bis 18.. Vorbestraften	Von diesen Vorbestraften		
		über-haupt	und zwar seit Ver	
			3 Monaten und weniger	mehr als 3 bis 6 Monaten
1.	2.	3.	4.	5.
1. Gruppe der Vermögensdelikte				
a) Diebstahl				
b) Unterschlagung				
c) Betrug				
u. s. w.				
u. s. w.				
Überhaupt				

IIIb. Absolute Zahlen und Prozent

Wegen der folgenden Delikte betr. Deliktsarten waren (ev. zuletzt) vorbestraft	Zahl der in den Jahren 18.. bis 18.. Vorbestraften	Unter diesen Vor					
		waren noch am Leben	wurden rückfällig	betrug also die Rückfälligkeit in %	waren noch am Leben	wurden rückfällig	betrug also die Rückfälligkeit in %
		binnen einer Frist von 1 Jahre[1])			binnen mehr als 1 Jahr und 2 Jahren[1])		
1.	2.	3.	4.	5.	6.	7.	8.
1. Gruppe der Vermögensdelikte . . .							
a) Diebstahl							
b) Unterschlagung							
c) Betrug							
u. s. w.							
u. s. w.							
Überhaupt . . . . . (Summen bezw. Durchschnitte)							

IIIc und d. Dieselben Aufstellungen für die einmal Vorbestraften allein (IIIc. Absolute Zahlen; IIId. Absolute Zahlen und Prozentziffern der im ersten Grade Rückfallsfähigen).

IIIe und f. Dieselben Aufstellungen nur für Jugendliche.

der Art der Delikte.

Zahlen.

(Sp. 2) wurden rückfällig					
büßung der Vorstrafe binnen einer Frist von					
mehr als 6 Mon. bis 1 Jahr	mehr als 1 Jahr bis 2 Jahre	mehr als 2 Jahre bis 3 Jahre	mehr als 3 Jahre bis 5 Jahre	mehr als 5 Jahre bis 10 J.	mehr als 10 J. bis 20 J. (?)
6.	7.	8.	9.	10.	11.

ziffern der Rückfallsfähigen.

bestraften (Sp. 2)					
waren noch am Leben	wurden rückfällig	betrug also die Rückfälligkeit in %	waren noch am Leben	wurden rückfällig	betrug also die Rückfälligkeit in %
binnen mehr als 2 Jahren und 5 Jahren[1])			binnen mehr als 5 Jahren und 10 (20) Jahren[1])		
9.	10.	11.	12.	13.	14.

[1]) S. Anmerkung [1]) zu Tabelle I a.

Tabelle IV s. vor II.

V. Die Rückfälligkeit nach

Va. Absolute

Art und Dauer der (ev. letzten) Vorstrafe	Anzahl der in den Jahren 18.. bis 18.. Vorbestraften	Von diesen Vorbestraften		
		überhaupt	und zwar seit Ver	
			3 Monaten und weniger	mehr als 3 bis 6 Monaten
1.	2.	3.	4.	5.
1. Freiheitsstrafen überhaupt				
Darunter A. Zuchthaus . . .				
Darunter a) von 5 Jahren und mehr				
u. s. w.				
u. s. w.				
Überhaupt				

Vb. Absolute Zahlen und Prozent

Art und Dauer der (cr. letzten) Vorstrafe	Anzahl der in den Jahren 18.. bis 18.. Vorbestraften	Unter diesen Vor					
		waren noch am Leben	wurden rückfällig	betrug also die Rückfälligkeit in %	waren noch am Leben	wurden rückfällig	betrug also die Rückfälligkeit in %
		binnen einer Frist von 1 Jahre[1])			binnen einer Frist von mehr als 1 Jahr und 2 Jahren[1])		
1.	2.	3.	4.	5.	6.	7.	8.
1. Freiheitsstrafen überhaupt							
Darunter A. Zuchthaus . . .							
Darunter a) von 5 Jahren und mehr							
u. s. w.							
u. s. w.							
Überhaupt . . . . . (Summen bezw. Durchschnitte)							

Vc und d: Dieselben Aufstellungen für die einmal Vorbestraften allein.

Ve und f: Ebenso für die Jugendlichen allein (in Sp. 1 aufzunehmen: Zwangserziehung).

(Über die wünschenswerte Rückfallsstatistik nach der Art der Strafvollstreckung (Einzelhaft in Gefängnissen u. s. w.) vgl. Anh. 1 unter Ziff. 2.)

der Art der Vorstrafen.

Zahlen.

(Sp. 2) wurden rückfällig					
büßung der Vorstrafe binnen einer Frist von					
mehr als 6 Mon bis 1 Jahr	mehr als 1 Jahr bis 2 Jahre	mehr als 2 Jahre bis 3 Jahre	mehr als 3 Jahre bis 5 Jahre	mehr als 5 Jahre bis 10 J.	mehr als 10 J. bis 20 (?) J.
6.	7.	8.	9.	10.	11.

ziffern der Rückfallsfähigen.

bestraften (Sp. 2)					
waren noch am Leben	wurden rückfällig	betrug also die Rückfälligkeit in %	waren noch am Leben	wurden rückfällig	betrug also die Rückfälligkeit in %
binnen einer Frist von mehr als 2 Jahren und 5 Jahren[1])			binnen einer Frist von mehr als 5 bis 10 (20) Jahren[1])		
9.	10.	11.	12.	13.	14.

[1]) Über die Unterscheidung von größeren Zeiträumen in diesem Formulare gilt das in der Anmerk. 1 zu Tabelle I bemerkte.

Thesen.

Die Rückfallsstatistik ist der materiell wichtigste, aber auch methodologisch schwierigste Teil der gesamten Kriminalstatistik. Sie ist sowohl für die wissenschaftliche, empirische Erkenntnis der sozialen Zusammenhänge des Berufsverbrechertums als für dessen praktische Bekämpfung durch eine rationelle Kriminalpolitik von entscheidender Bedeutung.

In Erwägung dieser Bedeutung möge die J. K. V. eine Kommission einsetzen mit dem Auftrage, einen eingehenden Entwurf zur Organisation einer wissenschaftlich korrekten Rückfallsstatistik auszuarbeiten und — mit den durch die Verschiedenheit der nationalen Gesetzgebung und Verwaltungseinrichtungen bedingten Modifikationen — den Regierungen zur Einführung zu empfehlen.

Als die leitenden methodologischen Grundsätze dieser Organisation möge die J. K. V. die folgenden aufstellen:

I.

Die Methode der bisherigen Rückfallsstatistik beruht auf einer falschen Grundlage, da sie entgegen der obersten Forderung einer jeden Statistik die Zahlen der Rückfälligen nicht zu den zugehörigen Kontingenten von Rückfallsfähigen in Beziehung setzt.

Es werden dadurch heute sowohl über den Stand als über die Bewegung, sowohl über die Extensität als über die Intensität der Rückfälligkeit Angaben gewonnen, welche den wirklichen Verhältnissen nicht entsprechen.

II.

Eine wissenschaftlich korrekte Rückfallsstatistik mufs sich auf den Strafregistern aufbauen, und zwar mufs sie nicht nur deren materiellen Inhalt, sondern vor allem deren Methode zur Grundlage nehmen, nämlich die Methode der Verfolgung der gesamten Verbrecherlaufbahn des Delinquenten als eines Ganzen.

Die gerichtlichen Strafnachrichten, auf denen die Strafregister beruhen, können in wertvoller Weise ergänzt werden durch Mitteilungen der Strafanstalten, namentlich über die sozialen Verhältnisse der Rückfälligen. Aber weder die Gerichte noch die Strafanstaltsbehörden können unmittelbar das Urmaterial der Rückfallsstatistik liefern. Dies mufs durch Vermittelung der Strafregister geschehen, wo alle auf denselben Delinquenten bezüglichen Nachrichten gesammelt werden.

Denjenigen Staaten, welche Strafregister noch nicht eingeführt haben, ist deren Einrichtung nicht nur wegen des statistischen, theoretischen Interesses, sondern aus den zwingendsten Gründen einer wirksamen Kriminalpolitik von neuem dringend zu empfehlen.

In allen Staaten, wo Strafregister bestehen, bieten dieselben — trotz einiger Lücken, deren künftige Vervollständigung wünschenswert, übrigens auch unschwer erreichbar ist — bereits jetzt ein vortreffliches Urmaterial zu einer methodologisch korrekten Rückfallsstatistik.

III.

Es empfiehlt sich, die künftige Rückfallsstatistik nicht unabhängig von der allgemeinen Kriminalstatistik zu bearbeiten, vielmehr eine gemeinsame Organisation für beide zu schaffen. Eine solche wird ohne weitgehende Veränderungen der heute in den verschiedenen Staaten bestehenden Einrichtungen der Statistik dadurch erreicht, dafs das gesamte, jetzt erhobene kriminalstatistische Urmaterial durch die Strafregister hindurchgeleitet wird.

Als Erhebungsform des kriminalstatistischen Urmaterials ist allen Regierungen die Einführung von Individualzählkarten zu empfehlen. Dieselben sind zweckmäfsigerweise mit den Strafnachrichten zu kombinieren.

Eine solche Eingliederung der neuen Rückfallsstatistik würde die Kosten einer doppelten Organisation ersparen und würde ohne wesentliche Verteuerung des jetzigen Aufwandes an Arbeitskräften und Geldmitteln zu erreichen sein; es würde dadurch insbesondere eine Verminderung der jetzt in den meisten europäischen Staaten den Gerichtsbehörden obliegenden Arbeitslast ermöglicht werden.

Für die künftige Kriminalstatistik sind nicht jährliche Veröffentlichungen erforderlich, vielmehr sind drei- oder fünfjährige Publikationsperioden ausreichend.

IV.

Die Durchleitung des statistischen Materials durch die Strafregister ermöglicht nicht nur für die Rückfallsstatistik sondern für die gesamte Kriminalstatistik einen wesentlichen, anderweitig nicht erreichbaren Fortschritt. Es wird dadurch gemäfs den Forderungen der wissenschaftlichen Methodik eine korrekte Statistik der verbrecherischen Individuen geschaffen, während die bisherige Kriminalstatistik im Grunde nur eine Statistik der Aburteilungen (in einigen Ländern der Anklagen, beziehungsweise Denunciationen) darstellt. Hinfort kann jede Doppelzählung eines Individuums vermieden werden.

V.

Durch die vorgeschlagene organische Verbindung der Rückfallsstatistik mit der gesamten Kriminalstatistik wird ferner die erstere inhaltlich bereichert werden, indem sie die gesamten, in den verschiedenen Staaten getroffenen kriminalstatistischen Erhebungen zur Aufklärung der persönlichen, namentlich der sozialen Verhältnisse der Rückfälligen verwerten kann. Eine Ergänzung dieser Erhebungen ist namentlich nach der Seite der halbkriminellen Verhältnisse wie Bettelei, Vagabondage, Prostitution usw. wünschenswert. Erst durch die Verbindung mit derartigen Erhebungen wird die Rückfallsstatistik ein zutreffendes Bild des Berufsverbrechertums als sozialpathologische Erscheinung gewähren. —

Wo aber eine gemeinsame Organisation der künftigen Rückfallsstatistik und der allgemeinen Kriminalstatistik trotz der angeführten inneren Vorzüge und trotz des äufseren Vorteils der erheblich gröfseren Einfachheit und Billigkeit nicht alsbald erreichbar ist, da möge die Inangriffnahme einer gesonderten Rückfallsstatistik nicht verzögert werden, vielmehr die Auszählung der Strafregister in ihrer jetzigen Gestalt baldmöglichst in Angriff genommen werden.

VI.

Was die Forderung einer internationalen Einheitlichkeit der künftigen Rückfallsstatistik betrifft, so ist zwar die Methode derselben — in den Grundprinzipien wenigstens — in den verschiedenen Staaten gleichartig zu gestalten; ihre materiellen Ergebnisse werden trotzdem nicht ohne weiteres mit einander verglichen werden dürfen.

Insbesondere wird man auch nach Einführung einer einheitlichen statistischen Methode nicht berechtigt sein, aus den Rückfälligkeitsziffern verschiedener Staaten schlechthin auf die gröfsere oder geringere Wirksamkeit des Strafensystems derselben zu schliefsen. Denn die Unterschiede der nationalen, strafrechtlichen wie prozessualen Gesetzgebung, und der staatlichen Institutionen überhaupt sowie der gesamten sozialen und kulturellen Verhältnisse (Wirksamkeit der Polizei, Empfindlichkeit der Bevölkerung gegen Rechtsverletzungen usw.) beeinflussen die Rückfälligkeitsziffern und schliefsen jede direkte Vergleichbarkeit derselben aus, auch wenn der Begriff «Rückfall» im weitesten Sinne genommen wird.

MÉTHODE

D'UNE

STATISTIQUE SCIENTIFIQUE DE LA RÉCIDIVE

COMME BASE D'UNE

RÉFORME DE LA STATISTIQUE CRIMINELLE

par **O. KÖBNER**, Berlin.

Traduit de l'allemand par E. VINCK, Bruxelles.

(Extrait de Bulletin de l'Union Internationale de Droit Pénal.)

BERLIN.
J. Guttentag, Verlagsbuchhandlung.
1893.

A Monsieur le Professeur

Richard Böckh

en témoignage

de reconnaissance et de respect

cette étude est dédiée.

AVANT-PROPOS.

L'Union Internationale de Droit Pénal a inscrit à l'ordre du jour de l'assemblée générale qu'elle tiendra à Paris la question: «De la méthode relative à l'organisation d'une statistique scientifique et uniforme de la récidive». A côté du célèbre chef de la statistique italienne, Monsieur le directeur général Bodio (Rome), à côté de Monsieur van Hamel, le sagace et pénétrant professeur de Droit Pénal à l'université d'Amsterdam, l'auteur a reçu le difficile honneur de présenter un rapport sur cette même question.

Pendant l'élaboration de ce travail l'auteur s'est pénétré de la nécessité de sortir des limites d'un semblable rapport. En particulier il a cru indispensable de faire précéder son projet d'organisation positive d'une critique préalable et fondamentale des faux principes généralement appliquées jusqu'ici.

Que le juriste et l'économiste qui lira les pages suivantes ne s'effraie pas au seuil d'un domaine à grand tort redouté. Comme au fond de toutes les questions concernant l'exposé d'une méthode statistique, il s'agit, non point d'explications techniques étrangères ou difficiles au lecteur, mais de très simples délibérations des facultés logiques. En effet, c'est seulement par une étude sûre et perçante des questions méthodologiques, qu'une évaluation des résultats matériels de la statistique est possible. Plus on croit à l'importance actuelle et à l'avenir de la statistique criminelle, cette branche importante de la statistiquesociale, plus il faut multiplier les critiques, plus il faut en s'essayant à ériger une méthode définitive, chercher à la façonner avec soin.

Les recherches empiriques et scrupuleuses, et surtout l'observation et le système d'observation des «grandes masses» recevront tôt ou tard la place qui leur est due dans les sciences criminelles et qu'ils ont déjà conquise dans un grand nombre de branches des sciences naturelles et morales. Maintenant encore, parmi les juristes, on répète quelquefois comme une croyance machinale que la statistique «peut tout prouver». On reconnaîtra le manque de pensée, le vide absolu de cette assertion. Cependant, aussi longtemps que la statistique criminelle se sera fourvoyée par des méthodes incorrectes jusqu'à des résultats inexacts, la foi en cette idée conservera quelqu'apparence de justesse. C'est ce qui arrive précisément aujourd'hui dans la statistique des récidives.

De quelque point de vue qu'on l'observe, elle demeure la partie la plus importante de la statistique criminelle. Cela est évident dans les constatations matérielles. En effet on reconnaît de plus en plus que la criminalité d'habitude doit former le point brûlant des études criminalistes.

L'importance en augmente encore si on se place sur le terrain méthodologique. Il s'agit de l'observation progressive et continue de la carrière des délinquants comme un tout. Ce dénombrement exact des individualités délinquantes forme le problème central de toute statistique criminelle.

Par la solution de ce problème, la discipline générale de cette science peut être élevée jusqu'à des principes définitifs, supérieurs et nouveaux.

Depuis plusieurs années le but de l'auteur a été d'explorer statistiquement la criminalité d'habitude comme phénomène socio-pathologique. Dans ces études il a acquis la conviction de plus en plus inébranlable, que la construction d'une méthode correcte de la statistique des récidives était l'indispensable préliminaire de tout travail ultérieur et scientifique sur cette même question.

Berlin, le 15. mai 1893.

Köbner.

Sommaire:

I. Critiques des méthodes actuelles de la statistique des récidives. Leur erreur fondamentale de logique; les sources d'erreurs qui en résultent. — La méthode française.

II. La nouvelle organisation de la statistique des récidives basée sur la méthode des casiers judiciaires c. à d. sur une poursuite de la carrière criminelle considérée comme un tout.

III. La commune organisation de la statistique des récidives et de la statistique criminelle générale. Leurs rapports avec la statistique sociale. — Avantages qu'il y a à faire passer tous les renseignements de la statistique criminelle par les casiers judiciaires. A. Réforme du principe méthodologique fondamental de la statistique criminelle, création d'une statistique scientifique des individus criminels remplaçant la statistique actuelle des cas de criminalité. — B. Moyen d'approfondir la statistique des récidives, par l'examen de la situation personnelle, économique et sociale du délinquant. La criminalité professionelle comme phénomène socio-pathologique. — C. Diminution de frais et de travail (notamment pour les tribunaux).

IV. L'uniformité internationale de la méthode ne permet pas encore une comparaison directe des résultats matériels de la statistique de la récidive.

Annexes 1. Appendice au chapitre II: Lacunes de l'organisation actuelle des casiers judiciaires. Propositions pour les combler. Les modifications provisoirement nécessaires dans la statistique de la récidive.

2. Les formulaires des bulletins individuels des casiers en Allemagne, France, Italie et Belgique. Formulaires des bulletins individuels de la statistique criminelle en Allemagne et Italie.

3. Projets de tableaux pour la statistique de la récidive: Ia et b: Tableau de la récidive. Tableau général Iα et β: même tableau modifié d'après les principes exposés dans l'annexe I. sur la base de l'organisation actuelle des casiers judiciaires allemands, français, italiens et belges. II. Récidive d'après l'âge et le sexe. III. Récidive d'après le genre des délits. IV. Récidive divisée en „récidive spéciale" et „récidive générale". V. Récidive d'après le genre des peines antérieures. Dans I, III et V: a (ou α) nombres absolus; b (ou β) nombres absolus et % des capables de récidiver.

V. Thèses.

I. Critiques des méthodes actuelles de la statistique des récidives. Leur erreur fondamentale de logique.

Une «statistique de la récidive», scientifiquement parlant, n'est encore nulle part organisée.

Il y a bien dans la statistique officielle d'un grand nombre de pays des données sur les antécédents judiciaires des condamnés, données très différentes quant à leur étendue et quant à leurs détails. Les Etats ou parties d'Etats, qui fournissent de pareils renseignements, sont pour autant que je sache: l'Empire allemand, l'Autriche, la Belgique, l'Ecosse, l'Espagne, la France, l'Italie, la Norvège (seulement pour le vol etc.), les Pays-Bas (peu d'indications), la Pologne-russe, le Portugal, la Russie, et la Suède[1]).

---

[1]) L'Angleterre, Pays de Galles et Irlande n'ont des renseignements sur les antécédents judiciaires que dans la statistique de leurs prisons. Cette dernière, indépendamment de la statistique criminelle, livre aussi dans la plupart des autres Etats susnommés des renseignements analogues. Nous aurons à examiner plus loin la méthode de cette branche de la statistique. Disons déja cependant qu'elle n'est pas à considérer comme pouvant servir de base pour une statistique scientifique de la récidive.

Dans l'exposé qui va suivre, nous aurons à apprécier incidemment les points saillants des méthodes employées dans les publications précitées. Leur détail présente de nombreuses différences. L'espace dont je dispose m'interdit d'y entrer. Des renseignements sur ces points de détails (partiellement déjà trop anciens) se trouvent dans le beau mémoire: «De la récidive et du régime pénitentiaire en Europe» que M. Yvernès a rédigé pour le 9e congrès international de statistique (Budapest 1876). V. Programme du Congrès, 2e section, Justice, pp. 35. sq. et 64 sq. M. Würzburger dans: «le Tableau synoptique du Contenu des publications statistiques concernant la criminalité» a dressé un sommaire très détaillé et très méthodique des publications de statistique de l'Europe, à l'exception des bulletins si riches du Portugal, de la Russie et de la Pologne-russe. Ce tableau figure en appendice au rapport très intéressant de M. Bodio: «Sur l'organisation de la statistique pénale en Italie et sur les difficultés, qui s'opposent aux comparaisons internationales dans cette branche de la statistique» rédigé pour la 2e session de l'Institut international de Statistique (Paris 1889). V. Bulletin de l'Inst. t. IV, 2e livraison pp. 171a, sq. Renvoyons ensuite au «Questionnaire pour la comparaison de la Statistique criminelle» qui vient de paraître. C'est M. Bodio qui l'a formulé. Il l'a ensuite rempli très exactement d'après les renseignements fournis par les staticiens officiels de presque tous les Etats européens, et annexé au

Le lecteur peut certainement receuillir dans ces publications quantité de données intéressantes au sujet des antécédents des délinquants. Mais ces publications sont toutes loin de réaliser une véritable «statistique de la récidive», d'après les principes scientifiques de la méthode.

Ces publications ne sont pas seulement dans la plupart des pays encore très incomplètes; elles ne spécialisent pas suffisamment, souvent elles ne séparent pas la récidive dans le même délit ou dans un délit du même groupe, des autres récidives etc. Ce sont là toutes lacunes bien souvent reprochées à la statistique actuelle de la récidive. Mais de l'avis des critiques ces lacunes doivent et peuvent étre comblées, sans modifier le principe fondamental de la méthode actuelle.

A mon avis le point saillant à discuter est précisément ce principe fondamental de la méthode. Il méconnaît les règles premières depuis longtemps adoptées et pratiquement appliquées dans les autres branches de la statistique.

Pour justifier cette critique qui pourrait paraître trop sévère, je me permettrai d'éclairer sous ses diverses faces l'erreur fondamentale dont il s'agit. Je pourrai ainsi traiter plus rapidement les autres défauts de la statistique actuelle de la récidive, attendu qu'ils se rattachent presque tous à cette faute unique. Et cette erreur de principe une fois reconnue, les données positives pour une organisation de cette branche de la statistique apparaitront d'elles mêmes [1]).

Les chiffres absolus du nombre de délinquants ne donnent pas par eux mêmes une valeur à des données de statistique criminelle. Ce n'est qu'au dillettantisme que le nombre absolu, surtout le grand nombre, en impose; et ce dilettantisme

---

«Rapport sur la statistique judiciaire pénale» que M. Bodio a rédigé pour a 3e Session de l'Inst., Vienne 1891 (Extrait du Bulletin de l'Inst., T. VI, Rome 1892). Je dois à l'obligeance de l'auteur d'avoir pu prendre connaissance du travail au moment de l'impression de mon rapport. Dans les citations que j'en ferai je mentionnerai la pagination du tiré à part qui m'est parvenu, et non celle du Bulletin de l'Institut.

[1]) Le mot «récidive» sera dans la suite employé dans son sens le plus large et non dans le sens technique, sauf indication contraire. Il en est de même pour le mot «crime».

** La pagination est restée celle du Bulletin de l'Union.*

a fait beaucoup de tort en tirant des conclusions prématurées d'opérations faites et sur des séries de nombres n'ayant pas de commune mesure (incommensurables). Cette branche de la statistique s'est vue plus d'une fois discréditée par de semblables imprudences. Ceux au contraire, qui se servent scientifiquement de la statistique criminelle, ont toujours attaché la valeur la plus grande à la possibilité d'obtenir un résultat correct dans la comparaison des nombres et l'établissement des proportions. Ce n'est que par la comparaison exacte avec les chiffres d'une statistique bien dressée de la population, que le nombre des délinquants, groupés d'après le sexe, l'âge, la profession etc. acquiert vie et signification. Chaque fois que cette comparaison est impossible, les chiffres de la statistique criminelle ne nous disent rien. Bref, les chiffres des criminels n'ont de valeur pour le statisticien, que rapportés au nombre de ceux qui sont capables de délinquer[1]).

Ce point essentiel de toute statistique criminelle est encore bien négligé aujourd'hui dans le domaine spécial de la statistique des récidives.

Car, par analogie avec ce principe, tous les récidivistes d'un groupe de population devraient être mis en rapport avec cette portion du groupe, qui renferme ceux que j'appellerai les «capables de récidiver».

Dans une population, sont capables de récidiver ceux qui 1. ont déjà été condamnés une au plusieurs fois, et qui 2. sont en état de commettre un nouveau délit, ce qui exige avant tout qu'ils soient encore en vie. L'indication de cette seconde condition sine qua non peut sembler plus que superflue. Ce n'est pas le cas, cependant; car cette condition essentielle a précisément été jusqu'ici négligée par la statistique comme nous le montrerons dans la suite.

La formule exacte pour la statistique de la récidive sera donc: Parmi les capables de récidiver d'un groupe de population, pendant une année donnée, il y a eu autant de

[1]) Parmi les nombreuses discussions faites à ce sujet, v. par ex. dans les «Erläuterungen» de la première publication de la statistique criminelle allemande (pour 1882) pp. 71 sq., de même que l'explication du fondateur de cette statistique, M. v. Scheel, dans son article «Zur Einführung in die Krim.-Stat., insbes. diejen. d. Deutschen Reichs» (Introduction à la statist. crim., spécialem. celle de l'Emp. Allem.) dans l'Allg. Statist. Archiv I (1890) S. 200.

récidivistes (autant dans le courant de la première année après la condamnation antérieure, autant dans le courant de la seconde année etc.).

Quelles sont au contraire les données que livrent les publications actuelles de la statistique? Elles donnent pour une année déterminée (par ex. 1890) le nombre absolu des condamnés qui furent précédemment punis, et nous fournissent ainsi exactement le nombre absolu des récidives. Mais elles ne comparent pas ce chiffre à celui des «capables de récidiver» en 1890, elles le comparent à un chiffre absolument différent: à celui de l'ensemble des condamnés en 1890. Nous trouvons aujourd'hui dans la statistique criminelle de tous les pays les deux chiffres suivants en regard [1]):

Mettons qu'en 1890 le nombre absolu des condamnés fût x (soit 100 000). De ceux-ci, y (disons 30 000) avaient déjà subis une condamnation. Les statisticiens et les criminalistes en conclurent: Le nombre des récidivistes est à celui des condamnés comme 30 000 est à 100 000 — ce qui apparemment signifie la même chose que: la récidive comporte 30 %, c. à. d. parmi les condamnés de ce pays 30 % deviennent récidivistes. Ces 30 % obtenus au moyen des chiffres de 1890 sont alors généralement comparés aux % obtenus les années précédentes ou suivantes; on calcule d'après la même méthode le % de récidive pour des délits spéciaux ou des genres de délits, et on les compare entre eux; on compare également le nombre des récidives pour la première, pour la seconde fois etc.

Ces % sont inutilisables et même trompeurs, tant pour apprécier la situation statique de la récidive que pour évaluer ses mouvements. Car les nombres fondamentaux qui

---

[1]) Loin de moi l'idée de prétendre que la comparaison de ces deux chiffres est totalement dépourvue d'intérêt pour la statistique criminelle. Si dans l'exemple que nous avons supposé, nous constatons que sur 100000 condamnés il y a 30000 récidivistes, cela est important surtout pour ce qui concerne les 70000 restants. Car nous savons que les 70 % des condamnés se recrutent parmi les individus jusque là impunis, constatation très importante socialement et criminellement parlant. C'est pourquoi il importe de conserver ces données dans la statistique criminelle. On peut les conserver dans le plan de réorganisation de la branche qui nous concerne. Mais pour une statistique de la récidive la juxtaposition de ces données est absolument inadmissible.

servent à les obtenir: le chiffre des récidivistes d'une année et le chiffre de l'ensemble des condamnés pendant la même année, sont deux grandeurs absolument hétèrogènes et incommensurables [1]).

Le dernier chiffre est bien loin d'atteindre celui des «capables de récidiver», c'est à dire celui des condamnés des années où les récidivistes furent frappés de leur première peine; c'est après son accomplissement qu'ils devinrent «capable de récidiver». C'est avec ce chiffre là seul que le nombre des récidivistes peut être comparé dans une statistique scientifiquement correcte.

Il va de soi que jamais une statistique criminelle n'a commis les fautes précitées en partant de l'hypothèse que les récidivistes d'une année (p. ex. 1890) se recrutent tous parmi les condamnés de la même année 1890, c. à. d. que tous ces récidivistes auraient déjà été condamnés dans le courant de la même année. La faute provient plutôt de ce que la statistique actuelle de la récidive ne comprend pas assez exactement quels sont les contingents annuels à mettre réellement en comparaison.

C'est là une erreur fondamentale, qui a joué et joue encore partiellement un rôle analogue dans l'histoire des différentes branches de la statistique scientifique. Ainsi par ex. cette conclusion si souvent citée et généralement reconnue comme fausse aujourd'hui, qui expliquait l'élévation de l'âge moyen d'une population par une plus longue durée moyenne de la vie, oubliait aussi de tenir un compte exact des contingents annuels corrects etc. Idem pour la détermination jusqu'ici erronée de la durée moyenne des mariages etc. C'est principalement le mérite des recherches si méthodiques et si bien conduites de M. Böckh d'avoir mis cette erreur en pleine lumière. M. Böckh a également introduit la vraie méthode scientifique dans de nombreux et importants domaines de la statistique. Il a d'après cette base dressé des tables exactes de la fécondité des mariages, de leur durée etc.

Appliqué à la statistique de la récidive le principe précité exige, comme nous l'avons dit, que le chiffre des récidivistes

[1]) Pour la méthode suivie par la statistique française voir ci-dessous à la fin du chapitre.

soit mis en rapport avec le contingent des années où ces récidivistes commencèrent leur carrière criminelle, c'est à dire furent condamnés pour la première fois. Ce n'est là que l'expression d'une simple loi de logique qui exige une réponse exacte à la question: de tous les condamnés d'une année, quel % devient récidiviste?

La méthode actuelle rapprochant le nombre des récidivistes d'une année, du nombre de l'ensemble des condamnées de la même année, compare ainsi des contingents annuels incommensurables. En commettant cette faute fondamentale unique elle crée non seulement une, mais d'un seul coup toute une série de sources d'erreurs. Chacune d'elles déjà n'est pas insignifiante, mais cumulées elles arrivent à donner un résultat tellement erroné, que la statistique actuelle de la récidive n'a guère qu'une valeur illusoire. Ces fautes de la méthode actuelle sont je crois les suivantes:

1. La statistique comparant le nombre des délinquants frappés, au courant d'une année déterminée, pour la seconde, troisième fois etc., au nombre total des condamnés de la même année, ne tient aucun compte de l'accroissement général de la population. Le total des condamnés en 1890 se compose du nombre des condamnés pour la première fois et des récidivistes. Ces derniers ont déjà en partie subis leur première condamnation dans les années antérieures en 1885, 1886 par ex., etc.

De 1885 à 1890 le chiffre de la population, par conséquent celui des «capables de délinquer» s'est considérablement accru dans la plupart des états européens. Le nombre des criminels s'est accru en même temps, supposé même que le penchant au crime n'ait point augmenté, qu'il soit plutôt resté constant. En 1890 il y a plus de personnes condamnées pour la première fois qu'en 1885 etc.

Il y a donc aussi en 1890 plus de capables de récidiver qu'en 1885 etc. Si maintenant, et c'est ainsi que l'on opère aujourd'hui, ce nombre plus grand des capables de récidiver est comparé à celui des récidivistes de 1890, le % obtenu sera trop peu élevé.

Prenons que le % de récidive reste réellement constant: il est certain que du nombre plus grand de condamnés pour la première fois en 1890 il y aura dans les années subséquentes plus de récidivistes, qu'il n'y en a en 1890, différence provenant du nombre moindre de condamnés pour la première fois en 1885.

Cette erreur de méthode fait que, dans un pays où la population s'accroit, le % de récidive paraît trop favorable, et cela dans la mesure de cet accroissement. Dans les Etats à population constante cette erreur est insignifiante. C'est pourquoi les % de récidive dans la statistique criminelle française (% notamment très défavorables) sont les plus rapprochés de la réalité, pour autant que l'on tienne compte de l'influence de l'erreur en question. Mais cette erreur elle même est loin d'avoir l'importance de celles dont nous allons encore nous occuper.

2. La faute de logique qui consiste à comparer des grandeurs incommensurables, le nombre de récidives et le nombre de l'ensemble des condamnations d'une année, conduit à de faux résultats aux époques d'accroissement ou de décroissement de la criminalité générale d'un pays.

Nous n'avons pas à traiter ici, question si discutée, pourquoi, dans ce dernier quart de siècle, le chiffre des condamnations s'est accru plus rapidement, quelquefois même beaucoup plus rapidement, que le chiffre de la population? Nous ne nous prononcerons pas sur la question de savoir, si un pareil accroissement signifie toujours un abaissement du niveau moral d'un peuple, ou bien s'il ne faut pas plutôt l'attribuer, du moins en partie, à d'autres causes (plus grande sévérité des mesures répressives de l'état etc.). Nous constatons ici simplement que, la criminalité suit une marche croissante pendant cette période, dans la plupart des pays. C'est-à-dire que dans ces pays — abstraction faite ici de l'accroissement naturel de la population — il y a généralement d'année en année, une moyenne plus élevée de condamnés pour la première fois. Ainsi, pour se rappeler notre exemple, il y a en 1890 plus de condamnés, donc plus de capables de récidiver qu'en 1885 etc. La méthode actuelle compare alors le nombre des récidives de la dernière année 1890 non pas au contingent des condamnations des années précédentes (au courant desquelles les récidivistes en question reçurent leur première condamnation) mais au chiffre plus élevé de ceux qui furent en 1890 condamnés pour la première fois. Il en résulte que le % de récidive ainsi obtenu est inférieur à la réalité.

Cette erreur est insignifiante si le chiffre de criminalité d'un pays reste constant pendant une suite d'années. Mais plus la criminalité augmente (par une plus grande participation des éléments jusqu'ici intacts), plus l'erreur de statistique fera croire à une décroissance de la récidive. C'est ainsi que l'on a été quelquefois conduit à des conclusions erronées très regrettables. Lorsque dans une statistique de la récidive dressée d'après la méthode actuelle, on constate une diminution du % de la récidive, on doit s'efforcer de chercher, d'après d'autres données de statistique, si cette décroissance apparente résulte en effet d'une diminution de la récidive, ou bien si elle n'est pas le résultat d'un accroissement exorbitant de la criminalité générale. Et en sens opposé, un accroissement rapide du % de la récidive constaté par la statistique actuelle ne signifie pas nécessairement une tendance plus grande à la récidive, mais peut, en certains cas, résulter d'une amélioration de la criminalité générale (par la décroissance de la participation des éléments intacts).

3. Mais faisons abstraction des erreurs 1 et 2. Supposons même que la population et le % de la criminalité restent stationnaires, nous avons cependant à constater encore une grave erreur de la statistique moderne. Admettons que le nombre des condamnés devenus capables de récidiver reste le même chaque année et que conséquemment la comparaison des chiffres juxtaposés par la statistique actuelle produise le même résultat que la comparaison des valeurs exactes. Alors même la méthode actuelle commettrait une erreur importante en ne tenant aucun compte du chiffre de la mortalité.

Les récidivistes de 1889, 1890 furent, comme nous l'avons fait observer plusieurs fois déjà, condamnés pour la première fois en 1884, 1885, partiellement même plus tôt. De ces personnes, devenues pendant ces années capables de récidiver, un grand nombre sont mortes et sont par conséquent à défalquer du nombre des capables de récidiver. Le nombre des récidivistes n'est à comparer qu'au reste ainsi obtenu.

L'on ne met pas aujourd'hui en rapport le chiffre des récidivistes en 1889, 1890 etc. avec celui des capables de récidiver vivants encore en 1889, 1890, et provenants des années au courant desquelles ils furent condamnés, c'est-à-dire devinrent capables de récidiver. On le compare au nombre total des condamnés de l'année dont il s'agit. Ces condamnés de 1889, 1890 étaient naturellement tous en vie, car aujourd'hui l'on ne condamne plus après la mort. Le nombre des capables de récidiver survivants en 1889, 1890, et provenants des années précédentes était diminué par les décès. Et le nombre des récidivistes a décru comparativement au nombre des capables de récidiver. Ainsi donc dans les calculs actuels, un nombre de récidivistes diminué par les décès, est comparé à un nombre de condamnés, qui, au moment où il a été fixé, ne pouvait pas encore subir une décroissance de ce genre. Attendu que le nombre de récidivistes est de la sorte comparé à un nombre beaucoup trop élevé de condamnés, le % de récidive obtenu doit être bien au dessous de la réalité.

Si une pareille erreur de méthode se commettait dans une entreprise pratique, par ex. l'assurance, cette dernière ferait faillite après peu d'années. C'est particulièrement dans la branche de la statistique qui nous occupe, que l'erreur commise en ne tenant pas compte du chiffre de mortalité doit peser le plus lourd dans la balance. Car il ne s'agit pas ici de la mortalité constatée par les sociétés d'assurance sur la vie parmi les classes favorisées. Il ne s'agit pas non plus de la mortalité constatée pour la généralité de la population. Non, nous sommes ici en présence d'une mortalité qui dépasse de beaucoup toutes ces moyennes. Nous n'avons pas de données statistiques pour la durée de la vie des criminels d'habitude (et c'est de cet élément qu'il s'agit principalement, si pas exclusivement, dans la récidive). Ce sera la nouvelle organisation de la statistique qui nous donnera, outre de nombreux autres renseignements, des données sur la mortalité de cette classe. Mais nous avons déjà aujourd'hui quantité de renseignements statistiques épars, concernant les effets néfastes d'une série de facteurs physiques et sociaux sur la durée de la vie de ces criminels. M. Engel entre autres nous offre des travaux de statistique excellents en ce qui concerne l'accroissement énorme de la mortalité causée par l'emprisonnement, et dans la récidive il s'agit précisément d'individus qui passent une portion considérable de leur vie en prison. Nous savons aussi que l'ivresse, la prostitution et autres vices qui jouent un si grand rôle dans la récidive, raccourcissent considérablement la vie humaine. Nous savons que parmi les récidivistes nous avons souvent affaire à des individus chargés de tares héréditaires, dégénérés physiquement et moralement. Ces individus sont des déclassés et, même en liberté, ils sont soumis à des conditions de vie physiquement et psychiquement les plus défavorables. Devant toutes ces influences réunies, nous devons acquérir la conviction que: dans cette couche de la population il se manifeste une mortalité dont nous nous figurons difficilement la fréquence.

Cependant cette mortalité énorme est négligée pour la statistique actuelle de la récidive! Il est aisé de comprendre que les chiffres actuels de cette statistique ne répondent pas à la réalité.

4. Quelques autres erreurs se rattachent méthodologiquement à la précédente, mais elles sont loin d'avoir sur les résultats de la statistique une influence matérielle aussi grande.

Pour déterminer le nombre des capables de récidiver en partant du nombre des précédemment condamnés, il faut non seulement défalquer ceux qui sont décédés, mais aussi ceux qui, encore en vie, ne sont pas en état de commettre un nouveau délit, une récidive, soit pour des raisons juridiques, soit par des raisons de fait. A cette catégorie appartiennent ceux qui deviennent aliénés, ceux qui émigrent, enfin ceux qui pour leur dernier crime ont été frappés de l'emprisonnement à perpétuité. Et précisément les récidivistes fournissent un contingent important à ces divers groupes, qui à bien peu d'exceptions près, sont donc à décompter du nombre des «capables de récidiver».

Sont encore à décompter, temporairement du moins, tous ceux qui sont condamnés à une peine de liberté de durée limitée donc la plus grande partie de tous les criminels. Car la possibilité de commettre un nouveau délit — de récidiver — cesse (sauf pour de rares délits) avec la mise en prison.[1])

Ainsi donc pour calculer exactement la récidive pendant une période donnée, il faut compter les condamnés non depuis l'instant de leur condamnation, mais depuis le moment où ils ont accompli leur peine — excepté pour les cas de grâce et de libération provisoire etc.

C'est ce dont on ne tient pas compte aujourd'hui. Cette erreur porte d'abord — reprenons 1890 comme ex. — sur le nombre de ceux qui furent condamnés pour un temps assez long dans une année antérieure, et qui par conséquent ne peuvent pas encore être comptés en 1890 (ou une partie de cette année) comme «capables de récidiver». L'erreur se commet aussi à propos du contingent considérable de ceux qui au courant de l'année même de leur condamnation antérieure, deviennent «capables de récidiver» et partiellement «récidivistes» c'est-à-dire ceux qui furent condamnés en 1890 à une peine de courte durée. Ces individus sont aujourd'hui comptés comme «capables de récidiver» même pendant les jours, semaines, mois de leur détention, alors qu'ils en étaient incapables.[2])

Vu le rôle important que les peines de courte durée jouent malheureusement aujourd'hui dans le système pénal de tous les pays, l'erreur que nous signalons ne manque pas d'importance.

Il est évident que la détention dans une maison de cor-

---

[1]) La possibilité de commettre un délit, est par le fait même enlevée. Cela diffère de l'impossibilité juridique que prévoit la disposition du code pénal de l'Allemagne et de plusieurs autres pays européens, disposition disant: que la récidive n'est possible qu'après accomplissement (total ou partiel) de la peine ou des peines antérieures.

[2]) A d'autres endroits la statistique actuelle reconnaît parfaitement que la «capacité de récidiver» ne commence qu'à partir de l'accomplissement de la peine antérieure; cf. par ex. le calcul du délai entre le dernier accomplissement d'une peine et le nouveau délit, dans tab. I du Bulletin ann. de statist. crim. allem. Col. 24—28 (dressé d'après les données sous chiffre 10 du Bulletin individuel figurant ci dessous à l'annexe 2, no. I b). Mais dans le calcul du % de récidivistes dans le nombre absolu des condamnés de l'année, on commet l'erreur de plus haut.

rection etc. doit aussi entrer en ligne de compte dans les pays qui possèdent de semblables établissements.

Toutes les erreurs que nous venons d'examiner contribuent à donner du chiffre de la récidive une idée fausse et presque toujours trop favorable. Dans l'état actuel de la statistique il est impossible de déterminer l'étendue de l'erreur générale. On peut dire cependant sans crainte de se tromper que l'erreur commise aujourd'hui est énorme, et que les matériaux en présence ne sont guère utilisables pour une statistique correcte.

On pourrait nous objecter: admettons que la statistique actuelle de la récidive commette une grande erreur, mais cette erreur reste tous les ans la même et elle s'élimine par conséquent lorsque l'on compare les données de différentes années. Et ce que le criminaliste cherche surtout à connaître, c'est le mouvement de la récidive, son accroissement ou sa décroissance au cours de plusieurs années.

Nous répondrons à cela: L'accroissement de la population, la mortalité des criminels etc. restent à peu près constants pendant une période de plusieurs années — sauf événements extraordinaires; parconséquent les erreurs basées sur l'oubli dont il est question dans 1., 3. et 4. reste sensiblement la même chaque année. Si elles influencent les données concernant le montant même des récidives, elles ne faussent pas les conclusions quant à leur mouvement. Mais l'erreur 2 qui consiste à ne pas tenir compte du mouvement de la criminalité en général, varie en raison de la force et du sens de ce mouvement, et elle a conséquemment sur les conclusions au sujet des mouvements de la récidive une influence importante et néfaste.

De même qu'en suivant la méthode actuelle la comparaison des chiffres de la récidive obtenus en des années différentes est en réalité inexacte, de même cette comparaison pour des chiffres obtenus en des endroits différents, conduit à de faux résultats. Je ne veux pas parler ici de la comparaison toujours erronément tentée entre les chiffres de récidive d'états différents, car elle est impossible déjà pour des causes étrangères à la méthode statistique, comme nous le montrerons dans le dernier chapitre (traitant des comparaisons internationales). Mais la comparaison entre les chiffres obtenus dans les parties différentes du même pays conduit aussi nécessairement aujourd'hui à des conclusions inacceptables.

L'intérêt que présentent des comparaisons de ce genre se comprend et se justifie; de même que l'on met toujours plus en honneur «la Géographie criminelle» de même il convient de cultiver une branche de celle-ci que l'on pourrait appeler «la Géographie de la récidive».

C'est ainsi que la statistique criminelle allemande de 1890 récemment parue nous présente cartographiquement les résultats qu'elle obtient, en recherchant parmi les condamnés des trois années 1888 à 1890 quel est le nombre de ceux qui ont déjà été punis, et elle donne d'après cela à chaque subdivision judiciaire une teinte plus ou moins colorée.[1] Quelques colorations ont causé le plus vif étonnement. Par exemple celle de l'Est Prussien, qui toujours sur les cartes de la criminalité présente une tache très sombre, forme ici une partie extraordinairement claire. D'autres districts sont dans le même cas.

La statistique criminelle française nous a déjà donné une semblable carte d'après la moyenne des récidives parmis les «accusés et prévenus» des trentes années 1850 à 1879. Ici également certains départements portaient des colorations qui provoquaient la surprise.[2])

Une carte dressée d'après la méthode actuelle, prouve-t-elle nécessairement que les subdivisions colorées faiblement ou fortement présentent en réalité une récidive favorable ou défavorable? Une subdivision ne paraît-elle pas avoir une moyenne favorable de récidive et n'est elle pas marquée d'une teinte claire, lorsque sa récidive est exactement aussi élevée que celle d'une autre subdivision, mais lorsque sa criminalité générale est relativement plus élevée que dans les autres parties du pays (à cause de la participation des couches jusque là intactes)? Ne peut-il pas se faire, par conséquent, que cette teinte qui parait si favorable, soit, au moins partiellement, le résultat d'une aggravation importante de la situation criminelle de la dite subdivision?

[1]) Stat. de l'emp. Allem. nouvelle suite vol. 58, carte no. 2 (p. II 39).

[2]) Cf. Pl. 7 des annexes du Rapport relatif aux années 1826 à 1880, qui précède le «Compte général de l'administration de la justice criminelle en France pendant l'année 1880» (Paris 1882).

Dans d'autres districts la coloration favorable provient d'une autre cause: accroissement anormal de la population. Cet accroissement n'étant pas le même partout, l'erreur dont nous parlons ne s'élimine pas dans la comparaison entre la récidive de certains districts; pour certains d'entre eux (les grandes villes par ex.) elle joue un rôle beaucoup plus important que dans ceux où la population ne s'accroit que lentement; et si dans certains districts (agraires) la population décroit, l'erreur se manifeste nécessairement en sens opposé.

De même qu'une détermination locale de la statistique de la récidive conduit facilement aujourd'hui à de faux résultats, de même toute autre spécialisation de ses données fait commettre des erreurs, qui deviennent d'autant plus graves que l'on décompose plus les chiffres. Cependant il est nécessaire d'avoir au sujet de la statistique des récidives des données spécialisées dans plusieurs directions, aussi bien pour l'étude théorique du problème, que pour la législation et l'administration judiciaire.

Dès qu'il s'agit par exemple de déterminer le montant de la récidive d'après l'âge des condamnés, surtout pour ce qui concerne la jeunesse, les moyennes dont on dispose aujourd'hui sont inutilisables, parceque l'influence de la mortalité est différente, d'après l'âge. Ainsi l'erreur signalée plus haut et qui résulte de l'omission du chiffre de la mortalité rend ici toute comparaison impossible.

Par conséquent, dès qu'il s'agit non seulement de **Montant absolu** de la récidive, mais aussi de son Intensité, l'erreur d'ensemble ne s'élimine pas, mais se manifeste avec une force très variable, et toute conclusion devient impossible. J'entends par Intensité le chiffre moyen des récidives commises par chaque récidiviste. Jusqu'ici je ne me suis occupé que du premier point, c'est-à-dire la diffusion de la récidive, et cela afin de ne pas compliquer le raisonnement. J'ai parlé des récidivistes en général, sans distinguer s'ils le sont pour la première, seconde, troisième fois etc. Cette distinction cependant est indispensable pour le criminaliste qui veut se servir de ces chiffres et qui veut arriver à des conclusions au sujet de la criminalité d'habitude. Il doit observer l'Intensité de la récidive, c'est-à-dire séparer les individus, qui, après une condamnation, n'ont commis, du moins jusqu'ici, qu'un seul nouveau délit, les séparer, dis-je, de ceux, qui déjà récidivistes et après plusieurs condamnations, se rendent encore coupables d'un nouveau délit. Pour plus de brièveté, j'emploirai désormais les termes «récidiviste au premier, second, troisième degré» et «récidive au premier, second, troisième degré». Ainsi quand je dis par exemple: «Cette population présente une récidive au premier degré de 40 %, une récidive au second degré de 9 %» cela signifie simplement que de 100 condamnés pour la première fois, 40 récidivent une fois et 9 récidivent deux fois.

La méthode actuelle omet cette distinction. La statistique criminelle d'un grand nombre de pays, à vrai dire, publie séparément les chiffres absolus des récidivistes pour la première, seconde fois etc. Mais la proportion de la récidive dans chaque degré, le % des condamnés pour la première, seconde fois, qui devient récidiviste, voilà ce qui n'est ou guère examiné, ou bien examiné d'un manière complètement erronée. De même que l'ensemble des récidivistes est comparé aujourd'hui à un nombre de «capables de récidiver» complètement faux, de même les récidivistes de chaque degré sont mis en rapport avec des «capables de récidiver» d'un autre degré avec lesquels ils ne sont pas commensurables.

En conformité du principe de statistique dont nous avons parlé au commencement de notre travail, l'on ne peut comparer les récidivistes au premier degré qu'aux «capables de récidiver au premier degré» — les récidivistes au second degré qu'aux «capables de récidiver au second degré», qui existaient au courant de la même année dans une certaine population etc. Les «capables de récidiver au premier degré» sont tous ceux qui ont été condamnés une seule fois, pour autant qu'ils soient encore en vie et en liberté etc.; ceux qui ont déjà été condamnés deux fois, qui ont donc déjà récidivé, sont «capables de récidiver au second degré»; à décompter toujours ceux qui sont décédés ou qui sont en prison etc.

Par conséquent pour déterminer le nombre de ceux qui, en 1890 par exemple, sont «capables de récidiver au second degré «il faut l'extraire du nombre de ceux qui ont déjà récidivé une fois, de la même façon que l'on extrait le chiffre des capables de récidiver en général du total absolu des condamnés, ce que nous avons montré plus haut.

C'est ce dont on ne tient pas compte; toutes les erreurs dont nous avons parlé se commettent donc ici une seconde fois. La statistique actuelle dit, par exemple: en 1890, 100 000 individus furent condamnés, parmi eux il y avait 30 000 récidivistes, dont 6000 au second degré. Si l'on en conclut que de 100 000 condamnés, 30 000 c'est-à-dire 30 % deviennent récidivistes, on commet les erreurs mentionnées; si l'on conclut: de 30 000 récidivistes 6000 ou 20 % le deviennent au second degré, en ce cas les 4 erreurs sont encore une fois commises. Mais si l'on conclut directement, comme cela arrive souvent; de 100 000 condamnés 6000 soit 6 % deviennent récidivistes au second degré, en ce cas les 4 erreurs sont commises deux fois et cumulées.

Il en est de même pour la détermination des capables de récidiver au troisième degré et de la récidivie au troisième degré. Bref, plus le degré de récidive s'élève, plus l'erreur devient grande, et cela presque toujours en faveur d'une décroissance du chiffre exact. C'est par conséquent pour la récidive des degrés les plus élevés (donc pour les «Incorrigibles») que le chiffre exact surpasse le plus les résultats obtenus par la méthode actuelle. —

Les critiques qui précèdent nous ont conduit à la constatation suivante: La méthode actuelle de la statistique nous fournit, au sujet de la situation statique de la récidive et de son mouvement, au sujet de sa diffusion et au sujet de son intensité, des données qui sont fausses non seulement en elles mêmes, mais aussi pour les rapports que l'on peut établir entre elles. Et l'erreur se manifeste le plus souvent en ce sens qu'elle nous montre une extension et surtout une intensité de récidive beaucoup moins défavorable que la réalité. La statistique actuelle de la récidive ne peut par conséquent pas prétendre à une valeur scientifique.

Toutes les erreurs dont il a été question se ramènent à cette faute unique de principe qui consiste à comparer des contingents annnuels incommensurables. Et m'est avis que des autres reproches faits aux publications concernant la récidive des différents états, reproches qui se rapportent à des fautes méthodologiques de detail et dont l'examen nous mènerait trop loin, beaucoup peuvent être ramenés à l'erreur de principe dont je viens de parler.

Un autre groupe de critiques et projets de réformes, dont on parla au congrès de l'Un. i. de Dr. pén. à Christiania[1]) et même avant, ne s'occupe pas de l'inexactitude mais de l'état incomplet des données dans la plupart des états et attaque surtout le manque de spécialisation des délits commis subséquemment par le récidiviste. En effet il est nécessaire de former une distinction nette entre les criminels qui, dans leur récidive unique ou répétée commettent le même délit ou un délit du même genre (les spécialistes), et ceux dont les délits sont des genres les plus divers. Ce n'est que par une telle distinction et par une spécification aussi grande que possible des indications sur le premier genre de récidive (la récidive spéciale), que la statistique peut acquérir une valeur pratique pour la législation et la jurisprudence.

Dans la plupart des états la statistique ne constate une récidive spéciale que pour autant que le droit pénal positif du pays en question connaisse une telle récidive.[2]) Ici encore, la

---

[1]) Cf. les discours intéressants de M.M. van Hamel et Uppström, dans le Bulletin de l'Union, IIIe année, p. 287 sq.

[2]) C'est à juste titre que M. van Hamel (l. c. p. 302) au Congrès de Christiania, a reconnu la supériorité de la statistique criminelle italienne en ce qui concerne la constatation de la récidive. Elle s'enquiert, en effet, pour les récidives, du genre du dernier délit et établit parmi les condamnations antérieures les distinctions: «per lo stesso reato — per reato preveduto dello stesso capo o titulo del codice penale o dalla stessa legge speciale — per reato perveduto da altro capo o titulo del codice penale o da una diversa legge speciale» (cf. statistica giudiziaria penale per l'anno 1889, Roma 1891 p. CXXVI sq.). La nouvelle organisation de la statistique criminelle en vigueur depuis 1890, sous la direction infatigable de M. Bodio, nous fait espérer des données plus riches encore au sujet de la récidive. Le nouvel arrangement consiste en principe à utiliser le bulletin individuel («Zählkarte», «Scheda individuale») du système de la statistique criminelle allemande. Mais il surpasse cette dernière par un examen plus détaillé de la récidive. (cf. pour la stat. ital., le travail déjà cité de M. Bodio pour l'Inst. int. de stat. 1889, ainsi que les sources y indiquées: «Atti della commissione per la statistica giudiziaria. Sess. ord. e. straord. del 1889», Roma 1891. En outre: v. Scheel: Zur Technik der Kriminalstatistik in Deutschl. und Italien, Allgemeines Statistisches Archiv I, 1890, S. 468 ff.) — La «Statistica giudiziaria penale per l'anno 1890», Roma 1892, récemment parue, ne donne encore aucun renseignement au sujet des condamnations antécédentes

statistique de la récidive nous révêle son origine, la même que celle de la statistique criminelle en général: celle d'une statistique administrative des cours criminelles.

Mais de même que la statistique criminelle en général a depuis longtemps déjà perdu ce caractère primitif et d'importance secondaire, pour tendre de plus en plus à former une branche de la statistique sociale, de même la statistique de la récidive doit s'acquérir une place plus importante.

Il est temps qu'elle cesse de n'être que la servante de la loi il faut aussi qu'elle la guide. Elle ne doit pas seulement rendre compte des récidives de lege lata, mais indiquer, de lege ferenda, dans quels délits la récidive acquiert la plus grande extension et la plus grande intensité et réclame l'intervention de la loi. Elle doit — pour autant que des situations sociopathologiques aussi complexes soient numériquement déterminables — s'efforcer de rechercher empiriquement les causes,

---

et de la personnalité des délinquants; elle ne contient que les indications obtenues au moyen des «registri giornalieri» qui sont utilisés pour la statistique en Italie, outre les «bulletins individuels»; les renseignements concernant la personne sont obtenus au moyen des nouveaux bulletins. On annonce une publication qui donnerait les résultats obtenus.

L'auteur est heureux de pouvoir remercier ici M. Bodio pour l'amabilité avec laquelle il lui a fait parvenir l'ensemble des formulaires de la nouvelle statistique et lui a donné des indications précieuses au sujet de son organisation. La «scheda individuelle» est reproduite plus loin pour autant qu'elle se rapporte à la situation personnelle et à la récidive des délinquants.

La grande attention que la stat. crim. italienne prête à la recherche de la récidive, se rattache au rôle important que joue la récidive dans le C. pén. italien (art. 80 sq.). Et c'est d'une manière analogue, que, dans les autres états, le degré de soins que l'on met à déterminer spécialement la récidive de certains délits ou sortes de délits dépend de la valeur que le droit pénal du pays attache à la récidive de ces délits. Par. ex. la publication allemande donne les chiffres de ces «récidives» (dans le sens étroit du mot), pour autant que le C. pén. Allem. en fasse l'objet d'un délit spécial: ainsi pour la récidive au second degré ou plus souvent répétée en cas de vol, vol à l'aide de violences, recel, escroquerie (§§ 244, 250^5, 261, 264 du C. pén. Allem.); cf. les no. 69, 71, 74, 79 et 81 du «Ausführliches Verzeichnis» des délits dans la publication annuelle de la stat. crim. allem.

La statistique de quelques autres états donne de semblabes indications détaillées concernant la récidive seulement pour certains délits; par ex. la Stat cr. en Suède et Norvège, dont M. Uppström regrettait avec raison à Christiania l'insuffisance des autres parties (l. c. p. 289 sq.).

après avoir constaté l'existence évidente des faits et symptômes qui se présentent à nous. Elle doit s'efforcer de déterminer combien certains facteurs sociaux et surtout quelques dispositions malheureuses de la législation pénale contribuentà l'extension de la récidive.

La législation concernant la récidive et les recherches statistiques au sujet de la récidive doivent s'influencer réciproquement. Tout progrès de la législation sera favorable à la statistique en lui fournissant des matériaux nouveaux et plus riches; d'autre part c'est la statistique qui doit marcher la première faire comprendre à la loi, dans son langage de chiffres, quels futurs chemins elle doit suivre, et éclairer ces domaines qui semblent aujourd'hui inaccessibles à la science et à la législation.

Cependant l'importance qu'il faut attacher à une plus grande spécialisation dans la statistique de la récidive ne doit jamais faire oublier la règle fondamentale de la méthode statistique: Quelque soin qu'on mette aux détails, quelque peine que l'on se donne à spécialiser les cas de récidives d'après le délit ou genre de délit, tout ce travail sera perdu, aussi longtemps que l'on n'aura pas remédié aux erreurs fondamentales que nous avons signalées. Quelque précis que soient les procédés de la statistique dans les détails, il est impossible qu'ils éliminent l'erreur essentielle commise dans la disposition première des masses numériques.

D'autre part, une réorganisation rationnelle de la statistique des récidives, si elle tient compte de la méthode exacte dans le principe fondamental discuté, réalisera aussi sans peines toutes les détails désirés, surtout la recherche de la récidive spéciale pour certains délits et genres de délits. Ces résultats s'acquerront comme par surcroît, sans nécessiter un nouveau travail, comme nous le montrerons dans le chapitre traitant des projets de réformes que nous proposons. —

Mais avant de terminer cette critique de la statistique actuelle de la récidive, je ne veux pas négliger de parler d'une organisation à part, qui, à mon avis, est méthodologiquement très remarquable. J'y attache cette importance, parcequ'on peut y voir le nombre des récidivistes comparé vraiment à celui des capables de récidiver avec lequel il est commensurable.

La statistique criminelle française fait chaque année un »Rapprochement entre le nombre des condamnés libérés et celui des récidives criminelles et correctionelles.»[1]) On compte pour l'année même et les deux années qui précèdent le nombre des condamnés sortis de chaque «maison centrale» qui ont accompli une peine d'au moins un an et un jour. On compte et publie ensuite le nombre de ceux qui, parmi ces libérés, ont été condamnés de nouveau durant ces trois années. En comparant ces deux chiffres on obtient le % des récidives. On calcule d'une manière analogue la récidive parmi les jeunes détenus libérés des «divers établissements pénitentiaires publics et privés».

Ici donc on observe le principe de statistique exposé plus haut: comparer le nombre de récidivistes au nombre des individus punis dont ils proviennent.

---

[1]) § III de la partie III («Des Récidives») du Compte général annuel de l'administration de la justice en France. Pour renseignements au sujet de l'organisation de cette statistique, qui résulte de la collaboration des ministères de l'Intérieur et de la Justice, v. le «Rapport relatif aux années 1826 à 1880», l. c. p. XC.

Il ne faut pas compter ce travail statistique comme statistique des prisons mais bien comme statistique criminelle. Car si même l'administration des prisons prend part à sa confection, cependant la constatation du fait décisif, la nouvelle récidive, ne peut se faire qu'à l'aide de matériaux que l'autorité judiciaire a créés et par l'intermédiaire des casiers judiciaires. V. les remarques du Chef de la statistique crimin. française M. Yvernès, sur le caractère de l'organisation préconisée par lui, et reposant sur le même principe, dans le «Rapport sur la récidive etc.» pour le IXe Congrès internat. de stat. (dans le Programme du Congrès, IIème Section, Justice, pp. 77 sq.). Du reste ces données statistiques paraissent annuellement dans la publication de stat. criminelle déjà citée, et non dans la «Stat. des prisons et établissements pénitentiaires de France.»

Je crois devoir insister sur cette distinction qui peut paraître formaliste, par ce qu'il a été dit dernièrement de plusieurs côtés que les bases méthodologiques qui conviennent pour une statistique correcte de la récidive se trouvent dans la statistique des prisons, une opinion que je tiens à écarter déjà ici et qui en tout cas ne peut s'appuyer sur les avantages de la Statist. française en question. J'exposerai dans le prochain chapitre, jusqu'à quel point la statistique des prisons peut nous être utile.

C'est là aussi qu'il faudra examiner le projet si intéressant d'organisation de la statistique de la récidive que le IXe Congrès internation. de statistique a adopté d'après les proposition de M. Yvernès.

Ces donnés publiées déjà depuis très longtemps, semblent devoir leur existence au désir pratique de savoir: «si les récidives se produisent immédiatement après la libération de la peine précédente» [1]) et originairement surtout au désir de connaître numériquement l'efficacité des divers établissements pénitentiaires [2]). Elles ne proviennent donc pas de l'examen théorique de la question méthodologique discutée. C'est ainsi que dans cette même publication, qui contient ces données obtenues d'après une méthode en principe exacte, il y a en outre tous les ans une statistique étendue de la récidive, qui a suivi exactement la même méthode que la statistique des autres états européens, et commet en conséquence toutes les erreurs dont nous avons parlé. Qui plus est, les moyennes exactes obtenues par la méthode en principe correcte sont mises en rapport avec les moyennes erronées obtenues par l'autre systême, et ces moyennes sont considérées comme d'une valeur égale. [3])

En tout cas, pour quelque motif que cette statistique française de la récidive ait sciemment ou non appliqué la méthode exacte, nous la saluerions volontiers comme ayant accompli nos souhaits, si cependant il n'y a avait encore dans la méthode des lacunes importantes. Elles me semblent être les suivantes:

a) Cette statistique ne commet pas les erreurs, qui proviennent de l'oubli de l'accroissement de la population, du mouvement de la criminalité générale et de quelques autres causes indiquées au chiffre 4, mais elle n'évite pas l'erreur 3: Elle ne tient pas compte de ce que, parmi les condamnés libérés, il en meurt déjà, pendant trois années, un nombre assez important, qui doit être retranché des «capables de récidiver.»

---

[1]) V. pp. LXXXIX du «Rapport pour les annés 1826 à 1880 . .)

[2]) Ce point de vue jouait le rôle principal, également dans les propositions de M. Yvernès et dans les discussions du IXe Congrès de Stat. — Mais le Rapport officiel pour 1826—1880 a montré d'une façon très remarquable, que les divergences des % de récidivistes parmi les libérés des diverses maisons centrales ne sont pas dus à l'influence de leur régime pénitentiaire mais à la diversité de la situation territoriale (V. l. c. p. XCI, cf. nos explications là-dessus dans le IVème chap.).

[3]) par ex. p. XCII du rapport cité.

Il s'en suit que la moyenne de récidive est ici encore trop favorable.

b) Elle n'observe la récidive de chaque individu que pendant peu d'années (en moyenne $2^1/_2$) [1]. Tout en admettant que cette espace de temps assez court soit celui endéans duquel la récidive présente un intérêt spécial au point de vue criminel, il n'en est ainsi cependant que pour la plus prochaine récidive. C'est une lacune de la statistique française de s'arrêter à cette récidive la plus prochaine et de ne pas poursuivre le cours des récidives postérieures, et d'autre part, de ne donner jamais que la plus récente des condamnations antérieures. Cela peut mener à erreur; car il n'est pas rare qu'un voleur d'habitude, se rende en passant coupable de rébellion contre l'autorité, ou d'un autre délit. Si on ne tient compte que de cette seule récidive, on obtiendra un résultat complètement faux quant au caractère criminel de ces délinquants. Une statistique scientifique de la récidive doit considérer la carrière entière du criminel comme un tout unique. Mais la nature même de la statistique française ne se prête pas à cette manière de voir.

c) Cette statistique ne nous donne actuellement des renseignements que sur la récidive après des peines privatives de liberté de longue durée. Elle pourrait fournir — au moins en théorie — des indications pour l'estimation de la récidive

---

[1]) Autrefois pendant 5 années; depuis l'introduction des casiers judiciaires, pendant 3 ans, soit pour la moyenne des libérés pendant $2^1/_2$ années. cf. l. c. pp. XC. Le IXe Congrès international désirait cette statistique avec les mêmes restrictions (no. 4 et 5 des résolutions de la IIe section adoptées par le Congrès au sujet de la question de la récidive. V. même vol.: «Rapports et résolutions» p. 56). L'idée maîtresse était là aussi de vouloir déterminer l'influence du régime pénitentiaire sur la récidive, «car s'il s'est écoulé plus de trois ans entre la libération et la nouvelle condamnation, on ne saurait établir entre le régime subi et le méfait ultérieur la moindre corrélation» (Yvernès, Rapport cité p. 81). Une pareille considération engagea le Congrès (comme la statistique française dont nous avons parlé) à borner les indications à ces libérés qui avaient eu à subir un peine minimum d'un an de privation de liberté; on était d'avis qu'une peine de plus courte durée ne pouvait exercer une influence sensible sur la conduite future des délinquants.

On oublia quel intérêt énorme la théorie et la pratique auraient à savoir exactement quelle est l'efficacité (ou plutôt l'inefficacité) des peines de liberté de courte durée, et quel serait l'importance de la constatation mathématique de l'efficacité des autres genres de peines.

après les peines de courte durée. Les difficultés de pratique seraient ici déjà des plus grandes. Elle ne peut naturellement que passer sous silence la récidive après tous les autres moyens de peine autres que la privation de liberté. Et il serait précisément du plus haut intérêt pour l'Union International de Droit pénal de rassembler des indications au sujet des effets de l'amende, de la condamnation conditionelle, etc., peines qui pourraient remplacer les néfastes peines de courte durée.

Les critiques b) et c) concernent en principe l'utilisation des matériaux de la statistique des prisons pour l'érection méthodique d'une statistique de la récidive. Nous arrivons ainsi à poser la question fondamentale: Quelle doit être la base d'une telle statistique?

II. L'organisation de la statistique des récidives basée sur la méthode des casiers judiciaires: Poursuite de la carrière criminelle considérée comme un tout.

La statistique de la récidive par sa nature même occupe une place toute spéciale dans la statistique criminelle.

Cette dernière fournit au sujet de chaque délit commis et de chaque délinquant des données pour un moment parfaitement déterminé (dans la plupart des pays celui de la condamnation, dans quelques autres aussi celui de l'accusation). La branche de la statistique dont nous nous occupons doit toujours tenir compte d'au moins deux moments de la vie du délinquant. Du reste la notion «récidive» l'indique déjà. Ce n'est qu'en fixant ces divers points de sa vie, que l'on peut obtenir la longueur et la direction de la ligne qui les réunit. En effet, comme il ressort du chapitre précédent, le problème que la statistique de la récidive doit résoudre, consiste à nous montrer quelle voie le délinquant a suivie pour aller de délit en délit, bref le chemin du crime, en lui-même, comme un tout.

Pour arriver à réaliser dans les autres branches de la statistique criminelle la détermination d'un moment, on ne peut naturellement trouver mieux qu'une statistique qui part précisément du seul moment de la condamnation judiciaire (ou de l'accusation) et dont les matériaux sont créés par les tribunaux. C'est sur cette base que repose à juste titre la statistique criminelle de tous les états. Mais, pour déterminer la voie suivie par le criminel d'habitude, ces données statistiques ne suffisent pas. Du reste les savants et même des publications officielles ont indiqué l'insuffisance de la statistique actuelle de la récidive, mais sans en reconnaître la principale cause, c'est-à-dire l'erreur fondamentale de méthode caractérisée dans le précédent chapître. Le premier bulletin de la statistique crimin. allemande disait déjà[1]:

«Une statistique ne se prête pas à des recherches sur les criminels d'habitude, lorsqu'elle se dresse d'après les bulletins que les tribunaux rédigent après chaque jugement définitif, et parmi lesquels la même personne peut figurer pendant la même année plusieurs fois comme jugée ou condamnée définitivement . . . . . Ajoutez à cela, que les demandes adressées aux tribunaux au sujet de semblables travaux, doivent se restreindre à la copie des renseignements résultant directement du dossier. Pour une statistique des criminels d'habitude, il serait beaucoup plus utile de recourir à l'administration des prisons.»

Le passage qui précède mérite certainement des éloges, lorsqu'il se prononce contre la statistique judiciaire actuelle, comme base pour des recherches sur la criminalité d'habitude. Mais je ne crois pas que la proposition de recourir à la statistique de l'administration des prisons, nous donne le vrai moyen de résoudre la question.

Cette idée se comprend, puisque l'administration des prisons, qui est la mieux placée pour s'enquérir de tout ce qui se rapporte à la personnalité du criminel, est aussi celle qui peut le mieux nous renseigner sur la voie que le criminel a suivie. Je ne prétends aucunement contester que cette administration, et en maintes circonstances cette administration seule, soit en état de donner au sujet de la personnalité des récidivistes des indications utiles. Ces communications contribuant à la statistique criminelle l'enrichiront considérablement; nous nous occuperons plus loin de leur utilisation dans l'organisation nouvelle.

Mais je ne crois pas que la statistique des prisons puisse servir de base méthodologique à l'organisation d'une statisti-

---

[1]) Kriminal-Stat. pour 1882 (Berlin 1884) p. 72.

que correcte de la récidive. La raison en est en somme la même que celle qui s'opposait à l'utilisation de la statistique judiciaire, et dépend du caractère essentiel de cette partie de la science.

De même que le tribunal n'a en général l'occasion de connaître le criminel qu'à un moment déterminé, de même l'administration d'une prison n'en a l'occasion que pendant une période déterminée de sa vie. On peut objecter cependant, que cet espace de temps est d'une si longue durée, quand il s'agit d'une peine élevée et privative de liberté, que l'administration à toute occasion de connaître la vie antérieure toute entière du condamné. Mais comme les mots «vie antérieure» l'indiquent, il s'agirait en l'occurence d'une constatation subséquente de faits qui précèdent la récidive. Une constatation de ce genre est certainement utile, même nécessaire à divers points de vue; mais elle est inutilisable pour une statistique de la récidive.

Car quelque minutieusement que l'on s'enquière des délits et peines antérieures des récidivistes emprisonnés, on n'obtiendra pas ainsi une statistique correcte de la récidive, c'est-à-dire la mise en rapport des divers groupes de récidivistes avec les groupes de «capables de récidiver» auxquels ils doivent être comparés.

Cet exposé statistique ne peut que s'exprimer comme suit (et c'est le cas pour la statistique des prisons d'un grand nombre de pays européens[1]):

---

[1]) Une statistique des prisons est, pour autant que je sache, publiée aujourd'hui dans les pays européens suivants: Parmi les états allemands, la Prusse (pour les prisons qui dépendent du ministère de l'intérieur), la Hesse; le duché de Bade est sur le point de faire paraître une publication; les autres états de l'Empire publient une statistique de leurs prisons conjointement à d'autres renseignements de l'administration de la justice. Le Anhalt, le Brunswick, les Lippe, Lübeck, les Mecklembourg, l'Oldenburg, les Reuss ne possèdent une telle institution. En outre ont une stat. des prisons: la Belgique, l'Angleterre-Galles, la France, l'Irlande, l'Italie, la Hollande, la Norvège, l'Autriche, la Roumanie, la Suède, l'Ecosse, et la Hongrie. La plupart de ces publications donnent des renseignements sur les récidivistes, et le nombre des condamnations antérieures est aussi quelquefois indiqué. C'est en se basant sur la bonne statistique des prisons de son pays que M. Béla Földes a présenté à la dernière session de l'Institut int. de stat., une étude très intéressante, mais discutable pour quelques points de méthode: «La statistique des récidivistes en Hongrie». V. Bull. de l'Inst, t. VI, 1ère livr. p. 91 sq.

A une époque déterminée il y a x criminels en prison, parmi eux il y a y récidivistes. Si partant de ces deux nombres on conclut: «La récidive est de y pour x», ou bien «de x condamnés à une peine privative de liberté y deviennent récidivistes», en ce cas on commet de nouveau l'ensemble des erreurs que nous avons indiquées au premier chapitre, à propos de la statistique criminelle qui repose sur des matériaux judiciaires (des tribunaux). Car ici aussi x et y sont deux grandeurs incommensurables, dont la mise en rapport constituerait la plus grave des erreurs.

Si maintenant une telle statistique dit en spécialisant que parmi les détenus il y en a: y_1 récidivistes au premier degré, y_2 au second degré etc., et si on en conclut que la récidive au second degré est de y_2 sur x, toutes les fautes sont commises deux fois comme nous l'avons montré plus haut à propos de la statistique criminelle, et plus le degré de la récidive s'élève, plus l'erreur devient considérable.

L'erreur fondamentale commise dans la statistique des prisons et dans la statistique criminelle est celle-ci: que toutes deux partent de la dernière condamnation et opèrent en reculant dans le temps. Une statistique exacte de la récidive, comme le mot l'indique du reste, ne se construit qu'en partant de la première condamnation et en avançant dans le temps, en tenant toujours compte des autres individus condamnés au courant de la même année, c'est-à-dire des délinquants devenus depuis lors capables de récidiver.

On pourrait proposer de suivre cette dernière méthode en se servant de la statistique des prisons, d'avancer dans le temps en partant de l'époque de la détention et de constater les récidives du criminel après sa libération, au moyen des matériaux statistiques rassemblés par les tribunaux. C'est-à-dire que l'on dit: Pendant une certaine année a condamnés sont libérés des prisons, de ceux-ci b deviennent récidivistes et notamment b_1 pendant la première, b_2 pendant la seconde etc.

Nous avons déjà appris à connaître semblable exposition dans la statistique française. Le chef de la statistique criminelle française, M. Yvernès, a longuement développé cette méthode dans son projet d'organisation de la statistique de la récidive, présenté au IX Congrès International de Statist. à Budapest en 1876, projet adopté presque sans modifications d'abord par la IIe section «Justice», ensuite dans l'assemblée générale.[1])

Ce projet renferme dans ses détails un grand nombre de réformes excellentes et de propositions dignes de remarque. Mais son principe méthodologique est celui que nous avons caractérisé plus haut et c'est pourquoi, malgré le progrès incontestable de méthode qu'il présente comparé à la statistique des récidives de la plupart des états, il subit la critique qui frappe ce principe méthodologique et qui a été formulée plus haut à propos de la statistique française.

Tout d'abord ce projet a également oublié que, pour obtenir le % exact de la récidive, il faut tenir compte de la mortalité. Il est inexact de dire: de a condamnés libérés pendant une année déterminée, b_1 récidivent la première année, b_2 la seconde année etc., et d'en conclure la récidive comporte pour la première année $b_1 : a$, pour la seconde $b_2 : a$, etc.. Il faut dire: de a libérés pendant une certaine année, a_1 sont encore en vie pendant la première année qui suit la libération, la récidive pour cette année est $b_1 : a_1$; a_2 vivent encore pendant la seconde année, la récidive est $b_2 : a_2$ etc.

On pourrait jusqu'à un certain point corriger l'erreur. Admettant que l'on ne puisse contrôler le nombre de décès parmi les libérés, ni par là établir le chiffre exact de ceux qui restent en vie — on pourrait en tout cas tenir compte de la mortalité générale et obtenir ainsi des résultats sensiblement exacts.

Cependant je crois que toute statistique, même supposée exacte en ce point, présentera toujours des lacunes, si elle est basée sur la méthode française. Un travail ne peut être méthodiquement correct, d'après ce système, que pour l'espace de temps qui sépare la dernière condamnation (celle qui a précédé la libération) de la plus prochaine

[1]) Voir notamment les formulaires intéressants pour la stat. de la récid. dans le «Rapport» de M. Yvernès (l. c. p. 85—87); pour les discussions de la sect. «Justice» cf. le vol. «travaux du Congrès» p. 258—278; cf. aussi les résolutions de l'assemblée générale (chiffres 2—5) sur cette question (vol. «Rapports et résolutions», p. 56).

récidive. Le passé criminel antérieur à cette dernière condamnation peut être connu chez chacun des récidivistes, mais il nous manque ici, comme plus haut à propos de la statistique des prisons, une mesure statistique pour établir la comparaison avec les capables de récidiver qui se présentent en l'occurence.[1]) Or, l'examen statistique borné à cette période, depuis la dernière condamnation jusqu'à la plus prochaine récidive, peut parfois mener à de faux résultats, comme nous l'avons montré plus haut par un exemple. En effet, il se peut que le délinquant d'habitude, même spécialiste, commette au cours de sa carrière, de ci de là un délit essentiellement différent du genre qu'il a coutume de pratiquer.

D'autre part cette enquête administrative si difficile concernant la carrière criminelle de chaque delinquant après la libération, se restreint de par sa nature même au nombre relativement peu élevé des délinquants qui ont accompli une longue peine de liberté.

Cette méthode appliquée à chaque unité de ce nombre immense d'individus qui ont subi une peine privative de liberté de courte durée, nécessiterait une organisation d'une complication incroyable et d'un coût très élevé, et souvent il faudrait renoncer à la tache.[2])

---

[1]) Je crois que cette critique concerne aussi le projet de M. Yvernès. Il voulait établir l'ensemble des antécédents judiciaires de chaque récidiviste au moyen des «états de récidive» basés sur les casiers judiciaires. Mais il ne possède de mesure de comparaison avec le nombre des capables de récidiver qu'en partant des listes des libérés sortant des prisons, et celles-ci ne donnent ce nombre que pour l'époque de la dernière peine. Au sujet des «états de récidive» de M. Yvernès cf. remarque p. 183 ci-dessous.

[2]) Dans le IXe Congrès Intern. de Stat. on émit déjà des doutes sérieux, quant à la possibilité de réaliser ce système, projetté par M. Yvernès dans des limites cependant bien étroites (il le proposait pour l'année de la libération et les deux années suivantes et seulement pour les récidivistes qui ont subi une peine privative de liberté de plus d'un an). On critiqua surtout la possibilité de combiner des listes de libérés avec les «états de récidive». M. Yvernès accorda à M. M. Foinitzki et Faider, que cette combinaison nécessiterait un grand travail, quoiqu'il reconnût la chose comme possible, dans les limites étroites qu'il avait tracées, d'après les expériences de la statistique française. Mais lui même se prononca contre une extension de cette statistique, par ex. de 3 à 10 années, parceque le travail nécessité serait trop grand (V. Disc. de la IIe Sect., l. c., p. 267 et 271 sq.). — Mais en supposant que cette méthode puisse s'appliquer dans la pratique pour 10 années et à tous ceux qui récidivent après une peine privative de liberté de durée quelconque,

Pour les recherches de l'Union internationale de droit pénal, il est précisément de grande valeur d'être renseigné au sujet de la récidive après les peines privatives de liberté de courte durée.

Le point de vue essentiellement pénal de l'Union conduit ensuite à une recherche pour laquelle la méthode française ne peut absolument rien fournir.

Jusqu'ici l'histoire de l'Union nous montre une lutte en faveur de peines autres que la privation de liberté: condamnation conditionelle, réforme des peines pécuniaires et emploi plus fréquent de celles-ci, travaux forcés sans emprisonnement etc. Ce que les adversaires de ces propositions leurs reprochent c'est qu'elles sont sans effets. Autrement dit: Ces mesures ont pour résultat une croissance très forte de la récidive.

Ce reproche jusqu'ici dénué de preuves doit être établi sans parti-pris, par la logique sincère des chiffres. Seule une statistique exacte de la récidive peut fournir pour cette preuve les matériaux nécessaires. Elle doit donc nous renseigner sur les résultats des peines privatives de liberté des divers genres et diverses durées, mais aussi sur les résultats des autres moyens de peine.

Partant de ce point de vue et des autres que nous avons déjà signalés, il est impossible que les décisions du IXe Congrès international servent de base à la réorganisation de la statistique des récidives. Il en sera de même de toute statistique semblable qui choisira comme base de sa méthode les données fournies par les établissements pénitentiaires, seules, ou combinées avec d'autres renseignements.

Mais si, ni les tribunaux, ni les établissements

---

je considérerais cependant cette application comme un emploi inutile et double de travail et d'argent. Car suivant les propositions de M. Yvernès et du IXe Congrès, la statistique de la récidive se baserait sur les casiers judiciaires (chiffre 2 des résolutions) et de plus sur les listes précitées des libérés (chiffre 3, l. c.) en combinant ces deux espèces de relevés statistiques. Je considère cela comme superflu parceque l'emploi des casiers judiciaires seuls permet de dresser une statistique de la récidive. Et non seulement elle égalerait celle du IX Congrès, pour l'exactitude de la méthode et la richesse du contenu, mais elle la dépasserait, comme j'espère le démontrer plus loin.

pénitentiaires ne peuvent fournir des matériaux suffisants pour une statistique de la récidive, existe-t-il dans l'organisation judiciaire une institution à laquelle on puisse s'adresser? Existe-t-il, nous demandera-t-on, en fait une institution, qui puisse réaliser cette utopie apparente, qui puisse suivre chaque récidiviste dans toute sa carrière criminelle et qui soit en état de montrer le groupe des «capables de récidiver» auquel doit être comparé celui des récidivistes?

A cela ou peut répondre, qu'en fait il y a déjà dans de nombreux pays une pareille institution. Tous les autres états finiront par la posséder. Car ce n'est pas le désir des études théoriques pour lesquelles on manque souvent de ressources, mais la nécessité pressante de la pratique qui a créé et maintient partout cette institution: les casiers judiciaires.

Après plusieurs essais insuffisants d'un contrôle des peines (au domicilee, au lieu du tribunal compétent), le système des «Casiers judiciaires» s'est acquis une renommée toujours croissante.[1]) Le principe en est aussi simple qu'efficace:

---

[1]) Cette institution est d'origine française. Elle fut introduite en France sur la proposition de M. Bonneville de Marsangy, et constituait un progrès réel par rapport aux anciens «sommiers judiciaires». Une circulaire du ministre de la Justice Rouher, datée du 6. XI. 1850 la prescrivit; depuis lors elle a été complétée par un grand nombre de circulaires, sans qu'une loi l'ait règlée jusqu'ici. Cependant un projet est déposé: c'est celui du Ministre de la justice Fallières, présenté au sénat le 22. 10. 1891, projet qui fut redigé par une commission extra-parlementaire et qui a donné lieu déjà dans la presse scientifique et politique à de nombreux débats (V. à ce propos la remarque à la p. 181 ci dessous).

L'institution fut introduite dans l'Empire Allemand par arrêté du Bundesrat du 16. 6. 1882, concernant l'institution de casiers judiciaires (Strafregister) et la communication réciproque des jugements de condamnation. (Centralblatt für das Deutsche Reich, 1882 p. 302 sq.; cf. Preufsische Ausführungs-Verfügung du 12. 7. 1882, Justizminister.-Blatt, 1882 p. 200 sq.) La proposition en avait été faite par M. Hamm, procureur d'Etat à Metz, déjà en 1876.

Les autres états qui ont adopté ce système sont: l'Italie. M. Ambrosoli fit la première proposition. Elle fut suivie du «Regio Decreto sulla institutione di un Casellario giudiziale per l'accertamento degli antecedenti penali degli imputati e della recidiva» du 6. 12. 1865; «Regolamento» du même jour, complèté par une circulaire, du 26. 12. 65 et une série de circulaires postérieures. L'organisation fut conformée au nouveau Code pénal, par l'art. 33—35 des le seul point fixe où l'on puisse centraliser les renseignements au sujet du criminel, pendant sa carrière agitée et souvent

---

disposizioni per l'attuazione del nuovo codice penale (Décret royal du 1. 12. 89); cf. la circ. du 2 1 90;

le Portugal qui introduit le «registro-criminal» pour ses colonies déjà pas décret du 27. 8. 1863, et pour la mère patrie le 16 IX 86, en même temps que le nouveau Code Pénal;

le Luxembourg et quelques Cantons suisses;

en Belgique, les tribunaux de Bruxelles ont leurs propres casiers judiciaires; pour les autres tribunaux il existe un registre centralisé au ministère de la justice (Circulaire du Ministre de la justice du 31. 12. 88). Ainsi donc malgré le nom, il manque à l'institution un critérium essentiel, puisqu' elle n'est pas organisée au lieu de naissance du criminel;

la Hollande est sur le point d'introduire les «casiers judiciaires».

Depuis 1868 il existe entre divers pays d'Europe, au sujet de la communication réciproque des jugements de condamnation, des traités dont il faut souhaiter l'extension afin que les casiers judiciaires puissent devenir plus complets, alors que la criminalité moderne soumise à des fluctuations continuelles ne tient compte d'aucune limite politique. V. Actes du Congrès pénitentiaire internat. de Rome (1885), t. II, p. 549 sq.

Il y a encore en Europe, dans d'autres états que ceux que nous avons cités, de nombreuses institutions pour le contrôle des antécédents judiciaires. Je crois qu'on pourrait également utiliser partie de ces institutions pour la statistique des récidives. Mais les «casiers judiciaires» les surpassent de beaucoup, tant au point de vue statistique, que pour la pratique criminaliste. Parmi les systèmes qui s'écartent de celui des casiers, le plus remarquable est le système introduit en Russie le 15. I. 1870. Contrairement aux casiers qui ont pour base la décentralisation, il repose sur une forte centralisation. Un bureau central, dépendant du Ministère de la Justice, rassemble pour tout l'empire des renseignements sur les antécédents criminels. Il les publie en bulletins périodiques qui sont envoyés à tous les tribunaux, officiers du ministère public, et juges d'instruction. Chacune de ces publications contient une table alphabétique des noms des délinquants cités dans les bulletins antérieurs. (Cf. au sujet de ce système, Outine, dans le «Programme» du IX. Congrès Intern. de stat. l. c. p. 163 sq.; aussi que dans les travaux du Congrès p. 259, 264).

L'Autriche et l'Espagne possèdent des systèmes qui se rapprochent de celui des casiers.

Sans organisation aucune pour l'inscription des peines antécédentes ne se trouvent en Europe que: la Grèce, la Hollande (où un projet est déposé, comme nous avons vu), la Norvège, la Hongrie.

Pour ce qui concerne l'organisation des casiers dans les états cités plus haut, cf. les renseignements si soignés, mais partiellement un peu anciens déjà, de M. Yvernès, au chap. II «Des moyens de recherche et de constatation de la récidive» dans le «Mémoire» cité, p. 29 sq.; pour les temps antérieurs: Despatys: Traité théorique et pratique des casiers judiciaires en France et à vagabonde, c'est le lieu de naissance.[1]) On en fait donc un centre où aboutissent les indications durant la vie entière du criminel, où qu'il puisse commettre ses crimes, où qu'il soit emprisonné.

Cette institution est mieux désignée par son nom français et italien: «casiers judiciaires», «casellario giudiziale» que par le terme officiel allemand «Strafregister» et portugais «registro criminal». Il s'agit en effet non de registres mais d'un système de cases, dans lesquelles les renseignements transmis par les tribunaux après chaque condamnation importante sont conservés et classés, d'après le nom des délinquants. M. Yvernès a dit avec raison que le casier judiciaire contient «une biographie judiciaire».[2]) Et M. G. de Nava considérant cette institution comme une espèce de «Registres de l'état pénal» l'a comparée aux «Registres de l'état civil» avec ces mots «a fianco della grande istituzione dello stato civile è sorta cosi un altra che protrebbe benissimo dirsi lo stato penale».[3])

Il serait parfaitement superflue de m'attarder à entretenir

---

l'étranger etc. Paris 1870; pour des renseignements plus récents voir les données nombreuses, mais pas toujours correctes pour l'étranger dans M. Appleton: «La réforme des casiers judiciaires» Paris 1893 p. 5 sq., et 26. sq. Voir là même, au commencement une riche bibliographie. Cf. ensuite l'article «Casellario giudiziale» de M. G. de Nava dans «Il Digesto Italiano» Vol. VI (Turin 1891) p. 241 sq., et ceux qu'il cite «Bibliografia» p. 242 et le travail plus récent du même auteur: «Le nuove disposizione sul casellario giudiziale» dans la: «Rivista penale» t. XXXI. p. 231 sq. La littérature allemande s'est très peu occupée jusqu'à présent de cette institution importante V. l'art. «Strafregister» dans: Stengels Wörterbuch des Deutschen Verwaltungsrechts, Bd. II (Fribourg 1890) p. 565 sq., rédigé par M. Seuffert. Cet article est très complet quand à la législation allemande actuelle et très remarquable pour ses propositions de réformes. Voir au même endroit les quelques travaux plus anciens sur le même sujet.

[1]) D'après le § 1^2 de l'Ordonnance du 16. VI. 1882, des casiers ne sont installés à l'administration de la Justice de l'Empire que pour les personnes dont le lieu de naissance est situé en dehors de l'Empire Allemand ou est inconnu. De même il existe en France au Ministère de la Justice un casier central pour les condamnés nés à l'étranger ou aux colonies ou à un lieu inconnu, depuis la circ. du 30. VIII. 1855, complètée depuis par quelques nouvelles circulaires. L'Italie a une institution analogue en vertu du Décret royal du 6. XII. 1865, art. 2.

[2]) Travaux du IXe Congrès intern. de Statist. p. 258.

[3]) V. l'art. «Casellario giudiziale» l. c. p. 242.

le lecteur, qui a des rapports journaliers avec la juridiction ou l'administration criminelle, de l'importance que les casiers ont déja aujourd'hui pour la pratique.[1])

[1]) L'importance des casiers judiciaires est grande déjà dans les pays, qui, comme l'Allemagne, ne fournissent des extraits qu'aux autorités officielles (§ 17 de l'ordonn. de 16. VI 82). En France, Italie et Portugal etc. son rôle est bien plus important encore, mais il est d'une utilité discutable. Dans ces pays, des extraits en sont fournis non seulement aux autorités, mais aussi à des particuliers avec certaines restrictions qui varient d'après les pays. Il est déjà depuis longtemps d'usage, dans ces pays, surtout en France, que l'on consulte le casier judiciaire de la personne avec laquelle on veut conclure une affaire, de la personne que l'on veut prendre à son service ou même avec laquelle on veut contracter des liens de famille. Malgré les avantages que peut avoir l'institution ainsi comprise, elle présente aussi de grands dangers. L'homme qui a subi une seule condamnation ne trouve que très difficilement une place. Où qu'il s'adresse pour obtenir du travail, on s'informe aux casiers judiciaires, on apprend la faute commise et on le renvoit. Sa vie entière est ainsi menacée; l'indication d'une condamnation ne disparaît jamais du casier; et la mésestime publique n'admet pas de prescription. Ces individus repoussés par tout le monde retournent nécessairement à la voie du crime. On croit beaucoup en France que c'est précisément cette institution qui produit une croissance si grande de la récidive.

Il en résulte un mouvement qui depuis nombre d'années demande une réforme des casiers judiciaires, d'abord par la suppression de la «publicité», ensuite par la suppression de la «perpétuité des inscriptions». C'est à ce mouvement que se rattache l'institution de la commission extraparlementaire, dont nous avons parlé. Son projet de loi restreint considérablement dans les deux sens indiqués les renseignements fournis par les casiers. Mais ce sont les partisans de l'état actuel qui protestent maintenant. Pour l'historique de ce mouvement, cf. les travaux très complets de la Société générale des prisons, années 1886, 87, 91 et de l'Académie des sciences morales et politiques, 1892; les Congrès Internationaux des Prisons de Stockholm (1878) et de St. Pétersbourg (1890) se sont occupés de la question. Celle-ci fut plusieurs fois discutée à la chambre et au Sénat, elle donna surtout lieu à de vifs débats à propos de la loi Bérenger (loi sur l'atténuation et l'aggravation des peines du 26. III. 93) cf. M. Felisch dans la Revue: Zeitschr. f. d. ges. Strafr. Wiss. XII p. 357 sq. Les partisans et les adversaires de cette réforme ont écrit en ces dernières années en France toute une littérature à ce sujet (v. la Bibliographie dans l'ouvrage déjà cité de M. Appleton; pour l'historique de la question ibidem p. 17 sq).

En nous occupant de l'utilisation statistique des casiers judiciaires, nous pouvons omettre la question de la publicité à donner à ceux-ci. Mais quand à l'autre question: la non-inscription de certaines peines ou la limitation de la durée de cette inscription, nous ne pouvons l'omettre. Car une statistique complète serait rendue impossible, si dans les casiers on enlevait

C'est pour les récidivistes que l'institution entière a été créée. Et elle constitue la meilleure base pour la statistique des récidives.

Depuis sa création, elle a été matériellement utilisée pour toute statistique de la récidive, soit sciemment soit inconsciemment. Car, que ce soient les tribunaux ou les établissements pénitentiaires qui fournissent les renseignements, tous deux ne peuvent avoir des indications complètes quant aux antécédents judiciaires d'un délinquant que par les ex-

---

après un certain nombre d'années, l'inscription des peines ou de certaines d'entre elles.

Au IX. Congrès M. Outine préconisa cette mesure pour le système russe, afin d'éviter l'encombrement des casiers et de rendre leur utilisation plus facile pour la pratique criminaliste (V. «Programme» II. Section p. 165—6, Travaux du Congrès p. 264). Il prétendait que dans tous les autres systèmes on se heurterait aux mêmes difficultés. Cependant, comme disait très bien M. Yvernès au courant de la même discussion, l'organisation des casiers judiciaires n'autorise pas cette crainte, attendu qu'ici les bulletins concernant un certain condamné sont retirés quand l'individu a atteint un certain âge ou quand il est décédé (V. Travaux du Congr. p. 265). Ce dernier moment de la suppression des inscriptions me semble aussi être d'accord avec le but statistique que les casiers doivent atteindre. (V. à ce sujet Annexe 1 Chiffre 3, où nous nous occuperons plus longuement de cette question.)

Quand à la question de la réhabilitation sociale du condamné, elle peut être résolue si on met sur les bulletins des indications à ce sujet, et si on ne mentionne plus les inscriptions datant d'un certain nombre d'années, dans les extraits des casiers (soit dans tous les extraits, soit dans ceux fournis à des particuliers). De cette façon les matériaux statistiques n'en restent pas moins intacts.

Il est heureux pour l'utilisation statistique des casiers que la législation française ait jusqu'ici suivi la dernière voie. La loi du 14. VIII. 1885 prescrit à propos de la «réhabilitation», que «mention en soit faite au casier judiciaire» et non que les inscriptions soient détruites; la loi Bérenger, art. 4, dit à propos de la condamnation conditionelle, qu'après cinq années celle-ci ne figurera plus dans les «extraits délivrés aux parties»; de même le projet de loi du 22. X. 91 prescrit que, dans les différents genres d'extraits de casiers, certaines condamnations ne figureront plus du tout, d'autres plus après un certain nombre d'années (art. 5 et art. 8 sq.). Il n'y a qu'en cas d'amnistie que les bulletins eux mêmes sont enlevés des casiers (art. 2), comme cela se fait aujourd'hui.

On doit certainement tenir compte de l'intérêt personnel du délinquant dans les extraits, mais les casiers eux-mêmes et la statistique doivent tendre à la vérité objective et comprendre toutes les condamnations prononcées. Dans la statistique l'individu n'a qu'une valeur numérique; il ne lui sera fait aucun tort si pendant le restant de sa vie il figure parmi les condamnés.

traits des casiers judiciaires figurant au dossier. Il n'y a depuis longtemps plus aucun doute à ce sujet parmi les statisticiens, et c'est en ce sens que les écrivains de diverses nationalités, les Congrès int. de Statist. et plusieurs Congrès pénitentiaires ont à plusieurs reprises conseillé aux gouvernements européens, l'introduction des casiers judiciaires. C'est après les Congrès de Stat. de St. Pétersbourg (1872) que le Congrès de Budapest 1876 a surtout démontré la grande valeur de cette institution pour la statistique des récidives.

Mais tous ces articles des Congrès considérèrent seulement que le contenu matériel des casiers est une source où la statistique peut puiser[1]). Mais aucun d'eux n'a proposé d'utiliser la méthode des casiers comme base exclusive de la statistique de la récidive. Elle est cependant la seule possible. Toutes les autres méthodes appliquées aujourd'hui dans les divers états, pour l'utilisation des matériaux fournis par les casiers, conduisent à des résultats statistiques absolument faux, malgré l'excellence de ces mêmes matériaux.

J'espère avoir démontré dans le chapitre précédent que

[1]) A ce point de vue, les «Mémoire» et «Rapport» de M. Yvernès exposent d'une manière complète l'importance statistique des casiers judiciaires. Nous y trouvons également la proposition de dresser annuellement des «Etats des récidives» d'après les casiers de chaque circonscription judiciaire, et de faire de ces Etats l'objet d'un travail d'ensemble au bureau central de statistique. Le Rapport contient (p. 85 et sq.) un projet de formulaire, très intéressant pour de tels «Etats», mais le projet, quoique de grande valeur, ne possède pas la méthode exacte de l'utilisation statistique. En effet, il veut combiner ces «Etats» avec les listes des condamnés libérés sortis des prisons, d'après la méthode de la statistique française.

Quand on examine cette proposition de près, on voit qu'elle suit simultanément la méthode exacte et une méthode fausse: Ainsi, dans les combinaisons des «Etats» avec ces «listes» l'auteur avance dans le temps, ce qui est exact (quoique, comme nous l'avons dit, il ne parte que de la dernière condamnation), mais dans la méthode qu'il emploit pour le calcul des casiers eux mêmes, c. a. d. donc dans ces «Etats de Récidives», il refait la même erreur que les autres statisticiens, et partant de la dernière condamnation il recule dans le temps. Car il veut déterminer les antécédents judiciaires de tous les individus devenus récidivistes pendant la dernière année. De cette façon, il lui est impossible d'acquérir le nombre exact des «capables de récidiver» auquel il faut comparer — et cela pour les divers motifs que nous avons exposé déjà à propos de la critique de la statistique criminelle actuelle et de la statistique des prisons.

la statistique actuelle de la récidive ne peut être considérée comme scientifiquement utilisable. Il était naturellement sous-entendu dans toutes ces critiques, que les données concernant le nombre et le genre de condamnations de chaque unité récidiviste, données qui forment la base de la statistique, fussent exactes. S'il n'en est pas ainsi, si les renseignements sur chaque cas déterminé ne sont pas authentiques, il ne peut naturellement être question d'une statistique scientifique, et toute question au sujet de la méthode d'emploi de ces renseignement est superflue.

Seule l'installation des casiers judiciaires peut donner cette authenticité. Dans beaucoup d'états la statistique de la récidive critiquée précédemment se base sur cette institution, et cependant nous avons vu que les résultats obtenus sont souvent totalement faux. C'est à la méthode qu'il faut s'en prendre: dans presque tous les états on ne se sert pas des casiers mêmes, mais des extraits fournis pour les dossiers. Tous ces matériaux parfaitement exacts des casiers sont comprimés dans les cadres d'une statistique judiciaire, qui repose sur des principes méthodologiques d'une toute autre nature, et qui prend pour base des contingents annuels différents etc. Il faut en dire autant de l'emploi, comme base de la statistique des prisons. Et la méthode française, même celle du IX. Congrès Intern. de Statist., qui connaît l'emploi directe des dossiers, perd ce dernier avantage, parcequ'elle combine les données des dossiers avec la statistique des prisons qui emploie une méthode absolument différente.

Celle, qui guide l'institution des casiers judiciaires, et qui, à la vérité, est créée pour permettre de suivre la carrière criminelle du récidiviste, offre à la statistique de la récidive une base excellente. Car de la façon dont les «Casiers» donnent les indications premières, celles-ci, répondant à ce qui est exigé au début de ce chapitre, pour former une statistique scientifique de la récidive. Chaque carrière criminelle forme ici un tout, nous pouvons la suivre depuis son début en avançant dans le temps. Nous pouvons aussi la comparer à la carrière des criminels qui ont commencé au courant de la même année ou à toute autre classe limitée de délinquants; nous sommes en état de mettre en regard de tout groupe de récidivistes le groupe des capables de récidiver qui peut lui être comparé. C'est ce que désirent la logique et la statistique. Ajoutons que la forme sous laquelle les renseignements se présentent dans les casiers est très commode pour la technique statistique. Ces indications sont consignées sur autant de bulletins individuels, et le travail avec des bulletins est bien plus aisé que celui avec des registres.[1])

Les casiers judiciaires nous offrent aujourd'hui déjà les biographies criminelles les plus précieuses. Leur nombre et leur arrangement en permettent l'emploi dans la statistique. Ces casiers prendront à l'avenir un développement considérable et proportionné à l'importance que l'on accordera à laquestion de la récidive. Car en réalité si, comme l'Union internationale de Droit Pénal le voulait à Christiania, on introduit dans les lois des dispositions relatives aux «incorrigibles», il est certain que cette notion des plus dangereuses doit recevoir une application spéciale pour chaque cas individuel. Cette individualisation, de son côté, suppose une connaissance parfaite de la personne du délinquant. On ne pourra l'obtenir qu'au moyen des casiers judiciaires. C'est ici en effet que viennent converger les rayons qui partent des divers points de la carrière du criminel. On peut ainsi éclairer sa personnalité. Ces biographies de délinquants, dressées par l'administration, devront contenir non seulement toutes les données criminelles, mais allant plus loin elles devront s'efforcer de compléter et perfectionner leur méthode et de rassembler des indications sur les relations personnelles et surtout sur l'existence sociale du délinquant. Nous nous occuperons dans le chapitre suivant de la façon dont on pourra en pratique former et utiliser les casiers ainsi constitués. Nous y examinerons quelle place la statistique de la récidive occupe dans la statistique criminelle en général et dans la statistique sociale.

On verra que dans bon nombre d'états déjà il existe des indications éparses et peu systématiques qui réalisent le commencement d'une telle statistique. Nous y verrons comment l'on peut obtenir des indications systématiques concernant

---

[1]) V. à ce sujet le chap. III C, ci-dessous.

la nature socio-pathologique du délit en combinant l'action des tribunaux et des administrations de prisons, et comment il faut les recueillir aux casiers.

Nous ne nous occuperons pas pour le moment de la réforme des casiers judiciaires, mais de la façon dont il faut utiliser pour la statistique des récidives les casiers dans l'état où ils se trouvent actuellement.

Les casiers judiciaires, partout où ils sont introduits, divisent leurs indications en deux groupes:

1. La personnalité du délinquant, non seulement nom et prénoms, mais lieu et époque de la naissance, situation de la famille et genre de profession, domicile, ainsi que prénoms et surnoms des parents.[1]) Ces indications détaillées sont visiblement destinées à établir l'identité d'individus condamnés plusieurs fois, et qui s'efforcent souvent de dissimuler leur vraie identité; toutes ces indications sont donc prises dans tous les états avec les plus grands soins.

2. Toutes les condamnations assez importantes[2])

---

[1]) V. à l'annexe 2 le formulaire allemand, français, italien et belge des «bulletins individuels»; les originaux forment les casiers judiciaires.

[2]) En Allemagne, d'après le § 2 de l'ordonnance du Bundesrat, on inscrit toutes les condamnations pour «crime» ou «délit» (sens du § 1 du Code p. de l'Empire) sauf quelques exceptions indiquées au § 2 no 1—4), ensuite les «contraventions» indiquées au § 361 no 1—8 du Code de l'Empire, c'est-à-dire celles des mendiants, vagabonds, paresseux, prostituées et des personnes sous la surveillance de la police. Il est évident que ces délits offrent un grand intérêt pour la statistique sociale et pour la statistique de la récidive. A ce point de vue également les casiers judiciaires présentent un avantage comparés aux bulletins de la statistique criminelle de l'Empire, qui ne tiennent pas compte de ces contraventions.

Les casiers allemands contiennent en outre les condamnations prononcées par les tribunaux militaires (sauf les exceptions § 2 no 4 l. c.), ils vont donc plus loin que la statistique criminelle. De même en France les jugements de condamnation des tribunaux militaires et de la marine ne se trouvent pas dans la statistique criminelle mais font l'objet de la statistique de la justice militaire; ils sont cependant inscrits aux casiers. Si la statistique de la récidive se basait sur les casiers judiciaires il serait donc possible de réaliser le vœu exprimé par le IX Congrès intern. au sujet de cette statistique: que la statistique des cours militaires soit jointe à celle des cours civiles (v. chiffre 10 des résolutions, l. c.). Ce vœu me semble critiquable. Car même en admettant que les délits spécialement militaires soient écartés et que l'on ne joigne à la statistique de la récidive que les «crimes contre le droit prononcées contre le délinquant, avec indication de la date de l'acte et de la condamnation.

On pourrait dresser dès à présent dans tous les pays qui possèdent des casiers, une série de tableaux des plus importants concernant la récidive. Il faut naturellement que le groupe de récidivistes et capables de récidiver qu'on y considère soit limité localement et temporairement. Il serait donc utile de partir du groupe des condamnés pour la première fois pendant une année ou (pour que le nombre soit plus grand) pendant une série limitée d'années dans un pays ou partie de pays. On les suivrait à travers toute leur carrière criminelle. Et selon les principes de toute statistique il faudrait calculer séparément les divers groupes formés d'après l'âge. Nous n'avons tenu compte dans la suite d'une publication séparée des résultats de ces calculs que sous

---

commun» au sujet desquels les tribunaux militaires se sont prononcés, même alors la différence des organisations judiciaires et des procédures pénales subsistera toujours. C'est pourquoi je crois que l'on ne peut joindre les chiffres des jugements des cours civiles à ceux des cours militaires; il faudra omettre les jugements des tribunaux militaires dans une statistique de la récidive. Pour la façon dont les statistiques des autres états de l'Europe traitent le point en question voir Bodio dans son questionnaire cité: n° 7 de la 1ère partie.

L'omission de certains groupes de délits ne présente pas de difficultés dans l'emploi statistique des casiers. C'est là un trait caractéristique des matériaux statistiques dressés avec bulletins individuels. Attendu que pour chaque délit du délinquant le casier contient une mention spéciale, on peut omettre un groupe sans nuire aux autres.

D'un autre côté les casiers, en France et Allemagne et les autres pays qui en possèdent, sont moins complets que la statisque criminelle actuelle. En effet ils n'inscrivent que les condamnations, non les acquittements ni les ordonnances de non lieu. L'utilité des casiers pour l'organisation de la statistique des récidives n'en est pas amoindrie, car cette branche ne peut s'occuper que des condamnés. Déjà aujourd'hui dans la statistique criminelle allemande on recherche les peines antérieures non pour toutes les personnes jugées, mais seulement pour les condamnées (v. n° 10 du bulletin dans l'annexe 2, n° Ib). En France également, où avant 1871 la statistique criminelle constatait la récidive à propos de chaque nouvelle poursuite, on suit aujourd'hui la méthode plus correcte et l'on ne fait plus les recherches que pour les condamnés. En Italie on mentionne encore dans certains cas aux casiers les ordonnances de non lieu (Ordinanze e sentenze di non farsi luogo al procedimento). V. art. 1° n° 2° du décr. du 6. 12. 65, conservé dans l'art. 33 du décr. 1. 12. 89. Yvernès, Mémoire, l. c. p. 41, note.

le n° II. Sous les autres numéros, nous n'avons prévu que les moyennes à tirer de ces résultats pour tous les âges, et cela afin de ne pas nous perdre dans de trop grands détails.[1])

Parmi les dénombrements que l'on pourrait dresser d'après les casiers, nous citerons quelques groupes significatifs. Il en restera bien d'autres.

I Quel est le nombre de personnes condamnées pour la première fois pendant une année déterminée ou une série d'années? Combien de «capables de récidiver» (survivants du nombre précédent) y avait-il pendant la première année, pendant chaque année suivante? De ceux-ci combien ont récidivé? Quel est donc le % des capables de récidiver qui soit effectivement devenu récidiviste? Idem pour la première, seconde année etc.? Quel % devient récidiviste au second, troisième degré etc.? Quel espace de temps s'est écoulé entre la date d'accomplissement de la seconde, troisième peine etc. et la récidive suivante? et tant d'autres questions.

II A quel âge la carrière criminelle commence-t-elle? Quand se produit la première récidive, quand les suivantes? Quel est le montant de la récidive pour les divers âges, spécialement le % des récidivistes des pendant la jeunesse? Comment la statistique divers degrés se présente-t-elle aux divers âges? Montant de la récidive aux divers degrés en distinguant d'après le sexe? Montant chez les personnes mariées, les célibataires etc.

Quel est le contingent que chaque profession fournit à la récidive? Quel est le rapport entre récidivistes et capables de récidiver dans les diverses professions? Quels sont ces rapports aux divers degrés de récidive? Quel contingent fournissent les sans aveu? en particulier dans les degrés élevés de la récidive? etc.

III Par quels délits ou genres de délits la carrière criminelle commence-t-elle le plus fréquemment? Quel est le montant de la récidive dans certains délits ou groupes de délits? Le montant des récidives au premier, second degré etc.? Quels délits les récidivistes commettent-ils surtout dans la suite de leur carrière?

---

[1]) V. observation préliminaire de l'annexe 3.

Y a-t-il parmi les récidivistes un grand nombre de spécialistes, et pour quels délits? Quel est le % des criminels qui à la seconde, troisième récidive etc. commet 1° le même délit, ou un délit du même genre? 2° un délit d'un genre tout autre? Parmi ces spécialistes quel est le % qui s'attache au même délit par une passion dirigée constamment dans le même sens (p. ex. certains outrages aux mœurs)? à un délit qui nécessite une adresse technique ou professionelle (fabrication de fausse monnaie, vol avec effraction etc.)? à des délits causés par la paresse etc. et en général par le manque absolu d'une existence réglée (mendicité, vagabondage, et les vols et autres délits qui s'y rattachent)?

IV Quels genres de peines sont suivis de la plus faible récidive, quels genres sont suivis de la plus forte? Au bout de combien de temps se produit-elle après chaque genre de peine? Quel est l'effet produit par ces divers genres sur les condamnés pour la première fois? sur les récidivistes à plusieurs degrés? Quel est l'effet des moyens de répression remplaçant la privation de liberté dans certains pays? Quid de la condamnation conditionnelle? de la peine pécuniaire dans ses diverses formes d'application? Quel est l'effet de la réprimande sur ceux qui n'avaient pas encore délinqué?[1])

Ces diverses questions peuvent à plusieurs points de vue donner lieu à plus de détails. La combinaison de ces questions donne ensuite lieu à de nouvelles et nombreuses rubriques; ainsi on peut et on doit appliquer les questions concernant la situation personnelle (II) comme subdivision des questions concernant les délits (III) et les genres des peines (IV). Le nombre de biographies criminelles que présentent les registres est si grand, que la statistique peut faire de nombreuses

---

[1]) Une statistique plus complète, qui nous renseigne sur la récidive après les divers genres de peines est possible, si les établissements pénitentiaires indiquent aux casiers de la façon proposée ci-dessousà l'annexe 2 p . . . si la peine à été accomplie en prison cellulaire etc. Nous pourrions alors d'après les casiers déterminer le nombre des capables de récidiver pour chaque genre de peine, nous serions donc en état d'examiner la récidive «dans ses relations avec le régime pénitentiaire» et cela dans le sens que le IXe Congrès de Statist. souhaitait, mais sans faire usage du système compliqué des listes de libérés des établissements pénitentiaires, proposé par ce même Congrès.

divisions et subdivisions sans crainte d'arriver à des chiffres trop bas et de laisser trop d'action au hasard. La loi des grands nombres s'appliquera à ces subdivisions, pourvu qu'elles soient formées d'après un principe rationnel.

La statistique de la récidive pourra donc être traitée à chacun de ces points de vue avec beaucoup plus de détails que la statistique criminelle n'a pu le faire jusqu'à présent. Mais son avantage n'est pas tant la richesse de son contenu que l'exactitude de sa méthode. Ses données non seulement contiennent des chiffres absolus exacts, mais elles fournissent chaque fois les autres grandeurs auxquelles ils peuvent être comparés. Car chaque donnée peut et doit être mise en rapport avec le contingent annuel de la population (capables de délinquer), des criminels (capables de récidiver), des capables de récidiver du même degré, ou même groupe de délits etc.

Cette statistique correcte et riche en matériaux, peut être inaugurée dans tous les pays qui possèdent des casiers judiciaires.

Il faudrait seulement faire quelques modifications aux questions de statistique posées plus haut, et tenir compte des règlements que possède chaque état pour ses casiers judiciaires. Les formulaires pour casiers actuellement en usage présentent quelques lacunes pour leur emploi statistique. Il faut tâcher de combler ces lacunes, d'autant plus que d'une part cela pourra se faire sans grandes difficultés et que d'autre part, ce changement sera non seulement très utile pour la statistique mais augmentera en outre l'importance des casiers pour la pratique. Nous nous occuperons dans une annexe spéciale[1]) des réformes à introduire dans la confection des casiers en Allemagne, France, Italie et Belgique, afin de ne pas nous écarter ici trop longtemps de l'examen des questions de principe en nous attachant trop à des points de détails. Les questions traitées dans cette annexe concernent presque tous les autres états Européens possédant des casiers.

Ces lacunes ne rendent pas les casiers judiciaires inutilisables pour une statistique des récidives — nous le prouverons

---

[1]) V. annexe 1.

à l'annexe, mais nous tenons à insister ici déjà sur ce point. Il suffira de faire quelques modifications au questionnaire statistique. Les annexes donnent les modifications à chacune des questions, et un tableau annexé montre comment il faudra dresser en pratique ces tables statistiques de la récidive (formulaires I*α* et I*β*).

Les projets annexés aux formulaires Ia et Ib représentent un tableau de statistique théoriquement correct; Ia ne donne que les chiffres absolus, avec distinction du degré de la récidive et du temps écoulé depuis l'accomplissement de la peine antérieure; Ib contient les mêmes données (colonnes 3, 6, 9 etc.), mais en outre le chiffre des capables de récidiver du même degré, du même espace de temps (colonnes 2, 5, 8 etc.) et les % de récidive obtenus par les comparaisons (colonnes 4, 7, 10 etc.), c'est-à-dire le montant de la récidive dans les différents degrés en établissant des distinctions d'après l'espace de temps écoulé depuis la dernière condamnation. Les formulaires I*α* et I*β* modifient ces tableaux d'après l'organisation concrète et actuelle des casiers en Allemagne, France, Italie et Belgique, conformément aux explications que l'annexe 1 fournit à ce sujet.

Ces modifications sont aussi à faire aux autres formulaires, si on veut s'en servir aujourd'hui avec les matériaux actuels des casiers judiciaires des dits pays. Les formulaires II*α* et *β*, III*α* et *β* etc. n'ont pas été ajoutés à IIa et b, IIIa et b etc., afin de ne pas allonger le travail. Le lecteur peut faire aisément lui-même ces modifications, en se servant de I*α* et *β* comme modèles.

Ces autres formulaires s'occupent: II de la recherche de la criminalité en tenant compte de la situation personnelle du délinquant. IIa donne le nombre absolu des récidivistes, d'après l'âge et le sexe, en distinguant le degré de récidive; IIb combine ces données avec le chiffre respectif des capables de récidiver et déduit le % de récidives.

IIc, d etc. font des classements d'après l'état civil, la profession, bref d'après les divers caractères de la personnalité. Et il faut considérer ces données non seulement dans leur action séparée, mais aussi dans la combinaison de leurs actions sur la récidive. Nous avons déjà parlé de l'importance qu'aurait une statistique de la récidive des sans aveu et spécialement des mendiants, vagabonds etc.

III s'occupe de la récidive après les différents délits, ou genres de délits, en la distinguant d'après le temps écoulé entre la dernière condamnation et la récidive; IIIa donne le nombre absolu de ces récidivistes, IIIb compare ce nombre à celui des capables de récidiver et donne des % pour le montant de la récidive.

Tandisque IIIa et b fournissent ces données pour toutes les récidives, pendant un certain laps de temps (sans distinction du degré de la récidive), IIIc et d ne nous fourniront les mêmes données que pour la récidive au premier degré. Une statistique dressée de cette façon nous indiquera exactement la participation de chaque délit au début de la carrière criminelle. IIIe et f nous donneront les mêmes indications que a et b, mais pour les jeunes récidivistes seulement. L'importance d'une telle statistique ne doit pas être démontrée.

Nous n'avons pas ajouté de formulaires pour les tableaux IIIc—f, d'abord à cause du manque d'espace, ensuite parceque leur formation ne présente aucune particularité méthodologique et que le lecteur peut très bien les former lui-même.

La statistique de III est complétée par le tableau IVa. Il distingue pour combien le nouvel acte punissable constitue le même délit, ou un délit du même groupe, ou enfin un délit d'un genre tout autre, et calcule en % la part que prennent ces diverses catégories à la récidive en général, pour les divers délits et genres de délits qui causèrent la condamnation antérieure.

IVb fait le même calcul pour les récidivistes au premier degré. Cette statistique nous apprendrait pour combien dès le début de la carrière les délinquants sont spécialistes, et pour quels délits ce phénomène se présente.

Mais en se bornant à rechercher la similitude ou dissimilitude entre deux délits qui se suivent immédiatement, on pourrait arriver à de grandes erreurs; il faudra faire la même recherche pour toutes les autres récidives des délinquants en question.

IVc et sq. Ces recherches ne présentent pas de difficultés méthodologiques, aussi n'avons nous pas joint les formulaires IVb et c.

Les formulaires V s'occupent de la récidive dans ses rapports avec le système des peines.

Va donne le nombre des récidives d'après le genre et la durée de la dernière peine, en indiquant l'espace de temps écoulé depuis l'accomplissement de cette peine et la récidive.

Vb combine ces chiffres avec ceux des capables de récidiver auxquels ils appartiennent et acquiert ainsi le % de la récidive d'après les genres de peines.

Ici également il est utile de faire un tableau séparé (avec chiffres absolus et %) pour les récidivistes au premier degré. Cela nous renseignera au sujet de l'influence des divers genres de peines, surtout des peines légères (réprimande, amende, peine de liberté courte, condamnation conditionnelle) sur les commençants (Vc et d).

Ces mêmes recherches pour les jeunes délinquants seraient très utiles (Ve ou f); la colonne mentionnerait outre les divers genres de peines: l'éducation obligatoire sous la surveillance de l'Etat, etc.

Conjointement au tableau V, on pourrait acquérir des renseignements statistiques très importants concernant l'influence des divers modes d'exécution des peines, par exemple du système cellulaire etc., dès que les administrations des prisons feront parvenir aux casiers judiciaires une courte notice sur chaque accomplissement de peine. Nous avons déjà parlé de cette communication et nous nous en occuperons plus longuement dans l'annexe 1 (v. p. — ci-dessous).

Les tables I—V ne sont que des exemples que l'on peut multiplier. Car pour l'examen de certaines questions on peut entrer dans beaucoup plus de détails, faire des combinaisons beaucoup plus nombreuses.

Chacun de ces tableaux dressés dans un but pratique présente son intérêt matériel spécial c'est-à-dire relatif aux nombres que renferment ses colonnes. L'intérêt méthodologique ne consiste que dans l'emploi du principe exact qui reste le même pour toutes ces opérations.

Théoriquement parlant, notre tache pourrait donc paraître terminée par le développement de ce principe. Mais comme il s'agit de la question tout actuelle de l'organisation pratique de la statistique des récidives, nous devons nous occuper du point suivant: Comment adapter la nouvelle statistique de la récidive à l'organisation de la statistique criminelle déjà existante? Ou bien la première doit-elle recevoir une organisation spéciale et séparée?

L'examen de cette question ne nous conduit pas seulement à songer à l'organisation externe des publications futures de statistique des récidives, il nous oblige à considérer le rapport qui existe entre la structure interne de cette statistique et celle de la statistique criminelle. Nous verrons que la méthode de la statistique des récidives dont nous avons montré la simplicité est destinée à donner à l'ensemble de la statistique criminelle une base nouvelle et plus scientifique.

III. La commune organisation de la statistique des récidives et de la statistique criminelle générale. Leurs rapports avec la statistique sociale.

Il est évident que des traveaux de l'étendue et de l'importance d'une statistique des récidives ne peuvent être fournis régulièrement que par le personnel expert en la matière et avec les garanties précieuses des bureaux officiels de statistique.

On peut très bien se figurer que le dénombrement administratif des casiers et l'utilisation des résultats par les bureaux centraux de statistique conduisent à une publication périodique et spéciale de statistique des récidives. «A mon avis, disait M. van Hamel, dans son intéressante conférence à Christiania, la statistique des récidives devra être considérée comme une statistique à part».[1])

Certainement la création d'une publication spéciale pour la récidive d'après les principes déjà indiqués, ferait faire un grand pas. Des motifs d'opportunité m'engagent à souhaiter aussi l'organisation immédiate d'une statistique spéciale des récidives, dans tous les États où l'adaptation de cette organisation à la statistique criminelle déjà existante et la transformation de celle-ci d'après les principes indiqués se heurteraient à trop de difficultés.

---

[1]) V. Bulletin de l'Union, IIIe année, p. 303.

Mais je l'ai dit: des motifs d'opportunité seulement. Car en principe je ne puis admettre que la statistique des récidives et la statistique criminelle soient séparées. La première est de sa nature même le plus intimement liée à la statistique criminelle et dans son organisation pratique elle doit en faire partie. En voici les raisons:

A. Il y a entre la statistique criminelle et la statistique de la récidive une dépendance interne et réciproque. Ainsi la statistique criminelle entière, même dans ses branches qui n'ont aucun rapport direct avec la statistique de la récidive, doit être basée sur la méthode de l'individualisation, de l'observation de chaque carrière criminelle, méthode qui sert de base à la statistique de la récidive et s'appuie sur les casiers judiciaires. Elle seule peut et doit fournir à la statistique criminelle en général une base nouvelle et vraiment définitive. C'est en l'appliquant que l'on créera enfin une statistique criminelle méthodiquement scientifique, c. à d. une statistique des individus criminels. C'est là un but que depuis longtemps les statisticiens scientifiques montraient comme un idéal à poursuivre, mais qu'ils déclaraient en même temps à jamais irréalisable.

B. En sens inverse notre discipline spéciale gagnera beaucoup, si pas en exactitude méthodique, du moins en richesse de contenu, par l'utilisation des relevés de la statistique criminelle générale. Ces derniers fournissent des matériaux très précieux, surtout concernant la situation personnelle et sociale des criminels. Ils doivent être utilisés pour la statistique des récidives en les faisant passer par les casiers judiciaires. Ce développement des casiers augmentera leur valeur d'emploi non seulement pour la statistique mais aussi pour la pratique judiciaire.

C. Outre ces raisons de dépendance interne et réciproque de la statistique des récidives et de la statistique criminelle, de nombreuses raisons d'utilité externe et pratique, parlent pour la réunion des deux institutions. Car une nouvelle statistique officielle des récidives venant s'ajouter à la statistique criminelle déjà existante, augmenterait démesurément la besogne déjà assez lourde des employés. On dépenserait inutilement de grandes sommes et beaucoup de travail, puisque foule de recherches seraient faites en double. On peut éviter cet inconvénient en ne créant qu'une organisation unique d'abord pour le relèvement des matériaux, ensuite pour leur depouillement. Une telle organisation est réalisable sans grand accroissement, peut-être même avec une diminution de la dépense actuelle de travail et d'argent.

Les propositions A—C ne sont jusqu'ici que de pures affirmations. Démontrées, elles deviennent des arguments importants pour une réunion organique de la statistique de la récidive à la statistique criminelle et pour une réforme de cette dernière basée sur les casiers judiciaires. Cette démonstration nous essaierons de la faire. Seulement, vu la limitation de notre sujet, nous ne pourrons qu'exposer brièvement les principes directeurs. Nous espérons pouvoir faire autrepart un examen approfondi des problèmes en question touchants aux fondements mêmes de la statistique criminelle sociale.

A. Réforme du principe de méthode de la statistique criminelle générale.

La statistique criminelle d'aujourdhui n'est pas ce qu'elle devrait être, une statistique des criminels. Elle est basée sur le dénombrement non pas des individus délinquants, mais plutôt sur celui des cas de criminalité.[1])

Il est vrai de dire que les États dont la statistique est la plus développée, ont à côté du dénombrement des actes soumis à jugement (dans d'autres États, actes faisant objet d'accusation), un dénombrement minutieux des personnes jugées (ou accusées). La différence des deux nombres se montre d'abord quand une seule personne a commis plusieurs actes coupables (concours idéal ou réel), ensuite quand un seul acte est commis par plusieurs personnes (diverses formes de la participation et de la complicité). Dans les divers États on s'efforce, en suivant les méthodes les plus différentes, d'éviter ou au moins d'atténuer l'erreur commise dans le dénombrement des délits ou des délinquants[2]). Mais quelques minu-

---

[1]) Voir pour cette distinction le travail excellent déjà cité de M. v. Scheel «Zur Einführung etc.». Allg. Statist. Archiv I p. 191.

[2]) V. pour la méthode des divers états No. 10 et 12 à 16 de la partie A du questionnaire cité de M. Bodio.

tieuses que soient ces méthodes, elles peuvent tout au plus donner le nombre exact des personnes qui ont été, pendant une année, l'objet d'un jugement ou d'une accusation. Si maintenant la même personne a été jugée plusieurs fois pendant la même année, elle est inévitablement comptée plusieurs fois. Car il est impossible que le bureau central de statistique rétablisse l'identité d'un individu parmi les centaines de mille bulletins qui lui parviennent (ou d'après les régistres que les autorités judiciaires remplissent dans d'autres États). Il s'agit ici non seulement des individus qui après leur jugement ont commis un nouvel acte coupable pendant la même année, mais aussi de ceux qui avant leur jugement avaient déjà commis un autre délit faisant plus tard l'objet d'une instruction spéciale.

En ce qui concerne les derniers, la statistique criminelle est souvent altérée par l'aspect extérieur même par les hasards de la procédure judiciaire. Si un individu est jugé en une seule fois pour plusieurs délits, il ne figure qu'une fois dans le dénombrement des personnes criminelles. Au contraire, si pour l'une ou l'autre raison, les divers délits font l'objet de procédures différentes, l'individu figure plusieurs fois dans ce dénombrement. Mais les motifs qui ont fait diviser la procédure, n'ont rien à voir dans la statistique et c'est sans aucune raison scientifique qu'on leur accorde une influence. Ce n'est donc qu'une statistique des cas de criminalité.

Le groupe de ceux, qui après leur condamnation commettent un nouveau délit dans la même année, est plus important encore [1]).

Chaque groupe nous présente des chiffres élevés, par conséquent de grandes sources d'erreurs. Chaque praticien sait combien grand est le nombre de ces vieilles connaissances qui paraissent plusieurs fois devant le même tribunal au courant de la même année. Et il faut encore ajouter ceux qui dans

---

[1]) La publication de la statistique criminelle allemande pour 1882 p. 72, signala déjà l'erreur qu'occasionnaient ces deux groupes dans chaque statistique des criminels d'habitude (statistique de la récidive), qui se sert des bulletins rédigés par les tribunaux après chaque condamnation. M. von Scheel dans son travail déjà cité prouve l'erreur qui en résulte pour la statistique criminelle en général.

leur vie vagabonde se font condamner à des endroits différents.[1]) Ce sont précisément les délits d'une importance capitale pour la statistique criminelle et sociale, tels que: la mendicité, le vagabondage, le vol etc. . . ., que nombre de délinquants commettent plusieurs fois pendant la même année, si une peine de liberté de longue durée ne vient les en empècher.

Maintenant qu'il y ait récidive ou non, que le nouveau délit soit commis après l'accomplissement de la peine précédente, ou avant cet accomplissement mais après la condamnation, ou bien enfin avant cette condamnation — il faudrait en tout cas que cela soit inscrit au compte du même individu. Alors seulement on aurait une statistique des individus criminels, une statistique criminelle scientifique.

Chaque individu aurait ainsi son compte continu. Il s'agirait de le compléter chaque année. Ce que nous avons dit plus haut de la statistique des récidives s'applique à la statistique criminelle en général: ce n'est qu'en suivant la carrière de chaque criminel comme un tout que l'on acquerra une statistique exacte.

C'est un principe déjà reconnu, mais jusqu'ici on a prétendu que les réformes exigés soient irréalisables. M. von Scheel, directeur de la statistique officielle de l'empire allemand dit[2]): «Une statistique criminelle idéale, qui voudrait étudier le développement de la tendance criminelle dans une population donnée, devrait calculer non pas d'après des contingents annuels, mais d'après des générations: Partant de la première condamnation de chaque délinquant elle devrait ne plus perdre celui-ci de vue, et ajouter chaque nouveau délit à la série des délits antérieurs au lieu de le considérer comme un individu différent». Mais l'auteur ajoute: «Ce ne sont donc là que des fantaisies, dont il est inutile de poursuivre la réalisation»

[1]) La stat. française annuelle contient un tableau des plus intéressants: «État des prévenus en récidive, par département, classés d'après le nombre de condamnations prononcées contre eux pendant l'année du compte par le même Tribunal». (V. par ex. tabl. XLIV du Compte général pour 1888, Paris 1891.) Les publications autérieurcs de cette statistique donnaient aussi le nombre des «prévenus en état de récidive condamnés de nouveau dans l'année par des tribunaux différents. (V. tabl. LI du Compte gén. pour 1880.)

[2]) v. Scheel, l. c., p. 191.

et, résigné, il ajoute: «tenons nous en aux contingents annuels, dont on peut toujours séparer les condamnés pour la première fois pour en faire l'objet d'une attention spéciale».

Ces desiderata statistiques ne peuvent plus être appelés des fantaisies. Le projet d'organisation exposé plus haut les présente sous une forme palpable. Et leur réalisation ne dépend que de l'introduction de la réforme préconisée au moyen des casiers judiciaires.

Cette organisation nouvelle, qui réaliserait les projets favoris des statisticiens criminalistes, n'exige aucunement des dépenses extraordinaires, ni une réforme radicale de l'organisation actuelle. Tout reste en état; après chaque jugement on remplit un bulletin individuel comme aujourd'hui déjà pour la statistique dans les pays qui en possèdent. Mais ce bulletin ne figure plus seul dans la statistique.

Il faut que chaque espèce de tribunal (ou le ministère public) l'envoie d'abord au casier judiciaire où le délinquant figure. Ici on rassemble tous les bulletins concernant le même criminel pendant une année ou pendant l'espace de temps auquel la publication statistique s'étend. A la fin de cette période on les envoit, comme formant un tout au bureau central de statistique. Ainsi donc on évite, d'une façon bien simple, de compter plusieurs fois le même criminel pendant la période que l'on examine, et l'on crée une véritable «statistique des criminels» au lieu de la statistique des «cas de criminalité».

On peut en outre suivre la carrière du criminel au delà de l'année à laquelle chaque publication se rapporte. Il n'y a qu'à laisser à cet effet au casier judiciaire la copie des bulletins des années précédentes. Dès la première condamnation le délinquant est comme aujourd'hui inscrit au casier. Chaque condamnation subséquente, quelque soit l'année où elle se présente, vient s'ajouter au compte déjà existant. L'identité est rétablie d'année en année.

La statistique criminelle peut donc réaliser cette «fantaisie statistique». Partant de la première condamnation de chaque criminel, exactement comme il est désiré plus haut, elle ne perd plus celui-ci de vue et ajoute chaque nouveau délit à la série de ses délits antérieurs. —

B. La statistique des récidives et l'examen de la situation personnelle et sociale des délinquants.

C'est en suite pour la statistique des récidives, qu'une réunion des deux domaines aurait un avantage. Méthodologiquement elle n'a plus rien à y gagner. Comme nous l'avons montré dans le chapitre précédent, on peut construire une statistique de la récidive méthodiquement correcte déjà avec les casiers judiciaires d'aujourd'hui, c'est-à-dire avec les matériaux dans leur forme actuelle. Les projets de tables qui figurent aux annexes et dont j'ai déjà parlé ont ces matériaux comme base.

Mais à côté de la statistique de la récidive proprement dite il est souhaitable d'avoir une statistique des récidivistes d'après leurs caractères principaux. Ainsi comprise elle restera toujours incomplète avec les matériaux qu'offrent les casiers actuels. Mais si l'on ajoute aux casiers les riches matériaux de la statistique criminelle générale, alors ils acqueront dans beaucoup d'États une foule de données qui enrichiront la statistique des récidivistes.

Aujourd'hui déjà, la statistique criminelle générale ne se contente plus nulle part d'enregistrer les délits et les peines. Elle cherche aussi à rassembler des indications au sujet de la personnalité même du délinquant. De tous les délinquants ce sont certainement les délinquants d'habitude dont la personnalité mérite le plus d'attention.

Les données des statistiques européennes montrent précisément au sujet de la situation personnelle des criminels les plus grandes différences.[1]) Age, sexe, état-civil, la profession, fortune, degré d'instruction, nationalité, religion, naissance légitime ou illégitime, lieu de naissance, domicile, même les motifs de quelques genres de délits — tous ces points font aujourd'hui l'objet des indications les plus diverses dans les statistiques criminelles des États européens. Pour plusieurs d'entre eux, la valeur des données statistiques est discutable. Plus d'un Congrès statistique a discuté les nombreuses questions qui se

---

[1]) Voir le «tableau synoptique» déjà cité de M. Würzburger.

présent ici.[1]) Elles ont fait naître, dans les divers états, toute une littérature.

Ce n'est pas le moment d'examiner les avantages des divers systèmes nationaux. Mais il faut cependant dans l'étude de notre sujet que nous énoncions un desideratum qui est réalisable même dans le chaos actuel: Quelques soient les indications que chaque état recueille au sujet de la personnalité de ses criminels, il doit les relever avec un soin spécial pour les criminels d'habitude et les réunir à la statistique des récidives des divers degrés etc.

De toutes les données qui figurent aujourd'hui dans les statistiques européennes sur la situation personnelle des delinquants, il faut en signaler une, qui ce recommande tout spécialement pour être inscrite dans la nouvelle statistique de la criminalité d'habitude. Elle figure dans les: «Judicial Statistics» d'Angleterre-Pays de Galles (assez incomplètes du reste pour la récidive), et dans les «Criminal and Judicial Statistics» d'Irlande. Ces publications contiennent chaque année une rubrique: «Class of persons proceeded against in each police-district on indictement and summarily» et distinguent pour chacun de ses modes de procédure les classes suivantes: Known thieves; prostitutes; vagrants; tramps and others without visible means of subsistence; suspicious and other bad characters; habitual dunkards (not under preceding heads); previous good character; character unknown — tous ces groupes divisés d'après le sexe.[2])

---

[1]) En dernier lieu la IIe et IIIe session de l'Institut internat. de stat. de Paris 1889; cf., dans le Bulletin de l'Institut (III, IV et VI) les intéressants rapports de M. Yvernès et de M. Starke ainsi que les rapports déjà cités de M. Bodio. — Le IXe Congrès intern. de statist. a proposé en 1876 pour les récidivistes les indications personnelles suivantes: sexe, état-civil, degré d'instruction, profession, domicile — rural ou urbain —, l'âge à la première et dernière condamnation, au premier et dernier délit (chiffre 6 des résolutions, l. c. p. 56). Ces divers points répondent à peu de choses près aux propositions faites au Congrès par M. Yvernès (chiffre 7 de ses propositions à la fin de son «Rapport» l. c. p. 89).

[2]) La statistique de la police anglaise et irlandaise donne en outre les chiffres des: «criminal classes» (known thieves and depredators; receivers of stolen goods; suspected persons) et des «houses of bad character» (houses of receivers of stolen goods; public houses; beer shops; coffee shops; other houses of known or suspected bad character).

Un grand nombre d'autres États font des essais d'exposés du même genre. Ils sont en partie réunis aux données concernant la profession.[1]) Les nombres obtenus dans presque tous ces États, sont énormes.

[1]) L'Ecosse n'a que la rubrique «Habit and repute of thief»; la Belgique classe parmi les criminels ceux «en état de vagabondage», «s'adonnant à l'ivrognerie», s'adonnant au braconnage»; et donne pour les mendiants et vagabonds des renseignements spéciaux quant à l'âge et à l'état de santé; l'Italie a, dans la donnée de la profession des délinquants, une rubrique: «Mistieri girovaghi, prostitute, mendicanti e detenuti»; la Norwège indique dans l'énoncé des professions: «Vagabond, Mendiant, Pauvre»; la Roumanie: «Vagabonds»; la Hongrie: «Vivant d'aumônes»; des rubriques semblables dans d'autres pays.

En général cependant les indications de la profession, dans les statistiques criminelles de la plupart des États européens, donnent trop peu de renseignements au sujet des classes sociales dont il s'agit ici. Dans les États, qui relient une statistique des professions avec la statistique criminelle, les indications concernant la part prise par les professions réelles, par ex. agriculture et industrie etc., avec leurs subdivisions, sont très complètes. Mais ce qui manque le plus souvent c'est une indication suffisante pour les sans profession et sans moyens d'existence, dans les formes socio-pathologiques nombreuses sous lesquelles ils se présentent; pour les complètement déclassés, groupe où se recrute surtout l'armée du crime. La rubrique «Sans profession», qui est elle même déjà trop générale, se confond encore dans nombre d'États avec celle: «sans profession déclarée» ou «profession inconnue». Souvent aussi il est facile de voir, par la petitesse des chiffres inscrits sous cette rubrique, que celle-ci ne fait qu'office de remplissage. Les autorités judiciaires, quand elles ont à inscrire un criminel qui est socialement perdu, mais qui autrefois a exercé une profession, croient devoir autant que possible inscrire cet individu dans une profession quelconque. Il semblerait que l'inscription d'un individu sous la rubrique «Sans profession ou sans déclaration de profession» («sans aveu») soit considérée comme un compte moins soigneux et qu'il faille l'éviter autant que possible Et les criminels pour la plupart indiquent une profession quand c'est possible. Il ne faut accepter ces déclarations qu'avec la plus grande méfiance. La statistique doit s'en tenir strictement à la situation réelle de ces classes de la population; elle est actuellement loin de mettre au jour le nombre réel des sans profession, et le rôle important que le manque de toute existence sociale joue dans la criminalité d'habitude.

Ce que nous venons de dire, ne se rapporte pas seulement à la statistique criminelle d'un grand nombre de pays, mais à leur statistique sociale toute entière (spécialement au dénombrement des professions). Une étude plus détaillée sur la recherche de toutes ces relations et leur adaptation à la statistique criminelle dépasserait trop le cadre de notre sujet, et trouvera sa place dans un autre travail, où nous essaierons d'examiner tous les éléments socio-pathologiques de la criminalité d'habitude.

Tout ces essais statistiques ne sont jusqu'ici que de timides commencements, qui doivent encore se développer et se perfectionner. Mais ils ont une grande valeur parcequ'ils montrent le chemin à suivre, le but à atteindre:

Dans la science pénale moderne la criminalité d'habitude est la notion la plus importante mais aussi la plus difficile à fixer. Son examen ne doit pas se restreindre à la «récidive» et aux autres facteurs purement criminels, il faut plutôt l'étendre à la recherche de tous les facteurs sociaux qui influencent cette classe de la population. Ce sont précisément les manifestations que l'on pourrait qualifier de «semi-criminelles»: la Mendicité, le Vagabondage, la Paresse, la Prostitution, l'Ivresse etc. qui doivent faire l'objet de la plus grande attention.

Il faut chercher à déterminer aussi bien que possible pour chaque cas quel est le milieu social, quelles sont les causes subjectives et objectives, involontaires ou volontaires du manque de travail ou de moyens d'existence, qui ont poussé l'individu de délit en délit. Enfin il faut éclairer l'habitus sociopathologique de ces «criminal classes». C'est avec raison que depuis nombre d'années la statistique sobre de l'Angleterre parle de «classes» de la population. Il s'agit en effet de «classes» qui n'ont pas su, souvent pas voulu, trouver aucune place dans la structure de la société. Il s'agit de ces «déclassés» qui menacent de former eux même une classe de la population, celle du «travail négatif» (Riehl). Ce sont des hommes sans aucune profession positive, et qui, la vie durant, font profession de détruire les fruits de la culture et de commettre des crimes.

C'est ce qui me porte à préférer le terme «criminel de profession» (Berufsverbrecher) plus exact que «criminel d'habitude» (Gewohnheitsverbrecher) qui est généralement employé et dont je me suis servi jusqu'ici pour désigner ce groupe. Le premier terme a un sens plus restreint et ne comprend pas tous les «criminels d'habitude». C'est, à mon avis, un avantage. Car le mouvement de réforme du droit pénal qui s'occupe de ce groupe des criminels, et spécialement l'introduction de la notion des «Incorrigibles» ne s'étendent certainement pas à tous les «criminels d'habitude». Ces derniers comprendront par ex. les personnes d'humeur irascible qui à tout propos offensent quelqu'un par leurs paroles ou leurs actions, les personnes qui sont entrainées à certains outrages aux moeurs, et beaucoup d'autres qui certainement ne sont point frappés par les dispositions qui excluront les «incorrigibles» de la société. La caractéristique du groupe en question consiste dans l'exercice du délit comme profession et souvent dans le manque simultané d'une profession positive.

Cette criminalité de profession offre un vaste champ aux recherches exactes et mathématiques. La statistique criminelle s'étend ici pour devenir ce qu'elle est par essence: une branche de la statistique sociale. Comprise ainsi la statistique de la récidive, cette branche la plus importante de la statistique criminelle, aidera également la science à connaître la criminalité et aidera la pratique à la combattre.

Elle soutiendra ceux, qui, comme l'Union Internationale de Droit Pénal, combattent d'une part contre le culte intolérant des pures formes juridiques, d'autre part contre l'accentuation simpliciste du point de vue anthropologique. Elle opposera à cette conception purement individuo-pathologique les facteurs que j'ai qualifiés plus haut de «socio-pathologiques».

Elle servira de fondement à la tendance que M. v. Liszt a si bien définie: «Die wissenschaftliche Untersuchung des Verbrechens als einer eigenartigen Erscheinung des gesellschaftlichen Lebens und die darauf gestützte Klarlegung der sozialen Bedingungen des Verbrechens».[1]) Cela ne veut pas dire que nous n'estimions pas à leur juste valeur les résultats que les recherches anthropologiques ont déjà fait acquérir, ou feront peut être — acquérir un jour. Car les facteurs physiques et sociaux du crime agissent simultanément et non isolément. Toujours leur action se croise et ils s'influencent sans cesse.[2])

[1]) v. Liszt, Kriminalpolitische Aufgaben I in der «Zeitschrift für die gesamte Strafrechtswissenschaft» IX, p. 472.

[2]) Une statistique des récidives perfectionnée et basée sur des casiers judiciaires bien développés peut servir aussi à des recherches anthropologo-criminelles: D'après l'art. 3. du nouveau projet de loi français le Bulletin no 1 doit contenir «le signalement anthropométrique du condamné» dans tous les cas où il a été pris. Il s'agît ici de la méthode de M. Bertillon. Cette disposition du projet de loi est partie sans aucun doute du but tout pratique

Pour la politique criminaliste, qui n'est que trop encline, aux époques d'accroissement inquiétant de la criminalité, à considérer comme de la plus grande sagesse l'emploi de la bastonnade et autres peines du même genre, pour cette politique, dis-je, une statistique de la récidive dressée comme nous l'avons proposée servira d'avertissement; elle montrera: que les mesures répressives les plus sévères ne parviennent pas à elles seules à nous débarasser de la criminalité de profession. Les vrais moyens seront toujours les mesures préventives et sociales, mesures réformatrices dans la législation et l'administration, notamment les institutions qui soutiennent ces classes inférieures et les poussent en même temps au travail, la réglementation opportune de la bienfaisance, l'interdiction de la mendicité, les bourses du travail etc. etc.

Il est bien certain que l'on ne peut, au début, exiger trop de ces institutions socio-statistiques que nous avons esquissées. Ce n'est que lorsqu'on aura reconnu l'importance de la conception sociologique pour le droit pénal et la politique sociale, pour la théorie et la pratique, que la statistique disposera de plus de moyens et sera mieux accueillie.

Le casier judiciaire doit servir de point de concentration aux matériaux nécessaires pour l'érection aujourd'hui modeste, bientôt plus complète de cette statistique. Ils réuniront toutes les indications au sujet de la situation sociale des criminels — tant celles qui viennent des tribunaux que celles qui viennent des établissements pénitentiaires. Les administrations des prisons sont très bien placées pour donner en ce sens de précieux renseignements. Les établissements où le délinquant passe un temps très long, sont surtout en état de nous renseigner sur sa situation sociale, sa famille, son éducation, sa carrière professionnelle, ses écarts et ses fautes, même si elles

---

de l'établissement de l'identité du criminel; elle fournira en même temps des indications précieuses pour l'examen théorique statistique de la criminalité. On prend le signalement anatomique d'un nombre énorme de criminels. Quoiqu'au début les données soient peu détaillées on aura donc enfin un ensemble de matériaux suffisant pour faire des recherches réellement statistiques — peu importe ici qu'elles se prononcent pour ou contre les doctrines anthropologiques. Jusqu'ici en effet, on a pu reprocher souvent à juste titre aux anthropologues de tirer des conclusions «statistiques» prématurées en s'appuyant sur une centaine, tout au plus un millier de cas.

ne constituent pas une infraction juridique, et sur beaucoup d'autres choses semblables. Déjà aujourd'hui toute une série d'États européens nous donnent dans la statistique concernant leurs prisons des indications semblables.[1]) Et, outre le contenu de ces publications, certains établissements bien dirigés recueillent des indications plus complètes concernant la personnalité du criminel, sa famille et l'histoire de sa dégradation sociale.[2])

Des indications semblables devraient s'étendre à tous les établissements pénitentaires, ou tout au moins à ceux où s'accomplissent des peines de longue durée, et il faudrait les utiliser dans la statistique de la récidive criminelle. Cette dernière n'acquiert sang et vie, que combinée avec les renseignements au sujet des relations personnelles et familiales des récidivistes; c'est alors seulement que les facteurs sociaux, causes de la récidive, apparaissent au premier plan.

Il faudra donc que les établissements pénitentiaires envoient aux casiers les renseignements qu'ils auront pu obtenir et dont ils auront au préalable vérifié l'exactitude. C'est aux casiers que ces renseignements seront complétés et corrigés par ceux de l'établissement où le délinquant aura accompli ou accomplira une autre peine. Il s'y formera une biographie criminelle comme la science et la pratique la désirent[3]).

Non seulement l'étude statistique et théorique du crime professionnel comme un tout, comme un groupe social, mais aussi la pratique de la lutte contre les individus isolés de ce groupe exigeront toujours plus impérieusement un tableau d'ensemble de la personnalité criminelle.

---

[1]) Cf. par ex. les indications si nombreuses concernant la personnalité, contenues dans les tables B I et B III de la «Statist. der zum Ressort des Kgl. Preufsischen Min. d. Inn. gehör. Straf- und Gefangenen-Anstalten» (annuelle).

[2]) Entre autres signalons le questionnaire excellent que M. Krohne a introduit à la maison de force (Zuchthaus) de Moabit (Berlin), et qui doit être rempli par les détenus eux-mêmes et par l'autorité ecclésiastique ou la police de leur domicile. (V. K., Lehrbuch der Gefängniskunde, Stuttgart 1889, p. 563 sq.)

[3]) Pour l'enrichissement du contenu des casiers, v. les propositions remarquables de M. Seuffert, l. c. p. 573, qui dépassent même ce qui est demandé plus haut. Cf. p. 565 ce que l'auteur dit très justement concernant l'importance des casiers pour déterminer l'individualité complète du délinquant.

M. van Hamel, au Congrès de Christiania, a caractérisé l'introduction d'un «jugement ultérieur» comme point saillant du traitement des «incorrigibles»[1]). Ce ne serait pas en jugeant le dernier acte coupable, que le tribunal prononcerait le jugement définitif au sujet des incorrigibles. C'est en partant de la même idée — malgré une différence de réalisation pratique — que M. von Liszt[2]) avait désigné le «Vollzugsamt» comme un des premiers desiderata à réaliser dans l'organisation future. Ce serait, selon lui, une autorité administrative à laquelle serait confié le jugement définitif. Cette institution veut que ce ne soit pas le dernier délit seul, isolé de toute la carrière criminelle, qui serve de base au jugement. Elle veut plutôt que le jugement soit prononcé d'après l'individualité entière du délinquant, le développement criminel de ce dernier et l'ensemble de sa situation sociale. Ce n'est que lorsqu'on a acquis la conviction qu'un individu est sorti de tous les liens sociaux, qu'il est complètement incapable et sans aucun désir d'y rentrer, que son activité se borne désormais à troubler l'ordre légal — c'est alors seulement après avoir agi avec la plus grande prudence, que l'on sera autorisé à donner à l'individu la qualification si dangereuse de: «Incorrigible».

Pour qu'un tel jugement porté sur la personnalité d'un criminel soit possible, pourque le «Vollzugsamt» puisse se prononcer, il faut une institution qui fournisse pour chaque récidiviste l'ensemble des ces indications. Les casiers judiciaires réaliseront cette institution, si leur organisation si apte à se développer est complétée dans le sens que nous avons indiqué.

C. Diminution de frais et de travail.

Le désir d'une méthode exacte pour la statistique criminelle générale (A) et l'intérêt que nous attachons spécialement à un développement de la statistique des crimes professionnels (B) nous mènent donc à la conclusion suivante:

La statistique de la récidive basée sur les casiers judiciaires ne doit pas faire l'objet d'un travail indépendant de la

[1]) Bulletin de l'Union, 3. année, p. 304.

[2]) Kriminalpolit. Aufg., l. c. p. 492 sq.

statistique criminelle générale, elle est bien plutôt une partie intégrante de cette dernière et doit s'adapter à son organisation. En d'autres mots: Il faut faire passer l'ensemble des matériaux de statistique criminelle par l'institution des casiers.

Et ce ne sont pas seulement des motifs théoriques qui justifient notre conclusion, des motifs d'opportunité, d'exécution pratique doivent aussi, à mon avis, conduire à une organisation commune des deux domaines.

L'institution d'une nouvelle statistique de la récidive à côté de la statistique criminelle actuelle demanderait pour être réalisée convenablement de nouveaux sacrifices très considérables d'argent et de travail. L'on ne peut raisonnablement admettre qu'un grand nombre d'états offrent de supporter ces nouvelles dépenses. Et même là ou c'en serait le cas, une grande partie des travaux, tant pour le relèvement des matériaux que pour le dépouillement de ceux-ci, seraient faits en double, en pure perte. Tout ce travail et ces moyens pécuniaires pourraient être si utilement consacrés à d'autres recherches indispensables.

D'autre part, comme nous l'avons prétendu plus haut, l'organisation rationnelle qui réunirait les deux domaines statistiques, n'exigerait guère des frais plus considérables que ceux que demandent aujourd'hui la somme des institutions coexistentes: les casiers d'une part, la statistique criminelle d'autre part; peut-être même qu'une combinaison bien règlée permettrait une épargne de temps et d'argent.

Le principe fondamental de cette organisation a déjà été signalé précédemment. Nous allons maintenant à examiner de plus près, en partant de la situation actuelle de l'institution en Allemagne. Le lecteur étranger, au courant des institutions correspondantes de sa patrie, appercevra lui même, au premier coup d'œil, quelles sont les modifications à apporter à la nouvelle organisation pourqu'elle soit applicable à son pays. Nous ne devrons donc pas entrer dans ces détails. Je crois pour ma part que cette organisation est applicable à tous les États, pour autant que ceux-ci possèdent une statistique criminelle et des casiers judiciaires.

Ces deux institutions figurent à côté l'une de l'autre dans les divers pays. Spécialement en Allemagne on envoit après chaque condamnation définitive deux communications: le bulletin pour le bureau statistique (Zählkarte), le bulletin pour les casiers judiciaires (Strafnachricht).[1]) Tous deux figurent à l'annexe 2 (No. 1a et 1b). Ainsi les matériaux statistiques sont créés en double, et ce sont les autorités judiciaires (soit tribunaux, soit ministère public) qui ont la besogne. Si maintenant on crée une statistique isolée de la récidive basée sur les casiers judiciaires, ces matériaux exigeront encore une double organisation pour leur dépouillement.

Il est donc bien préférable d'avoir une organisation unique pour la recherche et du matériel et pour son dépouillement, en combinant les deux espèces de bulletins.

Tous deux contiennent déjà à peu près des données du même genre dans le système actuel. Le bulletin pour l'administration de la statistique est plus explicite. Il suffit pour s'en convaincre de jeter un regard sur les formulaires figurant aux annexes. Nous y avons souligné dans le bulletin pour les casiers judiciaires allemand et italien les données qui figurent également sur les bulletins statistiques. Pour autant que ces derniers contiennent au sujet des relations personnelles du délinquant des indications que les bulletins de casiers ne fournissent pas, ceux-ci seront donc complétés par cette combinaison, ce qui ne peut être que très utile à la statistique de la récidive, comme nous l'avons dit sous B. Il en est de même pour les indications plus détaillées que les bulletins de

[1]) Nous avons déjà dit (v. rem. p. 186) que, d'après les dispositions actuelles, ces deux genres de communications ne sont pas toujours faits tous deux pour les mêmes groupes de délits. La différence principale consiste en ce que les casiers judiciaires ne reçoivent un bulletin qu'en cas de condamnation (excepté en Italie, dans les cas cités). En se servant de ces bulletins pour toute la statist. criminelle, rien n'empêche d'en envoyer également (dans un but exclusivement statistique) en cas d'acquittement ou d'ordonnance de non lieu. Du reste les «Sommiers judiciaires» en France signalaient également ces cas. D'autre part, l'on peut certainement discuter la question de savoir si la statistique criminelle générale ne devrait pas comprendre uniquement les condamnés, et si ce n'est pas la statistique administrative de la justice seule qui a intérêt à connaître le nombre des acquittements. (V. v. Scheel, Zur Einführung etc., l. c. p. 189). Dans le domaine spécial de la statistique des récidives cette restriction est indispensable, et usitée partout, comme nous l'avons déjà exposé.

l'admin. statist. contiennent au sujet de l'acte coupable et du jugement.

Une pareille juxtaposition n'est pas possible pour les bulletins des casiers français et belges figurant également à l'annexe, attendu qu'un bulletin individuel uniforme et obligatoire n'y est pas introduit dans la statistique judiciaire pénale.

D'après les propositions faites plus haut les tribunaux qui livrent les matériaux n'auraient plus que la moitie du travail d'aujourd'hui. Et le premier but de toute organisation future de la statistique criminelle doit être d'alléger dans la mesure du possible la besogne des tribunaux, quant à la fourniture des matériaux statistiques. Il ne faut tout au moins pas la rendre plus lourde. —

La combinaison des deux espèces de bulletins amènerait de plus, pour d'autres États, un très grand progrès de méthode.

La plupart des États européens relèvent aujourd'hui les matériaux de la statistique criminelle non sous forme de bulletins individuels, mais sous la forme plus primitive de registres (cadres etc.) ou bien permettent le libre choix d'un de ces systèmes. C'est le mérite de la statistique criminelle allemande d'avoir, dès sa création en 1882, rendu le premier système obligatoire. L'Italie [1]) a suivi l'exemple de l'Allemagne en 1890.

La supériorité des bulletins individuels comme moyen de relèvement comparés aux registres, n'existe pas seulement pour la statistique criminelle, mais se présente plus ou moins pour toutes les branches de la statistique. Plus une matière

[1]) Ici on a conservé en outre des registres pour l'instruction préliminaire etc., ainsi que pour les contraventions; les données obtenues au moyen de ces registres font l'objet d'une publication séparée de statistique criminelle pour 1890 (v. Rem. p. 165). — Pour les méthodes suivies dans les autres pays, voir partie A, no. 3 du «Questionnaire» cité de M. Bodio; cf. aussi le «Rapport sur la stat. jud. pén.» qui le précède, p. 8 (du tiré à part). M. B. s'y déclare partisan des bulletins individuels de statist., mais il veut qu'on y joigne le système des registres. Il faisait ressortir les avantages des bulletins individuels, spécialement pour la recherche statistique de la récidive à la 2ème session de l'Inst. intern. de Stat. (Rapport cité, Bulletin de l'Instit. IV. 2ème livraison p. 165 d). M. Yvernès, dans son rapport pour la même assemblée (Bull. III, 1ère livr. p. 73) défendit l'égalité de valeur des diverses formes employées pour relever les matériaux.

qu'il faut explorer statistiquement est compliquée, plus le dépouillement des registres est difficile et quelquefois même impossible. La statistique de la récidive est une des plus compliquées. L'emploi de bulletins individuels, à mon avis, est ici indispensable.

Un tel bulletin individuel existe déjà aujourd'hui dans tous les pays qui ont des casiers; car les communications transmises aux casiers par les autorités judiciaires, après chaque condamnation, doivent nécessairement se faire au moyen d'une formule individuelle («Strafnachricht», «bulletin individuel», «cartellino pel casellario»). Si donc le relèvement des matériaux statistiques est combiné avec l'emploi des renseignements pour les casiers, l'on acquerra dans tous les états qui ont ces derniers des bulletins individuels également pour la statistique criminelle.

Ces bulletins pour les casiers et bulletins pour la statistique combinés devront alors être gardés en originaux dans les casiers judiciaires, comme cela se fait aujourd'hui déjà pour les bulletins des casiers eux-mêmes. Et là, ils seront complétés par les communications des administrations de prisons. Celles-ci envoient des renseignements concernant la personnalité du délinquant, spécialement sa situation sociale. Nous aurons donc ainsi des matériaux statistiques, réunissant tous les avantages de la statistique judiciaire et de la statistique des prisons et possédant en outre cette exactitude de méthode que seul le système des casiers permet d'atteindre.

Les bulletins combinés seront rassemblés pendant une année (ou pendant toute autre unité de temps choisie pour la statistique criminelle); tous les renseignements concernant une même personne seront concentrés, comme cela se fait aujourd'hui déjà dans les casiers. A la fin de chaque période, copie des bulletins combinés est envoyée au bureau central de statistique, tous ceux relatifs au même individu étant également rassemblés. Les originaux naturellement doivent être conservés pour la statistique de la récidive des années suivantes et pour le service des casiers eux-mêmes.

Le bureau central de statistique dresse ensuite, au moyen de ces matériaux et d'après la méthode indiquée plus haut (A) une statistique criminelle scientifiquement correcte.

De tout ce que nous avons dit il résulte que la statistique des récidives est une partie organique de la statistique criminelle générale; elle en est la plus importante au point de vue non-seulement matériel, mais aussi méthodologique en servant de base à une vraie statistique des individus criminels[1]).

Pour terminer ce chapitre nous nous permettrons de faire encore une proposition par rapport aux publications non-seulement de la statistique des récidives, mais de la statistique criminelle en général: Il ne faut pas qu'elles paraissent tous les ans.

Je ne vois pas de raison décisive pour faire ici des publications annuelles. Il en est autrement dans des domaines, où l'espace d'un an représente l'unité de temps avec une signification soit physique soit économique: Pour une statistique de la température, des récoltes, l'année solaire est l'unité de calcul fournie par la nature; pour d'autres faits économiques la publication annuelle s'impose également, car il est bon qu'un peuple et un état fassent leur bilan annuellement comme chaque particulier. La statistique des administrations dans toutes ses branches demande aussi l'unité d'une année; la statistique administrative de la justice aussi pour certains points: activité des tribunaux, du ministère public etc.

---

1) Cette statistique criminelle peut alors compter exactement non-seulement ceux qui ont été condamnés plusieurs fois pendant l'année ou l'espace de temps qu'on examine dans chaque publication de statistique, mais aussi ceux qui ont été condamnés dans une année antérieure, et les ajouter comme récidivistes de l'année où ils ont commencé leur carrière criminelle.

A première vue on serait tenté de faire une objection à ce système de rassemblement des matériaux statistiques: «la géographie criminelle en souffrirait», car les casiers classent les matériaux d'après le lieu de naissance des criminels; il est cependant très important de faire un classement d'après le lieu où les actes coupables ont été commis, et de les comparer quantitativement et qualitativement, d'après les localités. Cette objection est facile à réfuter: car il suffit pour cela de faire un nouveau groupement et dénombrement du matériel statistique, ce qui offre peu de difficulté si ce matériel consiste en bulletins individuels. Du reste ce groupement s'impose dans l'organisation actuelle: Les matériaux (bulletins et régistres) ne sont pas fournis aujourd'hui d'après le lieu des actes coupables, mais d'après le lieu du tribunal qui a énoncé le jugement. Donc les statistiques qui donnent aujourd'hui des renseignements sur la géographie criminelle doivent faire un nouveau classement du matériel.

Je crois que le caractère annuel des publications de Statistique criminelle provient de leur liaison avec cette statistique administrative, qui perdure encore dans la plupart des pays[1]). Car si l'on considère la statistique criminelle à part, comme statistique de phénomènes sociaux, indépendante de l'organisation judiciaire, il est impossible de découvrir quelle signification l'espace d'une année peut avoir pour l'apparition de ces phénomènes. La situation sociale et les crimes qui en résultent seront — généralement — les mêmes en Décembre 1892 qu'en Janvier 1893. L'on dira sans doute qu'il faut une limite temporaire quelconque, arbitraire si l'on veut. Mais si elle est arbitraire, pourquoi la fixer à une année et occasionner si souvent des frais énormes de publication?

Mais l'utilité des statistiques annuelles d'aujourd'hui est bien moindre encore que l'on pourrait se le figurer d'après ce que nous avons dit. En effet, ce ne sont pas les délits commis pendant une année qui constituent l'unité, mais les délits jugés pendant une année. Or ces deux notions sont bien différentes. Ainsi par ex. en Allemagne il n'y a que la moitié des délits jugés pendant une année qui soient commis pendant la même année, environ la moitié date de l'année antérieure et quelques-uns sont plus anciens encore[2]). Ces proportions varient nécessairement, dans les diverses années, d'après l'organisation et l'activité des tribunaux (longueur des périodes de session des jurys etc. etc.). Par conséquent l'erreur que l'on commet en concluant de la statistique criminelle actuelle à la criminalité de chaque année, varie d'une année à l'autre. Cette erreur ne s'élimine donc pas par la comparaison de plusieurs

---

1) L'Allemagne a réalisé un progrès en séparant extérieurement aussi sa «Statistique criminelle» (annuelle) de la «Statistique de la Justice». La dernière est dressée et publiée par le Reichs-Justizamt. Ceci se fait tous les deux ans. Mais quelques indications qui en réalité intéressent la Statistique de la Justice, sont restées dans la statistique criminelle. Il s'agit de la plupart des rubriques du Tableau I. Cependant quelques indications de ce Tableau, par ex. celles des déjà condamnés ont un intérêt pour la statistique criminelle.

2) V. m. v. Scheel «Zur Technik etc.» l. c., p. 473.

années, et l'on ne peut conclure de ces données au mouvement annuel de la criminalité[1]).

La différence entre la notion des délits jugés et celle des délits commis se ferait moins sentir si les périodes de publication étaient plus longues. En supposant que, dans la statistique d'une année, le nombre des individus condamnés comprenne 50% de délinquants qui ont commis l'acte l'année précédente, ce % ne sera plus que 10 si la période de calcul est de 5 années, puisque ces 50% qui proviennent de l'année qui précède la période se répartissent sur 5 années, un nombre total 5 fois plus élevé.

Cet argument cependant ne doit pas être invoqué pour négliger à l'avenir de faire un calcul exact, pour se permettre de ne pas tenir compte de la différence des deux notions. Il ne recommande pas les publications par période de plusieurs

---

1) Cependant les publications statistiques actuelles ne manquent pas totalement d'un exposé de la criminalité réelle de chaque année. Dans la statistique criminelle allemande par ex., nous trouvons un aperçu sommaire des délits commis pendant chaque mois et année (Tableau III: «Les crimes et délits d'après la date de l'acte»). Mais cet exposé n'a aucune influence sur les autres calculs statistiques faits d'après le tribunal compétent, le genre du délit et de la peine, le lieu où l'action a été commise et la situation personnelle du délinquant (Tableaux I, II, IV). — V. aussi à ce suj. Bodio «Rapp. sur la Stat. pén.», l. c. p. 10 (du tiré à part.). Un tel calcul sommaire d'après mois et années de l'action peut certainement se faire aussi dans une publication qui s'étend à plusieurs années.

Dans chaque espèce de publications futures, on devra également suivre sommairement au moins le mouvement annuel des jugements et condamnations etc. Mais pour les points principaux des tables de statistique, le dénombrement d'après les délits, la situation personnelle etc. le groupement par plusieurs années ne rencontre aucune objection.

Il reste cependant encore la question de savoir si la nécessité de connaître plus rapidement l'état de la criminalité ne serait pas un obstacle à notre proposition. Mais là où cette nécessité existe, on pourrait faire des calculs sommaires annuels. C'est ce qui se fait déjà aujourd'hui en Allemagne, où une «Vorläufige Uebersicht» de la criminalité de chaque année paraît dans les «Vierteljahrshefte zur Statistik des Deutschen Reichs», environ une année avant la publication définitive et détaillée.

Celle-ci est publiée aujourd'hui en Allemagne en moyenne 2 ans après l'année examinée, dans quelques autres états européens encore plus tard. L'on ne peut donc raisonnablement parler de l'intérêt «actuel» de la statistique annuelle.

années avec l'existence du défaut signalé; mais il est clair que, de ce point de vue, les publications annuelles sont encore moins recommandables et que l'on ne peut prouver leur nécessité par un intérêt scientifique de connaître le mouvement annuel de la criminalité.

Il serait donc utile que les publications de statistique criminelle parussent de 3 en 3 ou de 5 en 5 ans[1]). Le dernier espace de temps aurait l'avantage de coïncider avec celui du relevé de la population (quinquennal).

Tous les états pourront ainsi réaliser une épargne qui n'est pas à dédaigner. Et les moyens devenus disponibles pourront utilement être employés au service de la statistique criminelle. Sa méthode deviendra plus exacte, son contenu plus riche. Et elle pourra surtout s'attacher plus à l'étude de la nature sociale du crime.

La statistique criminelle vraiment ne sera pas embarrassée d'employer les superflus que l'on aura épargnés! Car cette science n'est encore qu'à son enfance.

Il faut avant tout que les moyens devenus disponibles soient consacrés à la branche capitale de la statistique criminelle, la statistique de la récidive. Il faudra l'organiser d'après les principes méthodiques déjà exposés. La carrière individuelle du criminel ne doit évidemment pas être examinée pour les seuls 3 ou 5 ans de la publication.

Il faut qu'à chaque publication on examine les années antérieures où se recrutent les récidivistes de ces 3 ou 5 années. Maintenant s'il faut reculer jusqu'au commencement de la carrière ou s'il faut limiter l'examen à une certaine période, 10 années par ex., cela dépend du but spécial, sociologique ou criminaliste que l'on a en vue.

Après avoir ainsi préconisé de faire entrer la statistique des récidives dans la statistique criminelle générale, pour divers motifs internes et externes, après avoir défendu cette organisation commune, je trouve opportun de rappeler encore ce que je disais en commençant ce chapitre: Dans les états où, malgré

---

[1]) Aujourd'hui, la statistique criminelle du Danemark — dont le contenu n'est, à vrai dire, pas très riche — procède, par périodes de cinq années.

tous les avantages internes et externes, le domaine spécial dont nous nous occupons ne peut faire l'objet d'une réforme qui comprendrait toute la statistique criminelle, parce que cette réforme générale rencontre trop d'obstacles, dans ces états, dis-je, il ne faut pas hésiter à s'occuper de la réforme de la statistique des récidives seule, c.-à-d. d'organiser le dénombrement des casiers judiciaires dans leur état actuel et la publication séparée des résultats obtenus.

IV.

Le caractère international de l'Union pour laquelle j'ai l'honneur de faire ce rapport exige que je m'occupe encore d'une question, signalée du reste dans le thème qui m'a été posé à l'ordre du jour: «La méthode relative à l'organisation d'une statistique scientifique et uniforme de la récidive.»

L'Uniformité internationale de la statistique future fait l'objet de vœux aussi nombreux que compréhensibles. Plusieurs voix autorisées ont exprimé l'espoir de leur réalisation[1].

Comme dans toutes les questions de statistique internationale, il s'agit de bien distinguer ici deux notions que l'on ne confond que trop souvent: «Uniformité de la méthode statistique» et «Comparabilité des résultats statistiques». L'existence de la première est une des conditions d'existence de la seconde, mais ce n'en est pas la seule condition. Il peut y avoir uniformité méthodologique, sans qu'il y ait comparabilité matérielle. C'en est ici le cas, à mon avis.

Nous nous sommes occupés précédemment de l'uniformité méthodologique, aussi bien dans nos critiques que dans nos propositions. Nous avons essayé de démontrer dans le premier chapitre que, malgré les différences de détails, la statistique de la récidive dans tous les états européens qui nous intéressent, présente les mêmes erreurs fondamentales. Le second

[1]) L'Assemblée générale de l'Union à Christiania a accepté presqu' à l'unanimité une thèse proposée par M. van Hamel, dans laquelle il démontrait l'intérêt «an einer detaillierten, präzisen, uniformen und zur Vergleichung geeigneten Rezidivistenzstatistik». (V. Bulletin de l'Union Int. de Droit Pénal, 3ème année, p. 294.)

chapitre contient un projet d'organisation dont la réalisation uniforme est possible dans tous les états qui possèdent des casiers judiciaires. Les formulaires de tableaux des récidives annexés peuvent être adoptés par tous les états, en tenant compte des modifications signalées, partie déjà dans ce travail, partie à l'annexe. Jusqu'ici je suis donc d'accord avec M. van Hamel et la résolution du Congrès de Christiania.

Mais en admettant que la méthode d'enregistrement statistique soit identique dans les différents pays, il n'en reste pas moins certain que les objets enregistrés ne seront pas les mêmes. La règle suivante s'applique à toutes les branches de la statistique: pour que les nombres obtenus dans différents états puissent être comparés, il faut non-seulement que la méthode du relèvement et du dépouillement statistique des données soit identique, il faut aussi que ces données mêmes soient constituées d'après les principes identiques. Or, ceci n'est le cas pour aucune partie du domaine pénal; au contraire, la constatation des délits offre d'un état à l'autre les plus grandes différences.

Chaque nation a son droit pénal, possède ses caractères objectifs différents pour la notion de beaucoup de délits principaux, ainsi que des limites différentes pour la capacité subjective de délinquer (âge etc.). Les grandes lignes de la procédure criminelle ne sont pas les mêmes (existence et rôle du ministère public; ici le «principe de la légalité», là «de l'opportunité» dans les accusations; etc. etc.). L'organisation judiciaire est essentiellement différente (ici des juges non juristes, cours d'assises etc. — là des juges jurisconsultes).

Mais outre ces différences dans le domaine de la justice il en est entre les divers états bien d'autres encore qui s'opposent à une comparaison des chiffres de la criminalité. Le rôle des autorités chargées de veiller à la sûreté publique et l'activité de ces autorités diffèrent de pays à pays[1].

---

[1]) Les motifs que nous avons indiqués jusqu' ici comme s'opposant à une comparaison internationale des chiffres de statistique criminelle, font l'objet d'un long exposé de M. Starke dans son rapport pour l'Inst. Int. de Stat. v. Bull. de l'Inst. T. IV, 1er livr., p. 87 sq. Le travail de M. Richter

On peut certainement aller plus loin et dire que non-seulement la différence des institutions et administrations officielles d'un état, mais qu'aussi tout l'habitus moral et social de sa population ont une influence sur la constatation des délits commis. La susceptibilité morale du peuple pour les atteintes au droit, la tendance plus ou moins grande de celui qui subit un dommage à recourir à l'autorité, tout cela diffère d'après la nation. Cela se fait sentir surtout pour certains groupes de délits: injures, coups et blessures, outrages aux mœurs etc., mais l'importance en est encore sensible et ne peut être négligée pour les délits contre la propriété et tous les autres genres d'infractions[1].

Bref, le chiffre des délits constatés officiellement dans deux états différents ne nous dit pas combien de délits ont été commis en réalité, et le nombre de délits qui ont été frappés d'une peine nous le dit encore moins. Nous devons ici aussi séparer nettement les notions: «criminalità réale» — «cr. apparente» — «cr. legale» (Ferri). Une statistique criminelle comparée devrait reposer sur la première, tandis que nous ne possédons que les chiffres de la dernière de ces notions[2].

Aucun chapitre de l'histoire du développement de la statistique criminelle ne constate autant d'échecs et d'erreurs

«Kriminalstatistische Vergleiche in Bezug auf die Nachweise über Geschlecht und Alter» (Vierteljahrshefte zur Stat. d. Dt. R., 1892, H. III, p. 60) nous montre par un exemple les difficultés énormes qui s'opposent à tout essai scientifique dans le domaine de la stat. crim. internationale.

[1]) Cf. p. ex. au sujet du Vol la remarque très juste de M. Bodio dans le rapport déjà cité, Bull. de l'Inst. Int. de Stat. T. IV, 2ème livre, p. 165 q.

[2]) M. Yvernès en se prononçant jusqu' à un certain point pour la possibilité d'une statistique internationale criminelle, fit une proposition, qui partait très logiquement du point de vue où il se plaçait, de comprendre dans cette statistique non-seulement tous les délits jugés mais tous les dénoncés (l. c., p. 74). Id. Bodio à la session de Vienne (l. c., p. 9 du tiré à part). La proposition de M. Bodio à ce sujet (No. 5) fut adoptée par l'assemblée générale ainsi que les autres qu'il avait présentées.

Mais abstraction faite des nombreux doutes qui s'élèvent au sujet d'une pareille extension de la statist. crimin., il est impossible de songer à pareil projet pour la statistique de la récidive. En effet, comme nous l'avons vu, pour établir la récidive l'on ne peut tenir compte que des condamnés; il faut omettre les autres individus jugés et encore plus les dénoncés.

que celui de la comparaison internationale. On a comparé, quelquefois par une ignorance naïve, souvent avec des tendances préconçues, des nombres obtenus dans différents états, nombres incommensurables. Comme nous l'avons déjà fait observer, on devait évidemment arriver à constater dans les pays ayant les lois les plus sévères, la meilleure police et la morale populaire la plus susceptible, les résultats les plus défavorables, tandis que les pays arriérés en civilisation présentaient la situation la plus avantageuse, d'où l'on concluait au degré élevé de moralité et à l'excellence des institutions légales. La vraie science a vivement blâmé ces essais prématurés de certains auteurs que M. Bodio appelle très justement des «amateurs de statistique». La science aussi s'est toujours occupée du problème séduisant d'une statistique criminelle comparée et le Congrès international de Statistique ainsi que son successeur, l'Institut International de Statistique s'est, dans chacune de ses réunions, occupé de la question en général ou d'un point de détail de celle-ci. L'Institut vient précisément de publier ses derniers travaux et résolutions à ce sujet. Nous y voyons que, parmi les hommes autorisés, les représentants les plus optimistes d'une statistique criminelle internationale ne demandent plus pour le moment que des travaux préliminaires qui permettent une comparaison future. D'autres auteurs très compétents ont prétendu qu'il serait toujours impossible d'obtenir des chiffres de la criminalité internationale qui puissent être mathématiquement comparés. Ils s'appuyaient à juste titre sur le fait que jamais aucune réforme de la méthode statistique ne fera disparaître les divergences des droits nationaux et de la vie politique et sociale dans chaque pays.

L'étude de chacune des difficultés qui s'opposent à une statistique criminelle internationale nous entraînerait trop loin de notre thème spécial. Elles font l'objet, dans les derniers travaux de l'«Institut», d'un examen approfondi par les représentants autorisés des diverses opinions[1]. Nous avons cru

[1]) Cependant nous ne pouvons omettre de donner au moins un exposé succinct de l'état de la question: «L'Institut» sur la proposition de M. Yvernès nomma en 1887 une commission chargée d'examiner cette question. C'est là l'origine des travaux déjà souvent cités de MM. Bodio, Starke et Yvernès.

cependant devoir en faire un rapide tableau comme base de discussion pour notre question spéciale: toutes ces objections sérieuses, qui s'opposent à une comparaison des chiffres de la criminalité en général, s'appliquent-elles également à la statistique de la récidive?

La question doit être ainsi posée, parce que parmi les hommes les plus autorisés, qui reconnaissaient parfaitement les difficultés d'une statistique criminelle internationale, quelques-uns font une exception pour la statistique des récidives. Ainsi M. van Hamel, à l'endroit déjà cité de son discours, continuait: «... quoiqu'il y aît trop de difficulté à introduire l'uniformité dans la statistique (s. e. criminelle) générale, il me semble que la statistique spéciale de la récidive se prête réellement à l'uniformité».

D'après moi, cette place à part ne peut être accordée à la statistique des récidives. Je ne dois pas prouver l'exactitude

M. Starke a défendu l'opinion ici exposée, tandis que les deux autres rapporteurs se sont prononcés jusqu' à un certain point pour la préparation d'une statistique criminelle comparée. Selon le rapport qui vient d'être publié, les propositions de M. Bodio ont été adoptées par l'assemblée générale dans la dernière Session de l'Institut (Vienne 1891). Elles signalent comme travaux préliminaires les plus importants la nomenclature comparée des crimes et délits prévus dans les différentes législations pénales (No. 1) et la classification détaillée des délits dans la statistique criminelle (No. 2). M. Bodio présenta en même temps à l'Institut un travail de M. Bosco, résultant d'une étude très complète sur les publications statistiques des divers pays: «Lo studio della delinquenza e la classificazione dei reati nella statistica penale» (Estratto dal Bull. de l'Inst. Int. de stat., II, t. VI, Roma 1892). On nomma ensuite un «Comité de la nomenclature des crimes et délits prévus dans les différentes législations» (Bodio, Costa, Johnson, Messedaglia, De' Negri, Starke, Yvernès). Le travail dont ce Comité est chargé répond à un vœu déjà souvent exprimé par les Congrès Int. de Stat.; il offre sans aucun doute le plus grand intérêt non-seulement pour la statistique mais aussi pour la science pénale comparée. Il a son importance également pour les traités d'extradition etc., et c'est à ce point de vue que le dernier Congrès Pénitentiaire de St.-Pétersbourg 1890 a nommé une commission pour l'étude de la même question.

Mais je ne vois pas que la création d'une nomenclature comparée pût permettre une comparaison internationale des chiffres de criminalité. Supposons même que l'on ait obtenu un tableau comparé des éléments objectifs des délits prévus par les différentes législations — ce qui présentera du reste des de mon dire, pour autant qu'il s'agisse de la statistique de la récidive «légale». Car depuis les codes pénaux qui ne connaissent pas la récidive jusque ceux qui la regardent généralement comme circonstance aggravante, à travers la longue série de ceux qui l'admettent plus ou moins souvent après certains délits ou genres de peines, il se montre une variation incroyable de principes (ou bien plutôt de manque de principes). «La Législation pénale comparée» que l'Union Internat. de Dr. Pén. publie, ne contiendra pas de chapitre plus intéressant, mais aussi de plus difficile à traiter que celui de la récidive.

Mais j'estime que de même la récidive dans son sens le plus large, indépendamment de toute définition juridique positive de la notion, ne permet pas une statistique internationale[1]).

Des chiffres plus favorables dans la statistique de la récidive n'ont pas plus de signification que d'autres chiffres plus favorables de la statistique criminelle.

---

difficultés énormes, peut-être insurmontables par les différences matérielles de données des délits, abstraction faite même de la nomenclature. Il restera en tout cas les différences subjectives tenant à la capacité de délinquer etc., la différence des procédures et des organisations judiciaires, ensuite la différence (de droit et de fait) entre la fonction des autorités chargées de la sûreté publique, et enfin la source d'erreur qui, à mon avis, est la plus importante et impossible à évaluer numériquement et qui résulte de ce que chaque pays a un autre état social, un autre état de culture, de ce que par conséquent la population réagit d'une façon et avec une force différentes contre le délit. Dans son rapport, M. Bodio a très bien reconnu que toutes ces circonstances étaient des sources d'erreurs pour la statistique criminelle internationale, il ne croit pas cependant que celle-ci en devienne pour cela illusoire. —

Le Vol. VI du Bull. de l'Inst., qui vient de paraître, contient encore une résolution que l'Inst. a prise sur la proposition de M. Béla Foeldes et qui nous intéresse spécialement: «Vue la grande importance de la statistique de la récidive, vu la circonstance que l'Union Internationale de Droit pénal vient de faire des démarches pour disposer les gouvernements à l'élaboration d'une statistique détaillée de la récidive, il est désirable que l'Institut international s'associe à ce vœu» (t. VI, 1er livr., p. 92). L'Union Intern. de Dr. Pén. doit saluer avec reconnaissance cet appui moral si important que lui accorde la réunion de statisticiens la plus autorisée.

[1]) M. Yvernès, dans son Mémoire pour le Congrès de Budapest, ne combat la statistique comparée de la récidive que pour la récidive légale, tandis que pour la récidive en général, il s'en est déclaré chaud partisan. Il dit entre autres: «Or s'il n'est pas possible de faire une statistique juridique internationale,

Supposons en effet que la criminalité de deux pays soit effectivement la même. Si maintenant, par suite d'une législation moins sévère ou de l'insuffisance de la police, ou d'une morale publique plus facile, on constate moins de crimes dans l'un de ces pays que dans l'autre, il en sera de même pour les récidives.

Et la comparaison entre les chiffres de récidives constatées prête bien plus à erreur encore que la comparaison entre les chiffres des criminels en général. En effet pour être considéré comme récidiviste, il faut avoir été condamné deux ou plusieurs fois; or dans l'état dont les institutions sont les moins sévères, le criminel a deux ou plusieurs fois la chance de ne pas être condamné malgré son acte, c.-à-d. de ne pas figurer dans la statistique. Ainsi donc la statistique internationale de la récidive contiendra deux ou plusieurs fois les sources d'erreur, qui suffisent à rendre illusoire une statistique criminelle même lorsqu'elles ne se présentent qu'une seule fois.

D'après ce que nous avons dit, il serait également faux de prétendre que, en accordant que les nombres absolus des récidivistes dans des états qui ont des institutions différentes soient des quantités incommensurables, on peut cependant comparer entre les divers états la proportion du chiffre des récidivistes à celui de l'ensemble des condamnés, et les proportions entre les chiffres des divers degrés de récidive.

Cette prétention serait absolument illogique. Voici pourquoi: Supposons que dans deux états ayant des institutions différentes, il se constate le même nombre de «capables de récidiver». Supposons en outre que la récidive dans ces deux

il est du moins permis d'aspirer à une statistique morale; car il ne s'agirait plus ici de l'application d'une loi, mais de la constatation d'un fait» (l. c., p. 71). J'espère démontrer précisément dans la suite que dans la constatation statistique de la récidive même dans le sens le plus large, il s'agit non-seulement de la constatation d'«un fait», qui serait le même pour tous les pays, mais que dans cette constatation c'est bien plutôt le droit positif (le droit pénal matériel de même que les dispositions de procédure) qui joue un rôle, et doit par conséquent rendre incommensurables les chiffres de statistique obtenus dans les différents états. J'essaierai de montrer qu'il s'agit bien d'une «statistique juridique» et pas seulement d'une «statistique morale».

états soit en réalité la même, c.-à-d. du même nombre de capables de récidiver le même $^0/_0$ récidive réellement. Cela n'empêchera pas que dans le pays ayant les institutions les moins sévères, un nombre moindre d'individus sera signalé pour récidive, arrêté par la police etc., et finalement un nombre moindre sera condamné et figurera dans la statistique. Par conséquent, dans ce pays, le rapport entre le chiffre des récidives inscrites (plus petit) et le chiffre des capables de récidiver (égal) sera plus favorable que dans l'autre pays, sans que cette différence soit justifiée.

Il en est de même pour la comparaison des chiffres de récidives des divers degrés; entre pays à institutions différentes il ne peut s'agir de comparer l'intensité de la récidive.

Bref, nous pouvons dire aussi pour la statistique de la récidive: l'uniformité de la méthode statistique ne crée pas la comparabilité des résultats statistiques dans des pays ayant une législation et organisation pénales différentes, ayant des situations sociales et une culture différentes. —

Ceux qui se sont efforcés d'obtenir une statistique comparée des récidives, ont pour tout premier but de conclure des chiffres de la récidive à la plus ou moins grande efficacité du système pénal de chaque état. Nous avons montré que cette conclusion est fausse ou tout au moins ne peut devenir exacte qu'à la suite de corrections et de modifications. Personne ne contestera que l'impression produite sur le criminel par la peine qu'il a accomplie, aura la plus grande influence sur sa conduite à venir. Cette impression peut le corriger, la crainte peut le faire renoncer à la récidive; ou bien elle peut être nulle; ou bien enfin — comme c'est le cas pour une partie de nos genres de peines — elle peut accroître la corruption du criminel et favoriser la récidive. Mais ce n'est pas une raison pour considérer le plus ou moins d'efficacité du système pénal comme cause unique du plus ou moins de récidive, et sans plus l'on ne peut pas ainsi conclure de l'une à l'autre. En effet, pour chaque cas particulier, la récidive criminelle comme tout crime présente un ensemble très complexe de causes. Et ces nombreuses causes ou ensembles de causes montrent aussi leur action, quand la statistique cherche à saisir comme un tout la récidive d'un pays.

L'Union Int. de Dr. Pén. considère avec raison le crime comme phénomène social. Elle l'inscrit comme tel en tête de son programme[1]). Cette manière de voir ne s'applique -t-elle pas également aux délits qui font l'objet d'une récidive? Je crois même qu'ici il faut particulièrement insister sur ce point. Il se peut que souvent le criminel d'occasion soit poussé au crime par une passion qui a peu de rapport avec sa position sociale. Mais les facteurs socio-pathologiques jouent un rôle décisif dans la criminalité de profession où se recrute le gros de l'armée récidiviste. Nous avons, dans le précédent chapitre, cherché à décrire ces facteurs au moins dans leurs grandes lignes. Ces éléments économiques et sociaux, dont nous avons vu l'influence, sont éminemment nationaux.

C'est de l'état de culture, de l'état moral général du peuple que naît la criminalité, que naît aussi la récidive d'un pays. Personne ne prétendra que, si on introduisait la même législation et organisation pénale dans deux états ayant une culture nationale essentiellement différente, on obtiendrait le même chiffre de criminalité en général et de récidive en particulier. Mais celui qui reconnaît que cette prétention est fausse, ne peut logiquement tirer la conclusion inverse et dire que le chiffre de récidive de deux pays ayant un état de culture différent s'explique par la valeur de l'organisation pénitentiaire de ces deux pays.

Comparer l'influence de deux facteurs dans la statistique n'est évidemment possible que ceteris paribus, tous les autres facteurs restant constants. Pour comparer les effets de différents moyens de peine et méthodes d'exécution des peines, il faut le faire dans un pays qui a une situation politique et sociale uniforme.

La détermination statistique de la récidive, surtout de ses mouvements dans chaque pays, permet le mieux de se rendre compte de l'efficacité des lois pénales et des institutions administratives nouvelles. Dans les états de grande étendue,

---

[1]) Cf. art. I, et art. II chiffre 1 des Statuts.

cette conclusion doit être faite à part pour chaque portion de territoire qui forme une unité par sa situation économique et son état de culture[1]).

L'esprit de critique que nous voudrions voir s'introduire dans la statistique criminelle internationale, s'écarte énormément de la doctrine étroite qui voudrait que chaque pays ne s'occupe que de ses propres institutions et de ses propres chiffres de criminalité et de récidive. La science pénale et la législation de chaque pays doivent étudier la statistique des récidives des autres pays, afin de pouvoir apprécier la valeur de leur système pénal. Mais il ne faut pas oublier que les chiffres

1) Nous avons parlé du danger qu'il y a à comparer les chiffres de la criminalité et de la récidive de deux états quand leurs culture et situation sociale sont différentes. Cela s'applique naturellement aussi à la comparaison de parties d'états, si elles présentent ces différences. La statistique criminelle française offre un exemple très instructif: elle observe la récidive des détenus libérés de chaque maison centrale dans les diverses régions du pays. Tous les ans les départements offrent les différences les plus profondes. Le compte rendu général déjà cité dit à ce sujet avec raison: «Ces divergences sont certainement dues, non pas à une différence dans le régime pénitentiaire, mais à la place qu'occupent ces établissements sur le territoire. La criminalité est loin d'être la même dans toutes les régions de la France; si les départements diffèrent entre eux par les produits du sol, ils n'offrent pas plus de ressemblance en égard à la nature et surtout au nombre des crimes et des délits qui s'y commettent.» (Compte rendu général pour 1826—1880, p. XCI). Cette manière de voir qui, je suppose, représente l'opinion de l'éminent anteur de ce rapport, M. Yvernès, me semble réaliser un grand progrès, comparée aux idées qui dominaient au IX. congrès de statist. et qu'alors on rencontrait quelquefois dans les discours de M. Yvernès lui-même. Je veux parler de l'opinion qui croyait à la possibilité de mesurer immédiatement la récidive «dans ses rapports avec le régime pénitentiaire». De toutes les discussions et résolutions du congrès il se dégage l'idée principale suivante: en introduisant dans les divers pays une méthode identique pour la statistique des récidives (au moyen des listes de libérés décrites plus haut etc.), on serait, en état de se prononcer sur la valeur des systèmes pénitentiaires. M. Yvernès lui-même remarquait très bien que les chiffres de récidives ne sont peut-être pas un «criterium absolu» de la supériorité ou infériorité d'un régime (Rapport p. 78, Discussions p. 260), mais à d'autres endroits il faisait remarquer que le but essentiel de la statistique internationale des récidives est de permettre de conclure des chiffres de récidive à la valeur du système pénitentiaire. Le congrès ne tint pas suffisamment compte de l'importance des différences nationales dans la situation économique et sociale et de leur influence sur la récidive criminelle.

d'un pays étranger ne doivent être comparés qu'avec des chiffres antérieurs du même pays.

Si maintenant, à la suite de l'introduction d'une organisation pénale identique dans divers états, on observe que dans chacun de ces états, le chiffre de récidive baisse par rapport à celui des années précédentes dans le même état, on pourra conclure à l'excellence de la nouvelle organisation. —

Mais cette manière de faire des recherches internationales a plus qu'un intérêt purement criminaliste, elle est sociologiquement d'une très grande importance. Nous avons dit que dans chaque pays il faut suivre le mouvement de la récidive dans ses rapports non-seulement avec le domaine de la criminalité, mais aussi avec le développement moral et social de ce pays. Si l'on juxtappose ensuite les résultats de ses recherches nationales obtenus dans les divers pays, on arrivera certainement à des observations qui seront des plus intéressantes et qui auront une valeur internationale. Il se présentera des périodes où, dans tous les états ou dans la plupart d'entre eux la criminalité professionelle augmentera ou diminuera. On pourra alors, remontant de l'effet à la cause, conclure de ces mouvements internationaux à l'existence de causes également internationales.

En effet, il y a aujourd'hui de ces courants économiques et sociaux qui s'étendent bien au delà des limites d'un seul état, des courants qui appartiennent à tous les états d'une haute culture. Toutes les classes sociales des pays qu'ils traversent, aussi les classes inférieures, celles des déclassés, des criminels de profession en subissent l'influence[1]).

[1]) M. Starke dans son Rapport déjà cité pour l'Inst. Int. de Stat. a exposé amplement ces idées en parlant de la statistique criminelle en général. Je trouve qu'elles s'appliquent particulièrement à notre sujet spécial, à la statistique des récidives et l'étude du crime professionel; cf. l. c., p. 97—100, surtout p. 99 sq.: «. . . . Erst seit wenig über ein Menschenalter treten die Funktionen eines höheren, alle Kulturstaaten der Erde umfassenden Organismus immer deutlicher hervor . . . . Wir werden erst lernen, auch die Erscheinungen auf dem Gebiete des Verbrechens als symptomatische Erscheinungen anzusehen, ebenso wie das Bettlertum und Vagantentum, so die Heirats- und Geburtsziffern, Sterblichkeit und Selbstmorde, Ein- und Auswanderung, die Arbeiterbewegung u. s. w.»

Partant de cet ordre d'idées, nous pouvons considérer la statistique de la récidive comme autorisée à faire des recherches criminalistes et sociales internationales en opérant indirectement et en s'aidant d'autres observations sociologiques. Un beau domaine, dont le sol est fertile et vierge, s'offre à nos travaux et n'attend avec impatience que les cultures de la science. L'Union Int. de Dr. P. semble tout désignée pour commencer le défrichement. Son organisation internationale et stable lui donne la force de travail nécessaire. Les matériaux indispensables, la statistique, seront, nous l'espérons, fournis toujours plus complets par les administrations officielles. La réunion de tous ces efforts est nécessaire en raison des difficultés du travail.

Mais si l'Union Int. de Dr. P. s'attache à ces recherches négligées jusqu'ici, elle a le devoir de ne pas laisser subsister de malentendu quant à leur nature même et quant à leurs limites. Elle doit déclarer en commençant: «Il faut écarter comme non scientifique toute-comparaison directe du chiffre de récidive dans les divers pays.» Une statistique internationale dressée sur cette base conduirait aux résultats les plus faux. Elle n'aboutirait qu'à fournir une preuve apparente de plus à cette méfiance ridicule et malheureusement si répandue parmi les juristes, qu'au moyen de la statistique on peut tout démontrer. C'est pourquoi l'Union Int. de Dr. P. et toutes les œuvres qui s'occuperont de la statistique de la récidive ont un intérêt des plus grands à écarter tous ces essais de «comparaisons internationales». —

Nous pouvons résumer ce chapitre en disant: la méthode de la statistique doit être — au moins dans ses principes — uniforme dans les différents états; cependant les résultats matériels ne seront pas comparables.

Et il serait faux d'objecter: Pourquoi vouloir l'uniformité, si d'avance on renonce à la comparaison?

Car quand nous avons préconisé l'uniformité de méthode, nous n' avons pas voulu poursuivre un but commun dans les divers états, mais bien voulu respecter l'identité des causes.

Et cette identité de causes s'explique par ce que les principes méthodologiques exposés plus haut pour le calcul des récidivistes et capables de récidiver ne sont en somme que l'expression de simples lois de logiques et restent par conséquent les mêmes dans tous les états. Ce n'est qu'en observant ces lois de logique et la méthode exacte que l'on peut voir clair dans ces problèmes aussi compliqués qu'importants de la statistique des récidives. Et convaincu de l'exactitude de cette condition essentielle, je m'adresse à la savante assemblée à laquelle j'ai l'honneur de soumettre mes propositions, en répétant ce que M. Yvernès disait au Congrès International de Statistique[1]:

«Si la Statistique est un instrument, c'est à vous de lui donner la précision nécessaire et d'en faire une arme efficace dans les mains des gouvernements, pour combattre dans l'intérêt public cette plaie sociale qu'on appelle la récidive.»

[1]) Travaux du Congrès, p. 260.

Annexe I.

Appendice au chapitre II.

Lacunes de l'organisation actuelle des casiers judiciaires. Propositions pour les combler. Les modifications de la statistique des récidives nécessaires provisoirement.

Observations préliminaires: Occupons nous de quelques points de détail de l'organisation actuelle des états les plus importants, où l'institution des casiers existe. Nous comparerons chaque fois l'organisation allemande avec celle de la France, de l'Italie et de la Belgique[1]). Çependant ce qui suit peut s'appliquer à tous les pays qui possèdent des casiers, sauf quelques légères modifications qui peuvent provenir d'une différence dans l'administration, modifications qui s'indiquent d'elles-mêmes.

Dans presque tous les états la constitution des casiers est réglée non par une loi unique, mais par une foule d'arrêtés épars, de circulaires etc. Cette complication rend on ne peut plus difficile la connaissance de cette organisation, pour les étrangers surtout. C'est pourquoi je dois les plus vifs remercîments aux membres de l'Union Internat. de Droit Pénal qui ont bien voulu me fournir des renseignements pour quelques points de la pratique des casiers de leur pays. Je remercie donc Monsieur le Professeur Prins de Bruxelles, Monsieur Tarde de Sarlat (Dordogne) et Monsieur Frassati de Turin.

---

[1]) Les bulletins individuels pour les casiers judiciaires de ces états sont reproduits à l'annexe 2.

1. Il manque d'abord dans les casiers allemands, italiens et belges, l'indication du moment où l'acte coupable a été accompli; il n'y a que le moment du jugement qui soit inscrit. Or c'est le premier de ces moments qui est important pour la statistique de la récidive.

Il est très aisé de l'inscrire quand on rédige le bulletin d'après le dossier, et cela se fait du reste en Allemagne et en Italie pour le bulletin individuel de statistique[1]). Les autres bulletins devraient aussi contenir la même indication.

Du reste cela est très utile non seulement pour la statistique, mais aussi pour la pratique du droit pénal; en effet, il lui serait plus facile d'établir la récidive légale. En France, où les casiers autrefois présentaient la même lacune, on inscrit aujourd'hui le moment de l'action dans les Bulletins individuels des casiers (3e ligne, en partant du bas: «commis le . . . .»). Il serait à souhaiter qu'on le fît également en Allemagne; ici aussi pour établir la récidive légale il faut connaître la date exacte des actes précédents. En effet, d'après le Code Pénal de l'Emp., il ne peut y avoir récidive que quand le crime nouveau est commis après accomplissement (total ou au moins partiel) de la peine précédente. Quand il s'agit par ex. du troisième vol. (§ 244 du Code P. Allem.), le juge doit établir la date du second vol. Cela se fait aujourd'hui par la demande du dossier du procès antérieur.

Il est évidemment à souhaiter que le juge qui doit se prononcer au sujet d'une récidive, connaisse parfaitement l'ensemble des dossiers de tous les procès du délinquant. Mais ces dossiers ne sont pas toujours facile à se procurer, et en tout cas leur recherche (notamment quand ils s'agit de criminels d'habitude qui ne restent pas au même endroit) causera une grande perte de temps. Déjà dans la première phase du procès, dans la procédure préparatoire («vorbereitendes Verfahren»), il serait très opportun que le juge, ou l'officier du ministère public, pût savoir s'il est en présence du crime

---

[1]) V. la question 8 du bulletin statistique de l'Allemagne (annexe 2 No. Ib), question 10 du bulletin statistique de l'Italie (ibid. No. IIIb).

d'une récidive légale, en jetant un coup d'œil sur un extrait du casier judiciaire. Cela n'est pas possible aujourd'hui.

Cette nécessité se fera d'autant plus sentir, que la notion de la récidive légale s'étendra dans les diverses législations.

Mais aussi longtemps que les casiers judiciaires ne contiendront pas l'indication en question, il faudra que la statistique que l'on dresse d'après ces bulletins prenne comme base la date de la condamnation. Il ne sera donc pas possible de dire: de x condamnés pour la première fois, y_1 devinrent récidivistes au courant de la première année après l'accomplissement de la peine, y_2 au courant de la seconde année etc. Il faut que nous nous contentions de dire: «De x . . ., y_1 furent condamnés pour récidive pendant la première année, y_2 . . .

2. Il manque encore, dans les casiers judiciaires, la date exacte du commencement de la capacité de récidiver. Nous avons vu qu'elle ne commence pas au jour de la condamnation pour ceux qui sont privés de liberté, mais au jour de l'accomplissement de la peine (sauf pour de rares délits qui peuvent aussi se commettre en prison). La statistique de la récidive doit pouvoir dire: De x condamnés pour la première fois, y_1 récidivent au courant de la première année après l'accomplissement de la peine, etc. On devrait donc indiquer aux casiers la date exacte de la libération en l'inscrivant à la fin du bulletin individuel. Il serait donc à souhaiter que l'établissement pénitentiaire ou (ce qui serait préférable) l'autorité qui surveille l'accomplissement de la peine, par ex. en Allemagne le Ministère public, envoyât aux casiers une courte indication au sujet de la fin de la peine (et pour faciliter le contrôle, même au sujet du commencement de la peine), ou de la libération conditionelle, de la grâce etc.[1]).

Le travail serait insignifiant pour l'autorité qui doit déjà en tout cas contrôler exactement la date d'accomplissement

---

[1]) Une indication au sujet de la date d'accomplissement de la peine manque, que je sache, dans tous les pays. En Italie on inscrit la grâce etc. (Art. 33 No. 4 du décret du 1. 12. 89), en France la même chose est prévue (Art. 2 du projet de loi Fallières).

de la peine. D'autre part elle servirait non seulement la statistique, mais aussi la pratique du droit pénal. Car pour établir la récidive légale, il faut connaître exactement la date d'accomplissement de la peine précédente[1]. Ici aussi il est souhaitable que les juges et officiers du ministère public ne soient pas obligés de parcourir tous les dossiers antérieurs, mais puissent s'assurer de l'existence de la récidive légale au moyen d'un simple extrait des casiers. Et cela deviendra de plus en plus nécessaire à mesure que la notion de la récidive acquerra une plus grande importance dans les législations futures.

Les renseignements proposés donneraient pour les cas de libération conditionelle (§§ 23 sq. de Code P. Allem.), de grâce etc., une statistique qui nous indiquerait la récidive qui suit ces mesures, ce qui est d'un grand intérêt pour la partique du droit pénal[2]. On pourrait ajouter à l'indication concernant l'accomplissement de la peine, une courte communication quant à la méthode d'exécution (système cellulaire etc. etc.). On acquerrait ainsi au moyen de la statistique des récidives les renseignements les plus précieux quant à l'efficacité des divers genres de peines. On arriverait à résoudre le problème que le IXe Congrès Intern. indiquait comme le but essentiel de la statistique en question: l'observation de la récidive en rapport avec le système pénitentiaire. Et l'on pourra se passer du système coûteux que ce Congrès proposait: un registre des libérés combiné avec des extraits des casiers judiciaires. Il suffirait d'utiliser les casiers convenablement organisés pour obtenir tous les renseignements désirables au sujet de l'efficacité des divers genres d'exé-

---

[1]) En vertu de la même disposition du Code P. Allem. que nous venons de citer et qui dit que la récidive n'est possible qu'après accomplissement total (ou partiel) de la peine. — Encore à un autre point de vue, il est important de connaître la date exacte de l'accomplissement de la peine, parce que dans plusieurs états l'écoulement d'un certain espace de temps entre cette première date et celle du nouveau délit, exclut la récidive (par ex. en Allemagne 10 années, §§ 245, 250[5] etc. du Code P.).

[2]) On pourrait alors suivre la conduite des libérés d'après le §§ 23 sq., aussi après l'écoulement du temps qui fut fixé originairement pour la peine dans le jugement, tandis que maintenant un contrôle n'est possible que pendant cette durée.

cution des peines[1]. Ajoutons que l'organisation que nous proposons aura des avantages méthodologiques importants sur celle du IXe Congrès, puisque, comme nous l'avons montré aux chapitres I et II, elle ne contiendra pas les sources d'erreur de cette dernière.

Les constatations en question devront, dans les premiers temps, se maintenir dans des limites modestes; leur étendue est quaestio facti et dépend des moyens d'argent et de travail dont on peut disposer; notre principe méthodologique permet une extension infinie et offre à la statistique future un champ de recherches dont les fruits profiteront aux dispositions pratiques concernant l'exécution des peines.

Mais revenons à notre point de départ. Il s'agissait de la question si facile à résoudre, de l'indication de la date d'accomplissement de la peine dans les casiers judiciaires. Indépendamment de toute réorganisation de la statistique des récidives, cette indication paraît désirable déjà dans l'organisation actuelle de la statistique criminelle allemande. Celle-ci publie des observations très intéressantes au sujet du temps qui s'écoule entre l'accomplissement de la dernière peine et le nouveau délit[1]. Elle se procure les indications nécessaires

[1]) Le IXe Congrès voulait pour le classement des établissements pénitentiaires dans la statistique des récidives avoir égard: «a) au régime appliquée, cellulaire ou en commun, industriel ou agricole, b) au caractère de l'établissement: public ou privé; c) au sexe et à l'âge, — hommes et femmes âgés de plus de 20 ans, — garçons et filles âgés de moins de 20 ans» (v. no. 7 des Résolutions, l. c. p. 56 sq.). En outre, le congrès déclara utiles les constatations suivantes: . . . «la profession que le condamné exerçait avant son incarcération; celle qu'il a apprise et exercée pendant sa détention; le degré d'instruction qu'il avait lors de son entrée dans la prison ou qu'il y a acquise; . . . le montant de la masse remise à sa sortie; l'assistance de sociétés de patronage avant ou après la libération». — L'utilité de quelques-unes de ces données peut paraître discutable; le principe de la méthode proposée ci-dessus permettrait de les renfermer toutes dans une statistique de la récidive qui n'aurait que les casiers judiciaires comme base, pourvu qu'elle reçût les indications nécessaires des établissements pénitentiaires.

[1]) V. Tab. I des Publicat. annuelles. — De tous les autres états il n'y a, à ma connaissance, que la Belgique qui donne des indications au sujet de ce point important, et la Suède (pour la récidive spéciale après quelques délits peu nombreux); nous avons déjà parlé de la statistique française méthodologiquement différente qui donne de pareilles indications.

en inscrivant sur le bulletin individuel de statist. la question concernant la date à laquelle la dernière peine a pris fin[1]). Le greffier qui est chargé de remplir ce bulletin, aurait la besogne bien plus facile s'il trouvait l'indication sur l'extrait des casiers qui doit chaque fois être fourni et s'il pouvait la transcrire sur le bulletin[2].

Aussi longtemps, que l'on n'inscrira pas aux casiers la date si aisée et si utile à connaître, la statistique des récidives basée sur les casiers devra calculer la date approximativement. On peut le faire en ajoutant à la date du dernier jugement définitif de condamnation, exactement indiqué au casier, la durée de la peine prononcée, en se disant que la peine fut accomplie et que la capacité de récidiver commença au plus tôt ce jour-là. En effet la peine ne commence pas toujours immédiatement après le prononcé du jugement et n'est donc pas nécessairement accomplie au moment obtenu plus haut[3]). On pourrait essayer d'établir en moyenne quel est

---

1) Question 10 d, Bulletin individ. pour l'admin. de la statist., v. Annexe 2.

2) Le greffier ne peut répondre aujourd'hui à cette question qu'en consultant les dossiers du procès précédent. Mais supposons que ce procès concerne un délit d'un tout autre genre. Il ne pourra donc servir à établir une récidive légale, et ne sera d'aucun intérêt juridique pour le tribunal; le juge n'a alors aucune raison pour demander communication du dossier. L'employé devra donc demander cette communication réglementairement après le jugement et cela rien que pour remplir son bulletin. Faisons abstraction de ce que cela a toujours d'incommode, in praxi on ne peut pas toujours se procurer les dossiers immédiatement, et l'encombrement des affaires ne permet pas toujours de livrer l'énorme quantité de dossiers qui ne sont demandés que dans un but statistique. En pareils cas voici comment on obtient la date d'accomplissement de la peine précédente: on prend la date de la dernière condamnation indiquée à l'extrait du casier judiciaire qui se trouve au dossier, on ajoute la durée de la peine prononcée, et encore le petit laps de temps qui s'écoule en moyenne entre le prononcé du jugement définitif et le commencement de l'exécution de la peine. La statistique se contente donc aujourd'hui déjà de la méthode que nous indiquons dans la suite pour la statist. provisoire des récidives jusqu'à ce que les casiers soient complétés. Seulement je ne puis approuver l'adjonction de ce temps moyen entre le jugement et le commencement de la peine, pour les raisons que je vais exposer.

3) On ne peut s'occuper des cas de grâce, libération conditionnelle etc. (peu nombreux en comparaison du nombre de condamnés) avant l'introduction

le temps qui s'écoule entre le prononcé du jugement et le commencement de la peine; mais cet espace de temps est soumis à tant de variations, que l'on n'arriverait de la sorte à aucun résultat pratique.

Du reste la statistique de la récidive ne doit pas prétendre donner aujourd'hui déjà la date exacte de l'accomplissement de la peine c. à-d. celle où commence la capacité de récidiver. Chaque lecteur de cette statistique doit reconnaître qu'avec les matériaux actuels, elle ne peut prendre comme base que la date à laquelle la capacité de récidiver a pu au plus tôt commencer. Supposons maintenant que le délinquant ait récidivé un an après la date que l'on vient d'obtenir, la conclusion suivante est seule correctement possible: il a récidivé au plus tard un an après l'accomplissement de la peine précédente (mais peut-être l'espace de temps fut-il plus court parce que l'accomplissement n'a eu lieu que plus tard). Il faudra dresser les tables de récidive comme suit: de x déjà condamnés y_1 deviennent récidivistes dans l'espace approximatif d'une année; y_2 dans l'espace approximatif d'une à deux années etc.

3. Enfin en troisième lieu la date du décès du délinquant manque souvent dans les casiers. Ce point est indispensable pour permettre d'établir le nombre des déjà condamnés restants, c. à-d. des capables de récidiver. Sinon impossible d'obtenir le $^0/_0$ exact des récidives.

Il serait donc à souhaiter que l'état civil communiquât aux casiers la date du décès de chaque délinquant. J'avoue que ce serait là pour l'administration en question un surcroît de travail assez considérable. Cependant la réalisation de notre desideratum n'en est pas pour cela impossible. Au contraire, l'administration de la justice allemande la souhaite depuis longtemps, parce qu'elle serait aussi d'une grande utilité

des indications précitées dans les casiers. Idem pour le cas où la détention préventive est décomptée de la durée de la peine. Il reste à souhaiter qu'une inscription des ces derniers cas soit faite aux casiers et cela ne sera guère difficile, pourvu que l'employé chargé de remplir les bulletins prenne le renseignement dans la teneur du jugement et l'inscrive dans le bulletin.

pour l'administration des casiers[1]). En effet il saute aux yeux que celle-ci serait considérablement allégée, si elle pouvait à chaque décès de condamné enlever les fiches qui le concernent. Aujourd'hui les bulletins restent aux casiers et ils les encombrement pendant des années, des dizaines d'années jusqu'au moment où l'on suppose que le criminel est décédé[2]).

Et précisément cet encombrement qui empêche la manipulation des casiers fut reconnu au IXe Congrès Intern. de

---

[1]) En Allemagne, il est aussi question du concours de l'état civil pour ce qui concerne les registres de naissances; d'après l'ordonn. pruss. citée (du 12. 7. 82) cette administration serait consultée pour vérifier les dires des délinquants. On ne l'a pas encore fait jusqu' ici.

[2]) Aux casiers allemands on enlève les bulletins quand le délinquant a atteint l'âge de 70 ans, ou quand l'administration des casiers reçoit de la mort du criminel des preuves dignes de foi (§ 16 de l'ordonn. citée du 16. 6. 82). — En France, déjà la circulaire du 13-8-68 signala le grand danger d'un encombrement des casiers demandant aux procureurs généraux des propositions à ce sujet. On prit les dispositions suivantes: on enlève les bulletins quand le criminel a 80 ans; puis les casiers sont informés de tous décès qui se produisent dans les prisons; d'autres dispositions ont aussi pour but de faire parvenir aux casiers l'information d'autant de cas de décès que possible. Par ex. on a prescrit aux maires, d'informer les casiers du décès d'un habitant qu'ils sauraient avoir été condamné. (V. Yvernès, Travaux du IXe Congr. Intern. de Stat. p. 265.) En outre M. Yvernès parla à ce congrès d'un projet d'utiliser les états des décès que les receveurs de l'enregistrement dressent pour les mutations de propriétés. Voir aussi les propositions de Despatys (Traité, p. 89 sq.). — Mais toutes ces dispositions sont loin d'atteindre le résultat que l'on obtiendrait si l'état-civil lui-même informait régulièrement les casiers. Nous avons cité la parole d'un auteur italien qui place les casiers à côte de l'état-civil, comme un «stato penale» à côté du «stato civile». C'est en combinant ces deux institutions q'on réalisera un grand progrès qui profitera à la pratique et à la statistique.

A un autre point de vue, M Seuffert s'est déclaré adversaire de l'enlèvement des bulletins à un âge limité des criminels; il dit que l'expérience prouve que les délinquants commettent des crimes jusqu'à l'âge le plus élevé. Il va encore plus loin en proposant de conserver aussi les bulletins des décédés pour pouvoir constater des tares héréditaires; l'exécution pratique de ce projet rencontrerait de grandes difficultés; en tout cas il faudrait organiser des casiers séparés pour les décédés afin de ne pas encombrer les casiers des criminels vivants; on aurait donc encore besoin des communications de l'état civil sur les décès.

Stat. comme une des grandes difficultés du système[1]) par les représentants de plusieurs nations.

Cette difficulté serait écartée par l'information que nous avons proposée. Et celle-ci créerait pour la statistique une somme de matériaux dont l'importance s'étendrait bien au delà de la statistique des récidives; nous pourrions au moyen des casiers déterminer la mortalité des criminels, et surtout des criminels d'habitude. On verrait par là combien la mortalité de ces classes diffère aux mêmes âges de la mortalité générale et la dépasse. L'influence néfaste de la réunion des facteurs antisociaux déjà cités sur ce groupe de la population, sera démontré mathématiquement.

Cependant la statistique des récidives devra quelque temps encore se guider d'après la mortalité générale. En effet, malgré les précieux avantages, tous les états ne prescriront pas de suite que les casiers soient informés de tous les décès de délinquants. La mortalité générale sera donc le seul moyen d'arriver à déterminer, au moins approximativement, le nombre des survivants, c.-à-d. des capables de récidiver. Ce moyen d'ailleurs s'impose, puisque, dans le cas le plus favorable, l'information ne peut guère concerner que les décès futurs; on ne pourra considérer les décès survenus parmi les individus figurant dans les casiers et il faudra encore bon nombre d'années avant que l'ancienne erreur ne disparaisse et avant que les casiers ne répondent à la réalité.

En se plaçant à un point de vue idéal de méthode, il faudrait attendre que toute erreur soit disparue des casiers avant de commencer la statistique des récidives. Mais la triste réalité ne s'inquiète guère de nos vœux. Les récidivistes ne chôment pas, l'état ne peut donc cesser de les combattre. Il ne peut se passer d'une statistique des récidives. Il ne nous reste donc qu'à choisir: ou bien se contenter de la mortalité générale pour la statistique des récidives, ou bien, comme cela se pratique actuellement dans tous les pays, faire complète abstraction de la mortalité des criminels. Cette alternative se résume donc comme suit: Nous ne connaissons pas

---

[1]) Travaux du Congrès p. 264 sq.

la mortalité exacte des criminels de profession, mais nous savons qu'elle se compose de la mortalité moyenne (plus favorable) de la population plus un nombre indéterminé de décès. Nous contenterons-nous jusqu'à nouvel ordre de la mortalité moyenne et laisserons-nous subsister dans les °/₀ obtenus, une erreur dont nous ne connaissons pas l'exacte étendue? Où bien, en commettant cette erreur indéterminée, y ajouterons-nous une autre plus considérable et déterminée en faisant abstraction du chiffre moyen de la mortalité?

La première méthode est certainement la plus exacte. Dans l'état actuel il ne peut s'agir que d'un rapprochement plus ou moins grand de la réalité. La statistique de la récidive ne contreviendra du reste à aucune règle de la méthode, si elle se donne en toute honnêteté pour ce qu'elle est réellement: une statistique de valeurs limites. Elle devrait donc dire: De x personnes de l'âge auquel les déjà condamnés appartiennent, x_1 vivent encore d'après le calcul général de la population; donc de x criminels du même âge, il en reste au plus x_1 en vie l'année suivante. Si de ce maximum x_1 y_1 récidivent, le $^0/_0$ de récidive sera de $y_1 : x_1$ au minimum. La statistique ne pourra donc dans les premiers temps donner que des valeurs limites, qui indiquent le $^0/_0$ minimum de la récidive. Mais même ces minima dépasseront d'une façon effrayante les $^0/_0$ obtenus actuellement[1]. —

[1]) De même que pour les cas de décès il faudrait que les administrations compétentes informent les casiers des cas d'émigration et d'interdiction pour cause de démence. Car ce sont là encore autant d'unités à soustraire du nombre de capables de récidiver, pour autant que ces cas concernent des déjà condamnés.

Aussi longtemps que les communications en question ne se feront pas, on pourrait user ici du même moyen que pour la mortalité: prendre la moyenne qui se manifeste dans la population en général. Et ici aussi on arriverait à un minimum. En effet le nombre des émigrants et des interdits est plus grand parmi les criminels que dans la population en général, et le nombre réel des capables de récidiver serait donc encore inférieur au chiffre obtenu.

Cependant ces deux catégories sont loin d'avoir l'importance de la mortalité, et leur omission (peut-être recommandable pour les premiers temps de la nouvelle statistique) ne mènerait pas à une grande erreur. — Aujourd'hui, la statistique des récidives n'en tient compte dans aucun état.

Je crois avoir ainsi signalé toutes les lacunes que les casiers judiciaires présentent encore pour leur emploi dans la statistique des récidives. Je n'en vois pas d'autres, et à tous autres points de vue les casiers judiciaires offrent déjà aujourd'hui un matériel que la statistique méthodiquement la plus correcte ne pourrait souhaiter plus irréprochable.

Quant aux lacunes dont nous avons parlé, ce sera à la méthode de dépouillement de ce matériel à l'utiliser de façon à ce que ces lacunes ne rendent pas illusoires l'emploi des résultats statistiques. Il faut avant tout que l'on ne se départisse pas de la ligne de conduite que nous avons tracée. Il ne faut pas chercher a cacher des lacunes, il ne faut pas présenter comme exacts des résultats qui ne peuvent l'être aujourd'hui. Au contraire, on indiquera que l'exactitude ne peut encore être actuellement atteinte et qu'il ne s'agit provisoirement que de valeurs limites. Il importe cependant — afin d'éviter tout malentendu — de répéter qu'il ne s'agit de valeurs limites que pour les chiffres relatifs des récidives, pour les $^0/_0$ de celles-ci par rapport au chiffre des capables de récidiver. Le chiffre absolu des récidives, dont notre statistique se servira, devra être calculé avec la plus grande exactitude même dans l'état actuel du matériel.

La méthode employée pour obtenir ces valeurs limites et pour combler les lacunes dont il a été question nous oblige à changer quelque peu la façon dont les questionnaires de statistique sont rédigés. Les formulaires Iα et Iβ de l'annexe 3 indiquent comment il faut modifier les tableaux Ia et Ib qui sont dressés pour un matériel statistique exact. Il va de soi que les mêmes changements doivent être faits aux tableaux II à V si on veut les dresser pour les matériaux actuels. —

La statistique des récidives qui se basera sur les casiers judiciaires actuels ne réalisera pas encore l'idéal à atteindre, mais elle s'en rapprochera bien plus que la méthode actuelle tout à fait insuffisante. Plusieurs raisons nous font souhaiter que les lacunes actuelles du matériel statistique soient bientôt comblées: d'abord le peu de travail que cela ajoutera à la besogne habituelle des administrations compétentes; ensuite l'avantage qui en résultera non seulement pour la statistique, mais aussi pour la pratique du droit pénal en matière de récidive. C'est une nécessité purement pratique et non un interêt théorique des recherches de la criminalité qui a créé les casiers, ce sera encore cette nécessité qui imposera le perfectionnement de cette institution. A mesure que la législation criminelle concernant la récidive deviendra plus complète, la nécessité de combler les lacunes des casiers se fera plus sentir, et ceux-ci offriront alors à la statistique un matériel toujours meilleur. Ici, comme dans tous les domaines de la statistique sociale, nous constatons la dépendance réciproque entre les recherches théoriques de situations sociales et les dispositions pratiques de la législation et l'administration. D'une part une observation scientifique et systématique des masses (dans notre cas la statistique de la récidive) peut seule indiquer la ligne à suivre à la législation hésitante; d'autre part ce n'est qu'un développement du droit positif qui crée les nombreuses organisations administratives qui sont seules en état de fournir à une statistique scientifique un matériel assez riche et irréprochable.

Et cette dépendance réciproque des deux domaines fait espérer que tout progrès accompli dans l'un d'eux amènera tôt ou tard dans l'autre domaine un progrès correspondant.

Annexe 2.

Formulaires des Casiers judiciaires

des états les plus importants possédant cette institution.

(Le matériel fondamental de la statistique des récidives ici proposé.)

Ia. Bulletin individuel pour les casiers judiciaires allemands.
II. Bulletin individuel pour les casiers judiciaires français.
IIIa. Bulletin individuel pour les casiers judiciaires italiens.
IV. Bulletin individuel pour les casiers judiciaires belges.

Observation préliminaire.

Pour montrer l'utilité d'une combinaison des bulletins de la Statistique avec les Bulletins pour les casiers judiciaires (v. pl. h., p. 209 sq.), nous avons souligné, dans les formulaires des casiers allemands et italiens, les questions qui, aujourd'hui déja, sont posées avec autant ou plus de détails dans les bulletins pour la statistique criminelle de ces deux pays. Afin que l'on puisse comparer nous avons reproduit après ces formulairs:

Ib. le bulletin individuel de Statistique allemande,
IIIb. le bulletin individuel de Statistique italienne.[1])

Il était impossible de faire la même chose pour la France et la Belgique puisque ces pays manquent d'un bulletin de statistique obligatoire et uniforme.

Répétons qu'en Belgique cette institution ne constitue pas à vrai dire un «casier judiciaire» malgré le nom qu'on lui donne. En effet elle ne se trouve pas au lieu de naissance du délinquant.

[1]) Le bulletin de la Statistique italienne qui est très-détaillé, n'est reproduit que pour autant qu'il se rapporte à la situation personnelle et à la récidive des délinquants (questions 1—7); le bulletin de la Statistique allemande est reproduit dans sons ensemble, les indications pour la récidive s'y trouvant à la fin (question 10).

Annexe 2. Ia. Bulletin individuel pour les casiers judiciaires allemands.[1])

1\. Mittheilende Behörde:

2\. Strafnachricht (A) für das Strafregister zu

3\. Jahrgang des Urtheils:

4\. Familienname des Verurtheilten:
Vorname:

5\. Aktenzeichen der Strafsache, in der die Verurtheilung erfolgte:

6\. Vor- und Zuname der Eltern:

7\. schon früher bestraft? ja. nein.

8\. Datum und Ort der Geburt. Tag und Monat, Jahr, Gemeinde, Landgerichtsbezirk, Staat:

9\. Familienstand: verheirathet
event. Vor- und Zuname des Ehegatten:

10\. Letzter Wohnort:

11\. Alter:
Beruf:

12\. Bemerkungen:

13\. Auszug aus dem Urtheil:

verurtheilt durch

vom

wegen

auf Grund de §

zu einer strafe von

Die Richtigkeit bescheinigt:

Datum:

---

1) L'observation préliminaire de cette annexe indique pourquoi certaines questions sont soulignées.

Annexe 2. Ib. Bulletin individuel de la statistique criminelle allemande.

Aktenzeichen: ————

(Laufende Nummer der Zählkarte im Kalenderjahre)

Zählkarte für männliche Angeklagte.

Beim **Landgericht, Amtsgericht** (das nicht Zutreffende zu durchstreichen) zu ————

im Bezirk des **Oberlandesgerichts** zu ————

im ——— ten Quartale des Kalenderjahres 18——.

1. **Vor- und Familienname** des Angeklagten: ————
2. **Geburtstag** und **Geburtsjahr**: geboren den ——— ten ——— 18——
3. **Kreis** oder entsprechender **Verwaltungsbezirk** (Bezirksamt, Amtshptmsch., Oberamt, Amtsbezirk ꝛc., bei gleichnamigen Stadt- und Landbezirken: ob Stadt oder Landbezirk), in welchem der Wohnort zur Zeit der That belegen ————;
   Staat: ————
   (Liegt der Wohnort außerhalb des Deutschen Reichs, so genügt die Angabe des fremden Staats.)
4. Für Ausländer (Nichtdeutsche) **Heimathsstaat**: ————
5. **Religionsbekenntniß**: ————
6. **Familienstand**, ob ledig, verheirathet, verwittwet, geschieden, auf Lebenszeit gerichtlich getrennt (das Zutreffende zu unterstreichen).
7. **Stand, Beruf, Erwerbs- oder Nahrungszweig**, sowie **Arbeits- oder Dienstverhältniß** im Beruf (die **Art** des Hauptberufs, der Haupt-Erwerbsthätigkeit oder Beschäftigung oder der Haupt-Einkommens- oder Nahrungsquelle ist genau anzugeben; sofern durch die Angabe das **Arbeits- oder Dienstverhältniß** im Beruf nicht schon bezeichnet wird, unter **Hinzufügung** dieses Verhältnisses, ob nämlich Inhaber, Handwerksmeister, Geschäftsleiter oder Gehülfe, Geselle, Lehrling, Fabrikarbeiter, Kommis u. s. w.): ————

Für Minderjährige ohne eigenen Beruf: Beruf der Eltern: ————

Bemerkungen, auch betreffs der Angaben auf der Rückseite*): ————

*) Insbesondere sind bei gemeinschaftlich begangenen Strafthaten (§§ 47—49 St.-G.-B.'s), falls für Theilnehmer an denselben im laufenden Kalenderjahr Zählkarten ausgefüllt wurden, thunlichst deren Nummern anzugeben.

Rückseite.

8. Strafbare Handlung(en).

Art der strafbaren Handlung(en), zu bezeichnen nach der **Urtheilsformel** bezw. dem **Strafbefehl**, mit Hinweis auf den oder die entsprechenden Paragraphen des Strafgesetzbuches oder **anderer Reichsgesetze** (bei gemeinschaftlich begangenen Handlungen auch auf die angewendeten § 47, 48, 49 Str.-G.-B.'s). **Versuch** ist als solcher zu bezeichnen. Bei **Idealkonkurrenz** (§ 73 Str.-G.-B.) ist die Handlung nur gemäß dem zur **Anwendung** gebrachten Strafgesetz zu bezeichnen. Stehen **mehrere** strafbare Handlungen in Frage (§§ 74 ff. a. a. O.), so sind dieselben einzeln unter einander aufzuführen, **gleichartige** Handlungen jedoch nur unter **einem** Buchstaben mit Angabe ihrer **Gesammtzahl**.	Der nebenbezeichneten strafbaren Handlung(en) (zu a), b), c) u. s. w. je besonders) Ort, belegen in welchem		Zeit (wenn nicht genau bekannt, ungefähre Zeit)		
	Kreis oder entsprechenden Verwaltungsbezirk (Bezirksamt, Amtshauptmannschaft, Oberamt, Amtsbezirk u. s. w.); bei gleichnamigen Stadt oder Landbezirken, ob Stadt oder Landbezirk.	**Staat?**	Tag	Monat	Jahr
a)					
b)					
c)					
d)					
e)					

9. Rechtskräftiges Urtheil, bezw. Strafbefehl.

A. Bezüglich jeder der zu Ziffer 8 benannten strafbaren Handlungen

und zwar zu:	durch „Ja" anzugeben ob: verurtheilt?	Verfahren eingestellt?	freigesprochen?
a)			
b)			
c)			
d)			
e)			

B. Erkannte Strafe (Gesammtstrafe. — Bei a), d) und f) bezw. durch „Ja" zu beantworten.)

a) Todesstrafe? —

	Zeitdauer der Strafe: Jahre*)	Monate	Wochen	Tage
b) Freiheitsstrafe, und zwar:				
Zuchthaus . .				
Gefängniß . .				
Festung				
Haft				
c) Ehrverlust . . .				

d) Zulässigkeit der Polizeiaufsicht? ——————

e) Geldstrafe: Wie viel Mark? ———— f) Verweis? ————

*) Bei lebenslänglicher Freiheitsstrafe sind statt der Zahl der Jahre die Buchstaben ll einzuschreiben.

10. **Für Verurtheilte: Vorgängige Verurtheilungen** wegen **Verbrechen** und **Vergehen** (nicht Uebertretungen) gegen **Reichsgesetze** (nicht Landesgesetze) durch wie viele Entscheidungen? ———— In welches Jahr fällt die letzte derselben 18———— und zwar wegen welcher Strafthat (von gleichzeitig abgeurtheilten nur die schwerste)? ——————————

Falls auf Grund einer der Entscheidungen Freiheitsstrafe verbüßt wurde*), Dauer der letzten Strafverbüßung: ————; Beendidung derselben am ———— ten ———————— 18————.

*) **vor** Begehung der Strafthat zu 8, bezw. bei **mehreren** Strafthaten, **vor** Begehung der der Zeit nach **letzten** derselben.

Außerdem sind bei **Rückfällen** nach §§ 244, 250^5, 261, 264 des Strafbuches die Nummern der betreffenden Paragraphen **hier** so viel mal zu **unterstreichen**, als den Rückfall bedingende Bestrafungen (nach Reichsgesetzen) stattgefunden haben.

Datum: ———————————— Name des ausfüllenden Beamten: ————————————

Annexe 2. II. Bulletin individuel pour les casiers judiciaires français.

Né en 18 ....

N° 1.

BULLETIN

INDIVIDUEL

à classer alphabétiquement

Au greffe du Tribunal

d ....

COUR D'APPEL

DE ....

TRIBUNAL CIVIL

de ....

RENSEIGNEMENTS:

Célibataire:
Marié:
Veuf:
Nombre des enfants:

Signes particuliers:

....

....

fil de ....

et de ....

âgé de .... *ans, étant né le* ....

à .... *arrondissement d* ....

département d .... *demeurant à* ....

arrondissement d ....

Profession : ....

....

Condamné par jugement définitif

du Tribunal correctionnel de ....

en date du ....

à la peine de ....

....

pour délit de ....

commis le ....

par application de article ....

....

Vu au Parquet:
Le Procureur de la République,

Pour extrait conforme:

Le ....

Le Greffier en chef,

(Timbre du Tribunal.)

Vu au Parquet de la cour d'appel de .... **:**
Le Procureur-Général,

Annexe 2. IIIa. Bulletin individuel pour les casiers judiciaires italiens [1])

CARTELLINO PEL CASELLARIO.

Cognome, Nome e Soprannome	....	Anno	
		Se recidivo	
		N. progressivo al medesimo nome	

Nome del Padre	....	**Estratto della decisione**
Cognome e Nome della Madre	....	Con .... Tribunale Penale del ....
Data e luogo di Nascita: Anno	....	di ....
Mese	....	....
Giorno	....	....
Comune	....	....
Circondario	....	....
Provincia	....	
Cognome e nome del Coniuge	....	....
Ultimo Domicilio	....	....
Professione	....	....
Connotati		*Dalla Cancelleria del Tribunale Penale di*
Statura	....	.... *li* *189*
Capelli	....	Per estratto conforme
Occhi	....	**Il Cancelliere**
Naso	....	*V.°* IL PROCURATORE DEL RE
Colorito	....	
Segni particolari	....	

[1]) L'observation préliminaire de cette annexe indique pourquoi certains mots sont soulignés.

Annexe 2. IIIb. Bulletin individuel de la statistique criminelle italienne.

N.° del procedimento.......... (secondo il Registro generale dell'Ufficio che compila la scheda)

(Maschi)

N.° progressivo annuo della scheda........ Per i procedimenti con più imputati si indichi anche il numero progressivo annuo della scheda di ciascun coimputato..........

SCHEDA INDIVIDUALE PER GLI IMPUTATI DI DELITTI

Autorità giudiziaria che compila la scheda.......... *di*..........
(Per le Preture si aggiunga: *Tribunale di*..........).
Causa contro (Cognome e nome dell'imputato primo nominato nell'ordinanza o nella sentenza definitiva ....
ed altri coimputati (Indicarne il numero e dire se erano tali per aver preso parte in uno stesso reato, ovvero per connessità) ...., *iniziata il* (Data della denuncia o querela, o del rapporto, referto, ecc.) .... 18 ...
NB. — Quando si tratti d'instruttoria riaperta per essere sopravvenute nuove prove, o di giudizio rinnovato per essersi l'imputato presentato a purgare la contumacia, lo si dichiari qui appresso. ....

I. Notizie personali (Le seguenti notizie devono riferirsi al tempo del commesso reato)

1. **Cognome e nome**	1. ....
2. **Luogo di nascita** (Comune e provincia o, se straniero, lo Stato)	2. ....
3. **Data della nascita** (Giorno, mese ed anno) . .	3. ....
4. **Stato civile:** *Se era legittimo, legittimato od illegittimo*	4. ....
Se era celibe, vedovo o coniugato	....
(Pel coniugato o vedovo) *Se aveva figli* . . .	....
(Pel minorenne) *Se aveva genitori, o altri ascendenti, o tutore e se conviveva con essi* . . .	....
5. **Professione od occupazione principale:** *Specie* .	5. ....
Se padrone o principale, ovvero se dirigente, impiegato, commesso, operaio, giornaliero, ecc. .	....
6. **Condizione penale:** *Se trovavasi in istato di ammonizione*	6. ....
Se a domicilio coatto	....
Se sottoposto alla vigilanza della P. S. . . .	....
Se in carcerazione preventiva per altro reato .	....
Se in libertà provvisoria concessa per altro reato	....
Se in uno stabilimento penale e di quale specie	....
Se in libertà condizionale	....
(Pel minorenne) *Se trovavasi in ricovero forzato*	....
7. **Precedenti giudiziarii:** *S'era stato ammonito e quante volte*	7. ....
Se era stato condannato a domicilio coatto e quante volte	....
Se era stato, nella minor età, consegnato ai parenti, o in ricovero forzato, o in carcerazione preventiva non seguita da condanna, e per quanto tempo	

Condanne riportate (Per ciascuna delle sentenze di condanna si indichino, nel caso di concorso di più reati, tutti i reati per i quali fu dichiarata la colpabilità):

1ª *il* .... *alla pena di* ....
per reat ... *di* ....
2ª *il* .... *alla pena di* ....
per reat *di* ....
3ª *il* .... *alla pena di* ....
per reat ... *di* ....
4ª *il* .... *alla pena di* ....
per reat ... *di* ....
5ª *il* .... *alla pena di* ....
per reat *di* ....
6ª *il* .... *alla pena di* ....
per reat ... *di* ....

Data dell'ultima liberazione: *dal ricovero forzato il* .... 18 .....
o dalla pena detentiva del ....(specie) .... 18 ...... [1])

[1]) Les questions suivantes 8 à 13, que nous ne reproduisons pas, s'occupent très explicitement des infractions faisant l'objet du procès et de l'issue de celui-ci.

Annexe 2. IV. Bulletin individuel pour les casiers judiciaires belges.

MINISTÈRE DE LA JUSTICE **Casier judiciaire** No	**Bulletin de condamnation.**
NOM . . . . Prénoms	
Sobriquet ou surnom . .	
Faux nom	
Lieu et date de naissance	
Prénoms du père . . .	
Nom et prén. de la mère	
Nom et prén. du conjoint	
Profession	
Domicile	

Condamné conditionnellement (*) *le* ______

par ______

à ______

______

du chef de ______

Terme : (*) ______

A , *le* *18* .

Le Greffier,

(*) Biffer les mots *conditionnellement* et *terme,* si la loi du 31 mai 1888 n'a pas été appliquée.

Annexe 3.

Projets de Formulaires pour des Tables de Statistique des récidives

basés sur l'institution des casiers judiciaires et construits d'après la méthode exposée dans notre Rapport.

Observation préliminaire: La division d'après l'âge constitue la base fondamentale des Tables de Statistique des récidives comme de tous tableaux du même genre. Un projet de formulaire qui réalise cette division figure sous le chiffre II. Dans le «Tableau général» I qui précède, ainsi que dans les Tables III—V nous n'avons pris que les chiffres moyennes des différents âges, afin d'éviter la trop grande étendue des formulaires et de les rendre plus clairs. On calculera ces moyennes d'après les chiffres des différents âges et proportionnellement à leur participation.

C'est également pour gagner de l'espace que nous n'avons indiqué que dans la Tab. II. la subdivision d'après le sexe qui est à recommander pour tous les tableaux de statistique des récidives.

I. Table de Récidive.

Ia. Chiffres

Parmi les individus con 18.. à 18.. de	
Espace de temps[1]) écoulé depuis l'accomplissement de chaque fois la dernière peine	pour la 1ère fois
1	2
3 mois et moins	
de 3 à 6 mois	
de 6 mois à 1 an	
de 1 à 2 ans	
de 2 à 3 ans	
de 3 à 5 ans	
de 5 à 10 ans	
de 10 à 20 ans (?)	
En tout	

Ib. Chiffres absolus et

Espace de temps écoulé depuis l'accomplissement de chaque fois la dernière peine	Des individus condamnés pour la première fois de 18.. à 18..			De ces condamnés une fois récidivistes (de la col. 3)		
	étaient encore en vie[2])	récidivèrent pour la 1ère fois	le % de la récidive du 1er degré était donc	étaient encore en vie	récidivèrent pour la 2de fois	le % de la récidive du 2d degré était donc
1	2	3	4	5	6	7
3 mois et moins . . .						
de 3 à 6 mois						
de 6 mois à 1 an . .						
de 1 à 2 ans						
de 2 à 3 ans						
de 3 à 5 ans						
de 5 à 10 ans						
de 10 à 20 ans (?) .						

[1]) Afin d'obtenir des courbes correctes il est bon de prendre l'unité annuelle comme division de l'espace de temps qui s'écoule entre l'accomplissement de la peine antérieure et la récidive (en outre pour la 1ère année une nouvelle subdivision se recommande; elle est prévue dans la col. 1 de même que dans la statistique criminelle allemande, (Tab. 1, col. 25—27).

Pour gagner de l'espace nous avons dans la col. 1 augmenté à partir de la 4me année l'espace de temps auquel s'étend une division. (3 à 5 ans, etc. . .).

Tableau général.

absolus.

damnés pour la 1ère fois de viennent récidivistes:			
pour la 2de fois	pour la 3e fois	etc.	etc.
3	4	5	6

% des Capables de récidiver.

De ces condamnés deux fois récidivistes (de la col. 6)			ainsi de suite pour la 4me récidive, correspondant aux col. 8—10, les:	ainsi de suite pour les récidives postérieures
étaient encore en vie	récidivèrent pour la 3e fois	le % de la récidive du 3e degré était donc		
8	9	10	col. 11—13	

C'est pour le même motif que les Tabl. II b, III b et V b ont des divisions moins nombreuses encore et par conséquent embrassant un plus long espace de temps (2 à 5 ans, etc. . .).

[2]) Quand le matériel suffit il est plus exact de mettre: Etaient encore en vie, dans le pays, et non irresponsables. Idem dans les Tables suivantes. (v. pg. 237 note 1 ci-dessus.

Iα—β. Table de

dressée d'après l'organisation **actuelle** des casiers judiciaire allemands,

Iα. Chiffres

Parmi les individus condamnés **furent** dans la suite **con**	
Dans un espace de temps (écoulé depuis accomplissement de chaque fois la dernière peine) **approximativement** de:	pour la 1ère fois
1	2
3 mois et moins	
3 à 6 mois	
6 mois à 1 an	
1 à 2 ans	
2 à 3 ans	
3 à 5 ans	
5 à 10 ans	
10 à 20 ans (?)	
En tout	

Iβ. Chiffres absolus et

L'espace de temps (écoulé chaque fois depuis accomplissement de la dernière peine) était **appromaxitivement** de:	Des individus condamnés pour la première fois de 18.. à 18..			De ces individus condamnés une fois pour récidive (Col. 3)		
	étaient encore en vie, **un maximum** de:	furent **condamnés**[1]) **pour récidive** une 1ère fois	le % de la récidive du 1er degré était donc **au minimum**:	etaient encore en vie, **un maximum** de:	furent **condamnés pour récidive** une 2de fois:	le % de la récidive du 2d degré était donc **au minimum**:
1	2	3	4	5	6	7
3 mois et moins . . .						
3 à 6 mois						
6 mois à 1 an						
1 à 2 ans						
2 à 3 ans						
3 à 5 ans						
5 à 10 ans						
10 à 20 ans (?) . . .						

Il faut faire les mêmes modifications aux Tables II—V si on veut les utiliser

[1]) En France, depuis que les casiers ont été complètés il y a quelques années, on peut

récidive modifiée,

français, italiens et belges et conformément aux idées développées à l'annexe.[1])

absolus.

pour la 1ere fois de 18.. à 18..
damnés[1]) **pour récidive:**

pour la 2de fois	pour la 3e fois	etc.	etc.
3	4	5	6

% des capables de récidiver.

De ces individus condamnés 2 fois pour récidive (Col. 6)			ainsi de suite pour la récidive au 4me degré correspondant aux col. 8—10, les	ainsi de suite pour les récidives postérieures
étaient encore en vie, **maximum** de:	furent **condamnés pour récidive** une 3e fois:	le % de la récidive du 3e degré était donc **au minimum**:		
8	9	10	col. 11—13	

avec l'organisation **actuelle** de casiers des états ci-dessus.

compter: „**devinrent récidivistes**" comme à la Tab. Ia et b.

IV a. Récidive divisée en „Récidive spéciale" et „Récidive générale".

(Cette table a sa place après les tables III; ce n'est que par des raisons typographiques qu'elle est imprimée ici).

Furent déjà condamnés (la dernière fois) pour le délit suivant:	Nombres des individus déjà condamnés de 18.. à 18..	De ceux-ci devinrent récidivistes						
		En tout	et spécialement					
			commirent le même délit		commirent un délit du même groupe		commirent un délit d'un autre groupe	
			nombre absolu	% de la récidive totale (Col. 3)	nombre absolu	% de la récidive totale (Col. 3)	nombre absolu	% de la récidive totale (Col. 3)
1	2	3	4	5	6	7	8	9
1 Groupe des délits contre la propriété.								
a) vol								
b) détournement . .								
c) escroquerie								
etc.								
etc.								
En tout, totaux et moyennes								

IV b: Même tableau pour les récidivistes du 1er degré seulement. (Spécialistes au commencement de la carrière criminelle?)

IV c etc.: Pour la récidive du 2e, 3e degré etc. (Au sujet de l'importance de ces tableaux v. p. 176 et 192.)

II. Récidive d'après l'âge et le sexe.

a et b: Récidive du premier degré.

IIa. Chiffres absolus.

Furent condamnés une seule fois et après accomplissement de cette première peine avaient atteint l'âge[1]) de:		Nombre des individus condamnés pour la 1ère fois de 18 . . à 18 . .	Des ces individus déja condamnés (Col. 2) devinrent récidivistes:								
			en tout	depuis l'accomplissement de la peine autérieure dans le délai de:							
				3 mois et moins	de 3 à 6 mois	de 6 mois à 1 an	de 1 à 2 ans	de 2 à 3 ans	de 3 à 5 ans	de 5 à 10 ans	de 10 à 20 ans(?)
1		2	3	4	5	6	7	8	9	10	11
12 — au dessous de 15 ans	hommes										
	femmes										
15 — au dessous de 18 ans	hommes										
	femmes										
18 — au dessous de 21 ans	hommes										
	femmes										
21 — au dessous de 25 ans	hommes										
	femmes										
25 — au dessous de 30 ans	hommes										
	femmes										
30 — au dessous de 40 ans	hommes										
	femmes										
40 — au dessous de 50 ans	hommes										
	femmes										
50 — au dessous de 60 ans	hommes										
	femmes										
60 — au dessous de 70 ans	hommes										
	femmes										
70 et plus	hommes										
	femmes										
En tout	hommes										
	femmes										
En tout											

[1]) Les distinctions d'âge que nous avons ici introduites sont celles de la statistique criminelle allemande. Pour obtenir des courbes il serait recommandable de faire les divisions régulièrement pour chaque 5 années (avec des subdivisions plus nombreuses pour la jeunesse).

IIb. Chiffres absolus et

Furent condamnés une seule fois et après accomplissement de cette peine avaient atteint l'âge de:		Nombre des individus déjà condamnés pour la 1ère fois de 18 . . à 18 . .	De ces individus		
			étaient encore en vie	devinrent récidiviste	le % de la récidive était donc:
			dans le délai de 1 an et moins[1])		
1		2	3	4	5
12 — au dessous de 15 ans	hommes				
	femmes				
15 — au dessous de 18 ans	hommes				
	femmes				
18 — au dessous de 21 ans	hommes				
	femmes				
21 — au dessous de 25 ans	hommes				
	femmes				
25 — au dessous de 30 ans	hommes				
	femmes				
30 — au dessous de 40 ans	hommes				
	femmes				
40 — au dessous de 50 ans	hommes				
	femmes				
50 — au dessous de 60 ans	hommes				
	femmes				
60 — au dessous de 70 ans	hommes				
	femmes				
70 ans et plus	hommes				
	femmes				
Total ou moyenne	hommes				
	femmes				
Somme ou moyenne hommes et femmes					

IIc, d etc.: Le même tableau pour la seconde, troisième récidive etc.

Ensuite: Distinction ultérieure d'après l'état-civil, la profession et en général d'après toutes les relations personnelles dont nous avons déja parlé; l'examen de chacun de ses facteurs isolément et dans sa combinaison avec les autres.

Tableau spécial pour les sans aveu.

% des capables de récidiver.

déjà condamnés (Col. 2)								
étaient encore en vie	devinrent récidiviste	le % de la récidive était donc:	étaient encore en vie	devinrent récidiviste	le % de la récidive était donc:	étaient encore en vie	devinrent récidiviste	le % de la récidive était donc:
dans le délai de 1 à 2 ans[1])			dans le délai de 2 à 5 ans[1])			dans le délai de 5 à 10 (20) ans[1])		
6	7	8	9	10	11	12	13	14

[1]) Au sujet du plus grand espace de temps que comprend chaque division de ce formulaire v. note 1 de la Table I a.

III. Récidive d'après

IIIa. Chiffres

Furent déja condamnés (éventuellement la dernière fois) pour un des délits suivants ou des genres suivants:	Nombre des individus déja condamnés de 18.. à 18..	De ces individus déja		
		En tout	Depuis l'accomplissement	
			3 mois et moins	3 à 6 mois
1	2	3	4	5
1. Groupe des délits contre la propriété . . .				
a) vol				
b) détournement				
c) escroquerie				
etc.				
etc.				
En tout				

IIIb. Chiffres absolus et

Furent déja condamnés (éventuellement la dernière fois) pour un des délits suivants ou des genres suivants:	Nombre des individus déja condamnés de 18.. de 18..	De ces individus déja					
		étaient encore en vie	devinrent récidiviste	le % de récidive était donc	étaient encore en vie	devinrent récidiviste	le % de récidive était donc
		dans le délai de 1 an et moins[1])			dans le délai de 1 à 2 ans[1])		
1	2	3	4	5	6	7	8
1. Groupe des délits contre la propriété							
a) vol							
b) détournement							
c) escroquerie . .							
etc.							
etc.							
En tout . . . . . . (Total ou moyenne)							

IIIc et d. Les mêmes tableaux pour ceux qui n'ont été condamnés qu'une seule fois (IIIc. Chiffres absolus; IIId. Chiffres absolus et % des capables de récidiver au 1er degré).

IIIe et f. Le mêmes tableaux pour jeunes délinquants seulement.

le genre du délit.

absolus.

condamnés devinrent récidivistes: de la peine antérieure dans un délai de:					
6 mois à 1 an	1 à 2 ans	2 à 3 ans	3 à 5 ans	5 à 10 ans	10 à 20 ans (?)
6	7	8	9	10	11

% des capables de récidiver.

condamnés (col. 2):					
étaient encore en vie	devinrent récidiviste	1 % de récidive était donc	étaient encore en vie	devinrent récidiviste	1 % de récidive était donc
dans le délai de 2 à 5 ans[1])			dans le délai de 5 á 10 (20) ans[1])		
9	10	11	12	13	14

[1]) V. rem. 1 sous la Table I a.

Table IV: V. p. 254.

V. Récidive d'après le

Va. Chiffres

Genre et durée de la peine antérieure (éventuellement la dernière)	Nombre des individus déjà condamnés de 18.. à 18..	De ces individus déjà		
		en tout	depuis l'accomplissement	
			3 mois et moins	de 3 à 6 mois
1	2	3	4	5
1. Peines privatives de liberté en général				
Parmi cellesci: A. Travaux forcés . . .				
Parmi ceuxci: α: de 5 ans et plus . .				
etc.				
etc.				

Vb. Chiffres absolus et

Genre et durée de la peine antérieure (éventuellement la dernière)	Nombre des individus déjà condamnés de 18.. à 18..	De ces individus					
		étaient encore en vie	devinrent récidivistes	le % de récidive était donc	étaient encore en vie	devinrent récidivistes	le % de récidive était donc
		dans le délai de 1 an et moins[1])			dans le délai de 1 à 2 ans[1])		
1	2	3	4	5	6	7	8
1. Peines privatives de liberté en général							
Parmi cellesci: A. Travaux forcés .							
Parmi ceuxci: α: de 5 ans et plus							
etc.							
etc.							

Vc et d. Les mêmes tableaux pour les individus une seule fois condamnés.

Ve et f. Idem pour les Jeunes délinquants (à ajouter dans la Col. 1 „Education obligatoire").

Au sujet de la statistique des récidives d'après les divers modes d'exécution de la peine (Emprisonnement cellulaire etc.) cf. Annexe 1, p. 231 sq.

genre des peines antérieures.

absolus.

condamnés (Col. 2) devinrent récidivistes					
de la peine antérieure dans un délai de:					
de 6 mois à 1 an	de 1 à 2 ans	de 2 à 3 ans	de 3 à 5 ans	de 5 à 10 ans	de 10 à 20 ans (?)
6	7	8	9	10	11

% des Capables de récidiver.

déjà condamnés (Col. 2)					
étaient encore en vie	devinrent récidivistes	le % de récidive était donc	étaient encore en vie	devinrent récidivistes	le % de récidive était donc
dans le délai de 2 à 5 ans[1])			dans le délai de 5 à 10 (20?) ans[1])		
9	10	11	12	13	14

[1]) Pour le long espace de temps que comporte chaque division, v. la Rem. 1 de la Table I.

Thèses.

La statistique des récidives est la partie matériellement la plus importante et méthodologiquement la plus difficile de l'ensemble de la statistique criminelle. Son importance est décisive tout autant pour l'examen scientifique de la nature sociale du crime professionnel, que pour les moyens pratiques de la réprimer en s'inspirant d'une politique rationnelle.

Considérant la gravité de la question, il est désirable que l'U. I. de Dr. P. élise une commission chargée de rédiger un projet aussi complet que possible pour l'organisation d'une statistique des récidives scientifique et correcte. Son activité aurait également pour but de le proposer aux divers gouvernements avec les quelques modifications indispensables résultant de la diversité des lois nationales et des organisations administratives.

Comme principes directeurs de cette organisation je propose que l'U. I. de Dr. P. adopte les résolutions suivantes:

I.

La méthode de statistique des récidives suivie jusqu'ici repose sur une base erronée: En effet méconnaissant les lois essentielles de toute statistique elle omet de comparer les nombres de récidivistes avec les contingents correspondants des capables de récidiver.

On obtient ainsi tant pour la situation statique que pour le mouvement de la récidive, tant pour sa diffusion que pour son intensité des résultats qui ne répondent pas à la réalité.

II.

Une statistique des récidives scientifique et correcte doit s'appuyer sur l'institution des casiers judiciaires, non seulement en mettant à profit leur contenu matériel, mais avant tout en prenant leur méthode comme base de ses opérations: Elle doit examiner la carrière des criminels en la considérant comme un tout.

Les bulletins individuels sur lesquels reposent les casiers et qui sont fournis par les autorités judiciaires peuvent être heureusement complétés par des renseignements issus des établissements pénitentiaires et portant notamment sur la situation sociale du récidiviste. Mais il est impossible aux tribunaux comme aux administrations pénitentiaires de fournir directement le matériel d'une statistique correcte de la récidive. Ce matériel doit être fourni par l'intermédiaire des casiers judiciaires où tous les renseignements relatifs au même individu sont concentrés.

Il faut renouveler auprès des gouvernements qui n'ont pas encore introduit les casiers judiciaires le vœu de les voir adopter cette institution tant dans l'intérêt des investigations théoriques de la statistique que pour les motifs extrèmement pressants d'une politique efficace et répressive.

Dans les états qui possèdent des casiers leur organisation actuelle (à part quelques lacunes, qu'il serait fort désirable et facile de combler) présente aujourd'hui déjà un matériel excellent pour une statistique méthodique et correcte.

III.

Il est à conseiller de ne pas organiser la future statistique des récidives séparée de la statistique criminelle générale. Il faut en faire l'objet d'une organisation commune. Un pareil résultat peut être obtenu sans bouleverser les institutions actuellement en vigueur dans les différents états en se servant des casiers judiciaires. Ils seront le crible par lequel devront passer tous les matériaux recueillis aujourd'hui pour la statistique criminelle.

Pour relever ces matériaux, l'introduction de bulletins individuels statistiques est recommandable à tous les gouvernements. Il serait très utile de les combiner avec les bulletins individuels des casiers.

Une telle réunion organique de la nouvelle statistique des récidives avec la statistique criminelle générale épargnerait les dépenses d'une organisation double, elle serait réalisable sans augmentation notable des sacrifices actuels de travail et d'argent. En particulier il serait possible d'alléger le labeur statistique qui incombe aux autorités judiciaires dans la plupart des états européens.

Pour l'organisation future de la statistique criminelle, les publications annuelles de la statistique ne sont pas indispensables; des publications triennales ou quinquennales seraient suffisantes.

IV.

Le passage de tous les matériaux statistiques par l'institution des casiers judiciaires permet non seulement à la statistique des récidives mais à la statistique criminelle en général de faire un progrès essentiel, qu'il est impossible d'atteindre autrement. C'est par ce moyen qu'on obtiendra une vraie statistique des individus criminels, remplaçant la statistique actuelle, qui au fond n'est qu'une recension des jugements (dans d'autres pays des accusations ou dénonciations). De la sorte le dénombrement le plus exact des délinquants sera possible, et l'on évitera la double mention des mêmes individus.

V.

Par l'organisation commune et précédemment exposée de la statistique des récidives et de la statistique criminelle en général, le contenu de la première s'enrichira considérablement. En effet les renseignements statistiques relevés dans les différents états mettront en lumière les relations personnelles et sociales des récidivistes. Il est notamment désirable de compléter ces indications par des renseignements sur leurs relations semi-criminelles, comme la mendicité, le vagabondage, la prostitution, etc. C'est de la réunion des ces indications différentes avec la statistique des récidives que surgira le portrait fidèle de la criminalité professionnelle comme apparition sociopathologique.

Cependant partout où l'organisation commune de la statistique future des récidives et de la statistique criminelle générale ne pourra être immédiatement réalisée malgré les avantages qui en résulteraient dans leur constitution interne et dans leur organisation externe, au point de vue de la simplicité des rouages et de la modicité des frais, dans ces pays il ne faudrait pas hésiter à créer pour la statistique de la récidive un organisme spécial, et à prendre le plus tôt possible en considération le dénombrement des casiers judiciaires actuels.

VI.

Quant aux exigences de l'uniformité internationale de la statistique future des récidives, c'est la méthode qui doit être identiquement constituée partout — du moins dans ses grandes lignes. Cependant les résultats matériels ne pourront pas être directement comparés. Spécialement l'introduction d'une méthode statistique uniforme ne nous mettra pas à même de conclure des chiffres de récidive des différents États à l'efficacité plus ou moins grande de leur système pénal. La différence des législations concernant le droit pénal et la procédure, et la diversité des institutions administratives en général, de même que les mœurs et la culture différentes (activité de la police, manière dont la population réagit contre les atteintes au droit etc.) influencent le montant des récidives et empêchent toute comparaison directe de ses chiffres, même lorsque le mot récidive est pris dans son sens le plus large.

Kolibri 360 GmbH
Ferdinand-Jühlke-Straße 7
99095 Erfurt, Deutschland
produktsicherheit@kolibri360.de